广东当代金融史

下册

Contemporary
Finance:
A History of
Guangdong

许涤龙　主编

中国社会科学出版社

目　录

（下册）

第十章　广东金融科技发展 …………………………………（975）
　第一节　金融科技发展概况 ……………………………………（975）
　第二节　金融装备制造的发展 …………………………………（979）
　第三节　金融电子化、网络化与智能化发展 …………………（991）
　第四节　金融大数据与云计算发展 ……………………………（1016）
　第五节　金融区块链发展与数字货币的创新探索 ……………（1029）

第十一章　广东金融对外开放 ………………………………（1045）
　第一节　广东当代金融对外开放历程 …………………………（1045）
　第二节　粤港澳金融合作 ………………………………………（1065）
　第三节　广东当代海丝金融发展 ………………………………（1093）
　第四节　新时期广东金融对外开放 ……………………………（1102）

第十二章　广东金融环境优化 ………………………………（1119）
　第一节　金融风险防控举措与成效 ……………………………（1119）
　第二节　金融法治环境建设 ……………………………………（1149）

第三节　金融行业自律工作 …………………………………（1168）
　　第四节　金融文化建设发展 …………………………………（1187）

跋论　赓续红色金融血脉　促进金融守正创新 ……………（1236）
　　第一节　红色金融的历史脉络 ………………………………（1236）
　　第二节　红色金融的历史启示 ………………………………（1238）
　　第三节　广东当代金融的创新发展 …………………………（1242）
　　第四节　将红色金融基因永远传承下去 ……………………（1254）

附录 A　广东当代金融发展主要指标数据 …………………（1259）

附录 B　广东当代金融大事年表 ……………………………（1270）

主要参考文献 …………………………………………………（1365）

第十章　广东金融科技发展

基于信息技术革命的新进展，金融稳定理事会（FSB）将金融科技（Fintech）界定为：由大数据、区块链、云计算、人工智能等新兴前沿技术带动，对金融市场以及金融服务业务供给产生重大影响的新兴业务模式、新技术应用、新产品服务等。更广义来看，金融科技是指通过利用各类科技手段创新传统金融行业而提供的产品和服务，达到提升效率、降低运营成本的效果。因此，广义的金融科技涵盖了金融行业从手工操作向自动化、电子化、网络化及智能化演进过程中各种金融产品与服务的创新。中华人民共和国成立以后，尤其是改革开放以来，广东金融科技在金融自动化、电子化、网络化、智能化进程及对大数据、云计算、区块链等前沿技术的应用之中，谱写了锐意进取、求实创新的华彩篇章。

第一节　金融科技发展概况

一　广东金融"四化"概况

在金融自动化进程中，广东金融装备制造走在全国前列，突出表现为传统ATM机的制造和新型金融终端设备的制造。自1986年中国银行珠海分行第一次在中国大陆引进ATM机以后，广东借改革开放的东风，在1999年成立了国内第一家ATM类设备生产企业——广州广电运通金融电子股份有限公司（以下简称"广州广电运通"）；1999年9月24日，深圳怡化电脑股份有限公司（以下简称"深圳怡化电脑"）成立；2001年，广州御银科技股份有限公司（以下简称"广州御银科技"）成立。在激烈的市场竞争中，三家企业迅速突出重围，从2015年至2018年的国内市场销量来看，三家企业作为国产厂商，已稳居世界同类品牌的前五名之列，这凸显出广东在ATM机制造方面的巨大优势。

在金融电子化进程中，广东银行业于1974—2007年间开展了卓有成效的工作。1974年，中国人民银行广东省分行（以下简称"人民银行省分行"）国际业务部率先引进RICOM—8计算机，拉开了广东银行业电子化的序幕。此后，1981年人民银行省分行其他部门、1984年中国工商银行广东省分行（以下简称"工商银行省分行"）和中国农业银行广东省分行（以下简称"农业银行省分行"）、1986年中国建设银行广东省分行（以下简称"建设银行省分行"）相继跟进。至2007年8月，平安银行股份有限公司（以下简称"平安银行"）推出"吉祥"借记卡，实现了存取款、消费、支付、理财等多功能综合服务。1974—2007年间，广东银行业的电子化不断深入，并逐步向网络化发展。广东证券业电子化进程，始于1992年2月深圳证券交易所（以下简称"深交所"）与深圳黎明公司关于决定开发证券电脑网络系统的签约。同年5月，深交所完成了深圳市证券商的电脑联网任务。1993年，深交所同美国CAS-MAKER系统公司签约，大幅提升了日撮合能力。1996年9月，中国建设银行深圳市分行（以下简称"建设银行深圳市分行"）在全国推出"白玉兰"银行证券卡，大大便利了没有上海股东账户而又想做上海股票买卖的股民。广东金融电子化的典型应用概括来说主要包括：银行卡、网上银行、电话银行、手机银行、"Office—Office"资金结算服务等。

广东金融网络化进程，肇始于20世纪90年代国家"金卡工程"的规划出台（注：与金融电子化进程有一定程度的重叠），随着金融电子化的逐步深入及互联网技术的快速发展，广东金融网络化在传统金融业务网络化、非传统金融机构（互联网企业）借助网络平台开展金融业务、全新的互联网金融商业模式、金融网络化的基础设施等方面的发展走在了全国前列。截至2019年末，广东金融网络化的典型应用主要包括：财付通等移动支付平台、平安银行橙e网、深圳前海微众银行股份有限公司（以下简称"前海微众银行"）等。

广东金融智能化进程历时不长，以2014年中国银行股份有限公司广东省分行（以下简称"中国银行省分行"）、中国工商银行股份有限公司广东省分行（原中国工商银行广东省分行）开始建立智能化网点为发端（与金融网络化进程有一定程度的重叠），以可视柜台（VTM）服务替代传统柜台服务，通过"去柜台化、科技智能、自助移动"的业务处理模式方便客户业务办理。截至2019年末，广东金融智能化的典型应用主要包括：人像识别、智能投顾、智能风控、智能运营决策、智能客服、智能化自主交易设备的配装等。

二 前沿技术在广东金融科技中应用概况

对大数据、云计算、区块链等前沿技术在金融领域的应用，中共广东省委、广东省人民政府（以下简称"省政府"）高度重视。关于大数据技术，2012年底，省政府办公厅工作签报《广东省实施大数据战略工作方案》。2014年3月，广东在全国率先成立广东省大数据管理局。2016年4月，省政府印发实施《广东省促进大数据发展行动计划（2016—2020年）》。截至2019年9月，广东已建设16个省级大数据产业园，入驻大数据企业近600家，在建重大项目超过80个。广东金融大数据的主要业务应用包括：企业内外部的风险管理、信用评估、借贷、保险、理财、证券分析等。典型应用包括：广发银行股份有限公司（以下简称"广发银行"）"统一数据挖掘分析平台"、平安银行"银行信用卡反欺诈实时授权决策系统"、深圳市人民政府金融工作办公室（以下简称"深圳市金融办"）与深圳市腾讯计算机系统有限公司（以下简称"腾讯公司"）建立"灵鲲金融安全大数据平台"等。关于云计算技术，2010年2月，腾讯云正式对外提供云服务，同年12月12日，云服务器、云监控上线、华南区（广州）数据中心开放。随后，平安云计算、阿里云计算相继进入广东金融市场。关于区块链技术，根据零壹财经[①]统计，截至2020年10月，广东共有24911家区块链公司（包括名称中含"区块链"以及经营范围含"区块链"的公司）成立，数量排名全国第一，远远超过排名第二的浙江省（3000余家），但其中金融业公司超过268家。在金融领域，平安区块链FiMAX、腾讯云区块链、招商银行区块链是三个典型代表。在数字货币的创新探索过程中，广东走在了全国的前列。2016年12月26日，在深圳市人民政府的指导下，包括中国平安保险（集团）股份有限公司（以下简称"平安集团"）、招商银行股份有限公司（以下简称"招

---

① 零壹财经隶属于零壹智库信息科技（北京）有限公司，是独立的新金融知识服务机构，建立了金融科技投融资、智能信贷、大数据服务、银行、消费金融、区块链、保险科技、移动支付、汽车金融、P2P网贷、线上众筹等领域的数据库。

商银行")等国内外40多家知名金融机构共同成立全国首个中国（深圳）Fintech数字货币联盟及中国（深圳）Fintech研究院。2017年1月29日，中国人民银行（以下简称"人民银行"）在深圳成立了数字货币研究所，2020年10月8日，深圳宣布向个人发放1000万元数字人民币红包，每个红包金额为200元，红包数量共计5万个。数字人民币的试点范围首次扩大到了公众层面，这使深圳在数字货币创新探索中走在了全国其他城市的前面。

诚然，广东金融科技的发展还存在诸多不足，主要表现有：金融装备制造业需要尽快实现智能化转型；金融电子化、网络化及智能化需要与大数据、云计算及区块链技术深度有效融合；数字货币的创新探索还任重道远等。综合来看，中华人民共和国成立后，尤其改革开放以来，广东金融科技发展一直紧跟世界潮流，处于全国领先水平。

第二节 金融装备制造的发展

一 金融装备概述

金融装备是服务金融业务的各类专用物理设备的统称，是金融自动化的重要支撑，主要包括传统ATM机及各种新型金融终端设备。自动柜员机（Automatic Teller Machine，以下简称"ATM"），主要是以现金自助服务为主的自动化设备，包括自助取款机、自助存款机（Cash Deposit Machine，CDM）、存取款一体机（Cash Recycling System，CRS）等。新型金融终端设备主要有自助服务终端（Bank Self-service Machine，以下简称"BSM"）、可视柜台（Video Teller Machine，以下简称"VTM"）、智能柜台（Intelligent Teller

Machine，ITM）等。

传统 ATM 机（包括自助取款机、自助存款机、存取款一体机等）是一种高度精密的机电一体化装置，利用磁性代码卡或智能卡实现金融交易的自助服务，能够代替银行柜面人员的小额存取、转账、查询等基础工作，减轻柜面压力，减少人力成本。经过三十余年的发展，ATM 机遍布银行、商场、机场、火车站、写字楼等地，逐步超过传统商业银行的营业网点数量。它是 24 小时全天候柜员，打破了商业银行传统的 8 小时服务时间制。人民银行发布的《2020 年支付体系运行总体情况》显示，截至 2020 年末，全国共有 ATM 机 101.39 万台，较上年末减少 8.39 万台。全国每万人对应的 ATM 机数量 7.24 台，同比下降 7.95%。

新型金融终端设备（包括自助服务终端、可视柜台、智能柜台等）伴随金融科技发展的不断深入而得以迅猛发展。新型金融终端设备虽然也是机电一体化装置，但其相对于传统 ATM 机，可实现除存取款功能之外的更多自助服务功能。例如：BSM 以"24 小时自助服务"为系统设计理念，实现对营业厅服务的延伸与补充，用户可以进行账户查询、自助转账、对账单打印、补登、自助挂失业务办理。该设备具备节省人员开支、降低营业成本、24 小时连续工作、无差错运行等优点；VTM 是超级柜台和存取款一体机的综合体，是通过远程视频方式来办理一些柜台业务的机电一体化设备。通过用户和远程银行柜员之间的远程音视频通话及桌面共享，VTM 设备可以帮助用户办理柜台大部分业务，实现开卡、充值缴费、本外币汇转、金融理财等全方位金融服务。VTM 的出现和发展对银行业来说是一个进步，不仅提高了业务处理的效率，而且降低了业务处理的成本。

二 广东金融装备制造的历史沿革

根据金融装备的主要类别,广东金融装备制造包括传统ATM机的制造和新型金融终端设备的制造。广东金融装备制造大致经历了四个时期:导入期、成长期、成熟期、转型期,其中,前三个时期主要是传统ATM机的制造与发展,第四个时期是指新型金融终端设备的制造与发展。

(一) 导入期

1986年,中国银行珠海分行第一次在中国大陆引进ATM机,并在1987年2月正式投产使用。1988年,中国银行深圳分行推出国内第一台联机服务的ATM机,成为引领全国金融创新风尚的一个缩影。1994年,中国银行又在广东、湖南、福建等地开通了"中银通—银联"网,海内外客户开始使用华南地区的ATM机来办理取款和查询业务。到2020年末,ATM机在广东金融自动化领域中已经使用35年,被广泛使用在各个银行网点。

广东ATM机制造的导入期以三家ATM机制造厂商的诞生为标志。1999年,国内第一家ATM类设备生产企业——广州广电运通(其前身是1989年创建的"广州运通科技有限公司")在广东应运而生。当时,国内ATM机制造还很落后,而广电运通的目标是抢占省内中小城镇的ATM机市场。同年9月24日,深圳怡化电脑在深圳市市场监督管理局南山局登记成立。2001年,广州御银科技(KingTeller)正式挂牌成立。在国内市场被国外ATM机品牌分割的情况下,这三家企业突出重围,后来发展成为全国乃至国际ATM机制造龙头企业。

2005年以前,广东三家ATM机制造商就已经开始探索国外品牌的核心技术，积极研发自主知识产权的ATM机，努力打造成为民族品牌。经过不断地钻研与学习，广电运通于2005年开始崛起，其实际销售的ATM机数量在全球ATM机市场中排名第十，拥有0.60%的市场占有率；在中国ATM机市场中排名第四，市场占有率为13.44%。2005年民营企业御银在中国ATM机市场上排名第九，市场占有率为0.41%。① 此时，广东ATM机制造企业所占市场份额较低。

2006年，国产ATM机厂商——广州广电运通首次跻身国内ATM机市场销售排名前三强。在中国ATM机市场上，广州广电运通排名上升一位，位列第三，拥有16.45%的市场占有率。广州广电运通的崛起反映了国产厂商的实力正在迅速增长，中国ATM机市场格局正在朝着国产化的方向发展。当时，广东ATM机供应商主要有：广州广电运通、广州御银科技、深圳兴达通②、深圳辰通③等④。

（二）成长期

2007年至2011年是广东ATM机制造的成长期，见证了中国

---

① 王璐：《市场持续增长 国内企业崛起——自动柜员机产业综述》，《金融时报》2006年8月16日。

② 深圳兴达通全称深圳兴达通机电设备有限公司，是一家民营高科技企业，由国务院首批特殊津贴专家席印鎏先生于1997年带领一批高科技人才创办，公司主营产品为ATM机。

③ 深圳辰通全称深圳辰通智能股份有限公司，成立于2000年1月，总部位于深圳市南山区松白路西丽南岗第一工业园，是一家专业研发、生产、销售金融自助产品，并向各银行、通信、石油等行业提供自助服务体系完整解决方案的国家高新技术企业。

④ 魏国华：《2006年中国自动柜员机（ATM机）行业报告》，《金融电子化》2007年第2期。

ATM机市场由国外品牌主导到由国内品牌领导的变迁过程。国产品牌的ATM机制造厂商从默默无闻到占据国内ATM机市场半壁江山，其中的艰难辛苦难以想象。

2007年，国产ATM机品牌占用率增长很快。广州广电运通以行业经营规模第一的优势占据了国内21%的ATM机市场份额，[①] 并跃升国内市场第一位。在前五位中，仍然只有广电运通是国产品牌，民族品牌ATM机供应商显得有些势单力薄，中国ATM机市场仍被国外品牌主导。

2008年，中国ATM机市场正值高速增长期，国际ATM机厂商纷纷将重心投向了中国，市场竞争变得异常激烈。然而，在当时中国ATM机市场上，ATM机厂商前五名中其余四家都是外国ATM机厂商。虽然广州广电运通的迅猛发展显示出在中国ATM机市场上国产厂商的实力进一步增强，但是外国品牌仍然占据中国ATM机市场的主导地位。另外，民族品牌ATM机供应商御银当时也发展较快，尽管其商业模式主要以ATM机营运为主，销售占有率则相对较小，但ATM机国产化格局的趋势日益明显。[②]

2009年，国内外ATM机厂商之间的竞争变得更加激烈。中国市场上的主要国产品牌ATM机供应商依旧为广州广电运通、怡化、御银等几家，但市场份额已悄然发生了变化。国产厂商广州广电运通以12000台的年度销售量继续保持市场占有率第一的位置，销售量比2008年小幅增加200台，占比21%；专做存取款循环一体机

[①] 袁闻：《持续发展 前景可观——2007年我国ATM市场发展报告》，《金融时报》2008年7月9日。

[②] 杨克灿：《市场增长快 发展空间大——2008年我国ATM市场发展报告》，《金融时报》2009年3月5日。

的国产品牌怡化第一次进入前五强，以6900台的销量跃升为第五位。① 2009年是国内外ATM机品牌占据中国ATM机市场份额变化的分水岭。

随着国家对自主创新与产业化扶持力度加强，加上2007—2009年国产品牌积累的经验与实力，2010年，国产ATM机品牌获得了良好发展。广州广电运通以13200台的年度销售量，连续三年位居榜首，销售量比2009年增加1200台，占比22%，凸显了国产自主品牌的强劲实力；怡化以7600台的销量占据约13%的市场份额，由2009年第五位跃升至第四位。②

2011年，以广州广电运通、广州御银科技、深圳怡化电脑为代表的国产品牌在中国ATM机市场的占有率达到四成左右。不论是生产能力还是销售规模，广州广电运通的ATM机制造在国产品牌中均名列第一，自主核心知识产权的ATM机也逐渐被市场认可。深圳怡化电脑拥有日本OKI的技术背景，主要专注于存取款循环机的生产和销售，其产销量近年增长迅速，排名第四。③

（三）成熟期

2012年至2015年是广东ATM机制造的成熟期，日系、欧美系老牌厂商份额不断下滑，国产品牌份额持续提升，显示了我国ATM机国产品牌的卓越实力。

2012年，广州广电运通、深圳怡化电脑、广州御银科技仍然为

---

① 杨克灿：《稳步增长 发展可期——关于我国2009年ATM市场的报告》，《金融时报》2010年4月1日。
② 杨克灿：《竞争企稳 前景可观——2010年中国ATM市场发展述评》，《金融时报》2011年4月11日。
③ 杨克灿：《市场繁荣 稳中"隐"变——2011年中国ATM市场发展述评》，《金融时报》2012年3月19日。

我国市场上的主要国产ATM机供应商。广州广电运通第五年蝉联中国ATM机市场销量第一位，深圳怡化电脑上升为第三位。其中，广州广电运通年度销售量为20170台，较2011年增长2670台，占比约20.01%；怡化以14200台的销量排名第三，同比增长7000台，占比14.09%。广州广电运通拥有自主核心技术，成绩斐然，而深圳怡化电脑依托与日本OKI的合作，增速较快。[1]

2013年，广州广电运通年度销售量为19940台量，占比约23.28%；深圳怡化电脑以11010台的销量占据第三名，占比约12.85%。[2] 随着国内存取款一体机需求的增加和市场的扩大，循环核心技术对市场格局影响更为深刻，广州广电运通拥有自主核心技术继续名列前茅，而深圳怡化电脑也通过深化技术合作等形式争夺国内市场。除了ATM机供应商的变化，农业银行省分行也为ATM机的发展做出贡献。为提高自助设备的管理效率，减轻网点的管理压力，农业银行省分行组织开发了ATM机智能对账系统，实现了ATM机清钞时自动发起实时对账请求，实时产生对账结果。

2014年，广州广电运通年度销售量25850台，占比约26.61%，同比增长29.67%；深圳怡化电脑销售设备11220台，占比约11.54%，掌握存取款一体机核心技术的国内厂商持续占据领先优势。[3]

2015年，国内ATM机行业进入由国产品牌主导的价格竞争阶段。广州广电运通、广州御银科技和深圳怡化电脑这三家位于广东

---

[1] 杨克灿：《发展强劲 多元微变——2012年中国ATM市场发展述评》，《金融时报》2013年3月13日。
[2] 戈游：《创新变革 多元繁荣——2013年中国ATM市场述评》，《金融时报》2014年3月11日。
[3] 戈游：《稳健发展 转型加快——2014年中国ATM市场述评》，《金融时报》2015年3月7日。

的ATM制造厂商继续稳居国内市场销量前五名，凸显出广东在ATM机制造方面的巨大优势。

(四) 转型期

2016年以来，随着智慧银行建设步伐加快，传统ATM机需求增速放缓，银行等金融机构对新型金融终端设备的需求倍增，金融终端设备的转型期来临。广州广电运通、广州御银科技开始研究生物识别技术以应用于ATM机领域，包括指纹识别技术、掌静脉技术、虹膜技术、人脸识别技术、语音识别技术等。同时，VTM设备掀起了一场技术革命。早在2012年7月，广发银行安装的国内首台VTM就在广电运通公司总部定制产生。VTM机通过对ATM机科技创新进行流程再造，运用高清远程视频通话等先进技术，有机融合了本地客户自助和远程座席协助，在远程终端进行操作、授权等应用，提供全天候的远程人工服务。VTM机的产生改善了当前的金融服务，真正做到了从"银行本位"向"客户本位"的转变。这不仅是广发银行自身的战略行动，更是整个中国银行业的创新之举。自广发银行推出国内首台VTM机后，同业纷纷试水跟进，24小时智能银行服务得以普及，引领中国银行业的自助渠道服务进入发展新阶段。2016年，广发银行在业内首创的"超轻VTM"成功上线。其除了能为客户提供基础金融服务外，还具备WiFi热点、手机充电等便民功能。"超轻VTM"是广发银行继业内首台VTM机后，依托创新驱动在VTM产品线深度开发的又一成果。2016年之后，VTM机大规模投放广东省内银行的一些排队较长的网点中，比如建设银行广东自贸试验区分行实现区内网点智慧柜员机全覆盖，使客户体验得到全面提升。

三 典型企业选介

(一) 广州广电运通金融电子股份有限公司

广州广电运通于1999年成立于广州,是一家以ATM机、轨道交通自动售检票系统(AFC)等货币识别与处理设备及系统解决方案为核心,自主研发、生产、销售及服务的创新型高科技国有控股上市企业,不仅是广东规模最大也是中国本土规模最大、实力最强的ATM机企业,也是全球ATM机市场的领导者。在AFC设备领域,广州广电运通是中国实力最雄厚的设备提供商。

自1999年成立以来,广州广电运通以研发自主知识产权的ATM机为目标,专注于自主创新,立志创造出属于中国的ATM机民族品牌。2005年,广州广电运通自主知识产权钞票识别与处理核心模块通过中国信息产业部鉴定。2007年,广州广电运通在深交所正式挂牌上市。2008年,广州广电运通首次跃居中国ATM机市场销售占有率第一位。2009年,广州广电运通正式全体迁入广州科学城新建产业园。2010年11月,亚洲最大的ATM机研究机构,广州广电运通研究院正式成立。2014年5月,广州广电运通子公司深圳银通完成了宜昌金牛押运的收购工作,成为全国各地押运改制的第一个成功案例,也是广州广电运通启动全产业链战略布局的里程碑。从2008年至2018年,广州广电运通连续十年位居中国ATM机市场销售占有率第一。

在海外市场方面,2011年4月,广州广电运通签订欧美地区单一订单金额最大的循环机订单,成功进入海外市场。随后,广州广电运通积极探索,横向拓展营运业务、轨道交通业务,逐步构建金融服务外包全产业链,设立了9大全球分支机构,营销及服务网络辐射全球五大区域，产品和服务进入全球80多个国家和地区，全球智能设备发货量超过30万台。

在研发方面，广州广电运通坚持自主科技创新驱动战略，不断开发新产品，全面提高企业核心竞争力。每年研发投入占比超过营业收入的8%，已经建立起1个研究总院和6大专业研究分院的技术研究平台，拥有近2000人的专业研发团队，并设立了国家级企业技术中心和国家级工业设计中心、博士后科研工作站等研发机构，多款智能银行终端达到国际领先水平。广州广电运通坚持合作共赢理念，先后与斯坦福国际研究院、华为技术有限公司（以下简称"华为公司"）、腾讯公司等全球知名研发机构、生态伙伴开放合作，成立了北京研究院和硅谷研究院。有效授权专利超过1200项，主导、参与制定多项国家标准，是国内首家完成全部主流生物特征识别国家标准布局的企业。

广州广电运通不仅在传统ATM机设备上名列前茅，还积极向新型ATM机设备发力。VTM机是公司潜心研究的成果之一。此外，公司积极推进生物特征识别、智能语音、人机交互等核心技术在银行、财税等行业的应用，已形成智慧银行网点、智能财税平台等多个解决方案，并成功助力中国首家"无人银行"标杆项目。广州广电运通已成为集智能终端研发、制造、营运、服务为一体的行业龙头企业。

（二）广州御银科技股份有限公司

广州御银科技成立于2001年，是一家专业从事金融自助服务设备及软件等研发、生产销售和服务，并提供各种金融服务专业解决方案的双软高新技术企业。2001年，广州御银科技第一台自主研发的ATM机设备上线，正式打响广州御银科技ATM机制造的"第一枪"。2002年，广州御银科技率先提出国内ATM机合作运营的新型商业模式。同年，广州御银科技实现ATM机设备生产规模化。2003年，广州御银科技改为股份制公司。2005年，广州御银科技开始海外扩张之路，广州御银科技ATM机开始走向国外。2007年，广州御银科技在深交所挂牌上市，步入新的发展历程。2012年是广州御银科技辉煌业绩的开端，发机量突破30000台。2013年，广州御银科技入驻35000平方米御银产业园，并成功入围中国工商银行股份有限公司（以下简称"工商银行"）采购商。2014年，广州御银科技设备中标中国建设银行股份有限公司（以下简称"建设银行"）ATM机、CRS项目，成为建设银行首席采购商。2016年，广州御银科技成为中国银行股份有限公司（以下简称"中国银行"）指定供应商，而且是全国农信系统中所有设备占有量最多的厂家，并连续5年设备占有量排名前列。2017—2018年，广州御银科技进一步推进国际合作战略布局全球市场。截至2020年末，广州御银科技已形成拥有金融自助设备、泛金融设备、远程智能柜员机、金融软件解决方案4大产品线，产品覆盖现金处理设备、清分加钞设备、综合运维、安全防范等多个领域，并且广州御银科技ATM机单取与循环机芯全面走向金融市场，是全球少数掌握ATM机核心机芯技术的研发生产厂商之一。

在国内ATM机合作运营方面，广州御银科技与银行共同扶植国内ATM机设备，广州御银科技负责供给ATM机设备、网点选址、设备维护、技术支持等，以此收取代办手续费。相比于ATM机整机发卖的模式，广州御银科技通过与银行分成利润的方式，实现了银行、持卡用户和企业的多方共赢。合作银行包括国有商业银行、股份制商业银行、城市商业银行、农村商业银行、中国邮政储蓄银行、农村合作信用社，为推动银行业高质量发展起到了不可估量的作用，被誉为"中国首席ATM机合作运营商"。

国际市场也是广州御银科技的开拓重点。广州御银科技对国际市场进行了战略布局和规划，截至2020年末，ATM机已批量出口到东南亚、中东、欧洲、非洲等全球20个国家和地区，海外总发机量超过5000台，在国内ATM机出口品牌中排名前列，主要客户集中在中东、非洲、东南亚区域。

荣誉资质方面，截至2020年末，广州御银科技及其产品已获得ISO9001、ISO14001、EMV4.0、UL291、PCI等多个国际标准组织认证，并获得上百项国家级、省级奖项；同时，御银已拥有数百项专利及著作权。广州御银科技以领跑业界的专业姿态，严格按照国内国际标准优化研发、制造、营销和服务的每一个环节，提升国际化经营能力和自有知识产权的核心技术创新能力。

技术人才方面，截至2020年末，广州御银科技有员工总数为1600多人，平均年龄约28岁。研究开发人员300多人，约占20%；拥有多名资深专家顾问，行业经验均在10年以上；售后维护人员900多人，约占50%以上，生产人员200多人，约占13%，其平均行业经验均在8年以上。

随着金融科技的深入发展，广州御银科技努力地探索更长远的发展之道，在销售传统ATM机的同时，也在积极打造智慧银行、电子银行、手机银行，更好地适应市场变化，引领市场变革。比如，广州御银科技生物特征识别技术正逐步引领金融安全的潮流。"刷"脸取款，指静脉取款，让人体固有的唯一特征保障用户的金融资金安全。

从全国ATM机及新型金融终端设备制造来看，广东的三家

ATM 机及新型金融终端设备制造商拥有超高比例的市场占有率。拥有自主核心技术的广州广电运通十年蝉联中国 ATM 机市场销量第一。广州御银科技作为一家基础薄弱的民营企业，率先提出了国内 ATM 机合作运营的新型商业模式，并且 ATM 机销量逐年增加。深圳怡化电脑专注于存取款循环机的生产和销售，在中国 ATM 机市场上有其独特的地位。广东三家 ATM 机及新型金融终端设备制造商经过 20 年的艰苦奋斗，实现了中国 ATM 机及新型金融终端设备国产品牌在国内国际市场的跨越式发展。

尽管广东在 ATM 机制造和新型金融终端设备制造方面取得了卓越的成绩，但是在金融科技迅猛发展的今天也面临着严峻的挑战。本质上，ATM 机和新型金融终端设备都是围绕银行网点而发展的。随着金融智能化趋势的增强，越来越多的年轻人已经不再去银行网点办理存取款业务，手机银行、网上银行、支付宝、微信的普及使人们对 ATM 机和新型金融终端设备的需求相对减少。广东 ATM 机及新型金融终端设备制造业必须直面市场挑战，紧跟金融科技革命的潮流，从供给侧结构性改革的视角不断进行技术创新，抢抓行业与市场发展机遇。

第三节 金融电子化、网络化与智能化发展

一 广东金融电子化的发展

金融电子化（Financial Computerizing）是指采用现代通信技术、计算机技术、网络技术等现代化技术手段，提高传统金融服务业工作效率，降低经营成本，实现金融业务处理自动化、业务管理信息化和金融决策科学化，从而为客户提供更为快捷方便的服务，达到

提升市场竞争力的目的。

20世纪后半叶，随着电子技术的发展，我国金融行业开始探索电子技术在银行业的应用。1957年人民银行成立核算工厂，首次把信息技术应用在我国金融领域。1984年人民银行成立电子计算中心，承担银行系统电子化建设及全国手工联行对账的双重职责，人民银行以银行电子化作为建设思路，建立了电子联行、同城清算、调查统计、会计核算等重要业务系统。1993年6月，江泽民同志提出"实现金融监管电子化"之后，商业银行等金融机构先后建立相应的电子化系统。经过金融电子化过程，中国形成了电子银行（银行卡、信用卡、网上银行、手机银行）、电子证券（证券交易跨平台、跨交易所，虚拟证券交易）、电子保险（网上购买的意外险）等金融新形态。

（一）广东银行领域电子化进程

1. 引进RICOM-8，拉开了银行业电子化序幕。1974年，人民银行省分行国际业务部引进第一台电子计算机——日本理光公司的RICOM-8，首先使用计算机来处理银行业务，自此，广东银行业电子化序幕拉开。此后，1981年人民银行省分行其他部门、1984年工商银行省分行和农业银行省分行、1986年建设银行省分行陆续应用计算机来处理业务。截至1987年底，使用电子计算机的型号有：1355机、理光8型、10V型、王安VS—80系统、美国AP-PIC—Ie、IBM—PX/CT、IBM—PC/XT系统、ALTOS—2086—32位、1086—32位、986—16位、菲力蒲系统、ALTOS的不同型号微机、紫金AT主机CT—100A终端、国产长城0520机、日立L—320型、M—150型、M—240系统以及宝来A3计算机系统等。开发的电脑软件系统主要有：《储蓄通存通取管理系统》《对公储蓄通存通取业务处理系统》《银行会计记账系统》《储蓄事后监督数据处理软件系统》《省辖联行对账系统》《农行门市储蓄业务处理系统》《会计账务处理系统》《出口收汇考核系统》《存款会计综合系统》《人民币信用卡系统》《货物运输保险管理系统》《简易人身保险管理系统》《机动车辆保险管理系统》等，这些软件系统应用于处理银行会计、储蓄业务，进行账务管理，编制各种业务报表、资金分析表，取得了明显经济效益。①

1984年，人民银行省分行专门行使中央银行职能后，开始着手建立电子计算机中心，逐步实现全省人民银行系统电子化计算机网络化。1987年引进美国宝来公司A3计算机系统，该系统终端接到地市分行和县支行一级，是全省范围的网络系统，用于处理全省人民银行的业务，系统可为全省的宏观决策提供金融、经济信息，也可以加强信贷资金管理和准确及时地办理各专业银行之间的资金结算，还可以为工业、农业、商业等各部门提供市场动态、信息和预测。1987年，人民银行省分行完成了对人民银行、工商银行、农业银行、中国银行、建设银行的信贷项目电报及分析程序、其他金融机构的信贷分析程序、国库业务处理程序、发行处业务处理程序、营业部业务处理程序、会计报表程序、同城票据交换等7个应用软件的开发和移植工作。二级分行和配有微机的县支行应用项目有：现金项目电报及分析、信贷项目电报及分析、会计报表程序、会计记账程序、工资管理程序、外汇统计程序。②

---

① 《广东省志》编纂委员会：《广东省志（1979—2000）·银行·证券·保险卷》，方志出版社2014年版，第314页。
② 《广东省志》编纂委员会：《广东省志（1979—2000）·银行·证券·保险卷》，方志出版社2014年版，第314页。

2. 员工探亲，成就了国内首张信用卡。1984年的春天，中国银行珠海分行员工周炳志前往香港探亲时发现了一件非常新奇的事——"居住在香港的亲戚逛街购物竟然不用付现金"。后来，他才知道，亲戚是通过一张银行卡片来实现款项支付。经过亲戚解释，他对POS机刷卡消费和ATM机自助取款有了部分认识。作为银行员工，他明白这项业务的优点和市场前景。于是，他将香港信用卡的申请表格和相关资料全部带回内地，并向分行领导建议开发这种新金融产品。分行相关领导听罢，随即组建并成立信用卡筹备小组。分行员工们集思广益，对信用卡在国内的可行性及功能设定等问题进行了全面研究。要做"第一个吃螃蟹的人"需要巨大的勇气和卓越的前瞻眼光。经过数次激烈争辩，排除了诸多观念上的"不可能"。1985年3月，中国银行珠海分行正式成立珠海市信用卡有限公司，同年6月，"中银卡"——中国境内第一张信用卡在珠海诞生。[①]

下图10.1中，这张左上方有古钱图案的信用卡，一经问世便在社会上引起了强烈反响。实际上，在1979年10月，中国银行广州分行就率先代办了香港东亚银行的东美信用卡/VISI，信用卡由此进入中国市场，但广东乃至整个中国自主发行的信用卡是在1985年6月。1985年，由于中央银行和国务院实行"双紧"政策，各家银行基本面临着资金紧张问题，为了更好地筹集资金、收缩现金流通，以适应特区经济发展需要，中国银行珠海分行开展大抓存款工作，然而，由于机构网点较少、储蓄力量薄弱，珠海分行决定扬长避短，在香港信用卡申请表格和相关资料的辅助下，充分利用信用

---

① 广东省委分行党务工作部：《纪念改革开放40周年｜全国首张银行卡诞生记》，360doc.com个人图书馆，2018年8月28日。

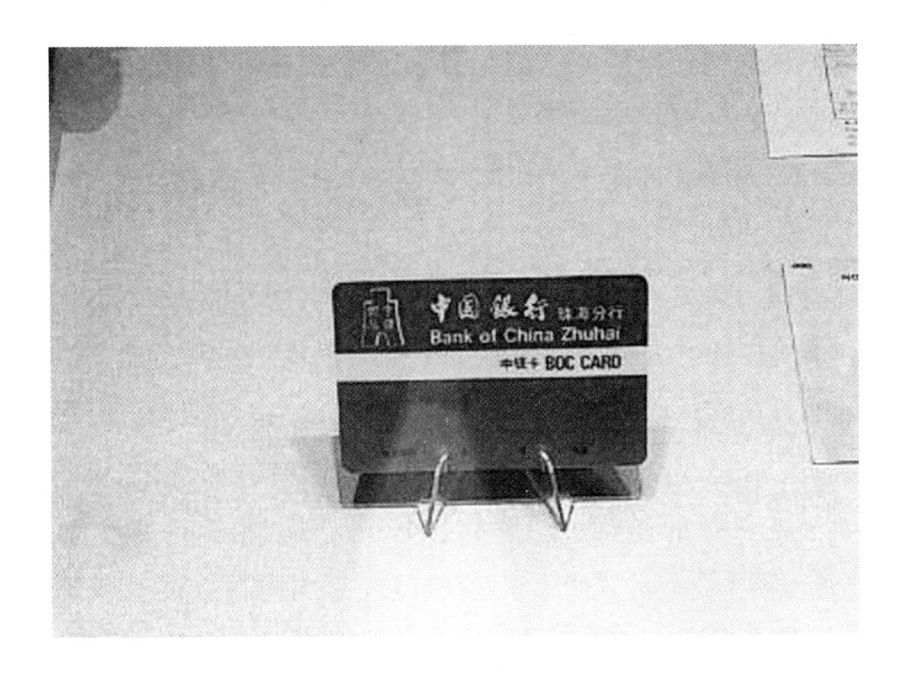

图10.1 中国境内第一张信用卡"中银卡"

资料来源：岭南金融博物馆。

卡支付便捷且具有先消费后付款的优势，尝试开展信用卡业务，并于1985年6月正式发行"中银卡"。

"中银卡"发行时有银卡和金卡两种卡片类型。银卡的办理条件只要求客户在中行存款300元以上，即可办理，银卡可透支300元；而金卡的办理条件则要求客户存款达1000元以上，金卡可透支1000元。当时珠海特区普通员工的一般每月工资收入为300元左右，中行推出的信用卡"中银卡"很快就在市场上引起了巨大反响。

3. 开设国内第一家自助银行。自助银行于20世纪80年代初进入我国市场。中国银行香港中银集团电脑中心首先开发出ATM机应用系统并投入使用，1988年中国银行深圳分行推出国内第一台联机服务的 ATM 机，并于 1994 年中国银行相继在广东、湖南、福建等地开通"中国通"银联网，海内外客户开始在华南地区的 ATM 机上办理取款及查询业务。

4. 银行电子化的深入。1995 年 7 月 3 日，招商银行推出具有综合业务功能的银行卡"一卡通"，同年 10 月 18 日，推出的客户终端系统（国内最先进的客户服务系统），可实现实时查询账户余额、当天和历史账务、分类历史账务、未打印账单、利率、汇率，以及网上转账等功能。1995 年 12 月 18 日，经人民银行批准，深圳金融电子结算中心正式挂牌成立，负责同城票据交换业务和全国电子联行深圳小站业务的运营。[1] 1998 年 4 月 6 日，招商银行继续推出"一网通"网上支付，至此，招商银行成为国内首家在互联网上提供支付服务的银行。同时，在 1995 年广东发展银行股份有限公司自主开发的自动柜员机系统与维萨（VISA）国际自动柜员机、广东银联和环球同业银行金融电讯协会（SWIFT）国际金融通信网络正式连通，并成功发行国内第一张符合国际标准的贷记信用卡。[2]

2000 年 2 月，广东银联电子商厦及统一支付网关开通，电子商务及网上支付业务逐步展开。在此基础上，广东银联电子商厦联合各商业银行开始清理整顿 POS 市场，解决 POS 重复摆放问题，改善用卡环境，同时逐步建立、完善广东银行卡跨行交易业务办法和清算办法。同年 5 月，农行广东分行，首创"用银行账户直接上网"的新服务，实现上网实时扣费。2007 年 8 月，平安银行推出集存取

---

[1] 深圳金融电子结算中心有限公司：《大事记》，深圳金融电子结算中心有限公司官网——关于我们——大事记，2019 年 12 月 6 日，http://www.szfesc.cn/dsj/index.html。

[2] 《广东省志》编纂委员会：《广东省志（1979—2000）·银行·证券·保险卷》，方志出版社 2014 年版，第 321 页。

款、POS消费、代发工资、代缴费、网上支付、理财于一身的综合服务产品"吉祥"借记卡。2011年,以深圳市银联金融网络有限公司和广州银联网络支付有限公司为代表的第三方支付产业开始兴起。

(二)广东证券市场电子化进程

1. 深交所实现证券交易无纸化。1992年2月25日,深交所与深圳黎明公司签约,决定开发证券电脑网络系统。首先,在南玻B股的交易清算率先完成电脑自动撮合系统,实行B股交易清算的首个电脑化和无纸化。随后,推动A股全面采用无纸化电脑自动清算,促使深圳乃至广东的证券交易进入电子化交易新时代。

1992年5月,深交所进一步完成深圳市证券商的电脑联网任务。一方面,深圳国投证券电脑网开通,实现深圳券商柜台与深交所直接联网报盘、行情揭示和成交量数据的返回;另一方面,在全国率先推出电话自动委托系统,投资者可以通过电话按键直接输单进入深圳证券交易所自动撮合系统进行股票买卖操作。1993年,深交所同美国CASMAKER系统公司签约,并于1993年8月把自动大型电脑撮合系统引进、安装、调试完毕,使深交所日撮合能力由原来的一百笔上升到百万笔以上,其中峰值时处理能力能达到1000万笔。[①]

1998年,深交所建成全国性登记清算网络,实现资金清算、划拨的电子化和自动化。同时,完成了主机升级扩容工作,使日处理能力提高到1000万笔,并利用内存撮合技术开发出第三代电子化

---

① 王喜义:《血路——深圳金融改革拓荒者足迹》,中国金融出版社2011年版,第171—172页。

交易系统，以及建立交易前端股份卖空风险监控系统。①

2. 证券期货经营机构的电子化。深交所的电子化带动了证券期货经营机构的电子化。1992年5月26日，人保公司深圳分公司证券部和深圳经济特区证券公司达成与深交所的电脑联网，首创从柜台通过多个终端直接向深交所撮合系统输入客户买卖委托，使交易效率大大提高。

1993年，广东证券公司成立电脑部，建设基于Visual FoxPro的证券交易业务系统和清算系统，并建立基于X.25的公司内部企业网，该网连接公司总部和省内属下10多个营业部。各分支营业部可以通过该网完成证券交易的实时通信和传送交易清算数据。

1994年，南方证券公司在交易部下设电脑处，开发基于Sybase数据库的柜台交易系统并通过卫星公司网络组建全公司广域网络系统，开始进行简单的交易监控。②

同时，银行机构作为中介机构也相应推出具有证券交易功能的银行卡。1996年9月，建设银行深圳市分行在全国推出集股票买卖、储蓄及消费等多功能于一身的"白玉兰"银行证券卡，自此，一个没有上海股票账户，但想在深圳做上海股票买卖的股民，除了可以在场外通过电话委托来买卖上海股票之外，还可以到建设银行深圳市分行指定网点办一张开发有证券磁卡系统的"白玉兰"卡来进行交易。这种卡可以当作股东的代码卡，免去个人办理资金转账中间环节，使股票买卖与资金出入实现一条龙服务。"白玉兰"卡

---

① 《广东省志》编纂委员会：《广东省志（1979—2000）·银行·证券·保险卷》，方志出版社2014年版，第326页。

② 《广东省志》编纂委员会：《广东省志（1979—2000）·银行·证券·保险卷》，方志出版社2014年版，第326页。

的出现将金融电子化工程拓展到证券业领域，由银行负责协助券商完成股民资金的清算与划拨。①

（三）广东金融电子化的典型应用

1. 银行卡。1995年7月，招商银行以统一的银行业务电子化处理系统为基础，推出基于客户管理，以真实姓名开户，集本币、外币、定期、活期的多种储蓄、多种货币和多种功能为一体的个人综合理财工具——"一卡通"，以先进的电脑技术代替多年来的传统储蓄方式。1996年6月，得益于统一的电子系统构架，"一卡通"在国内率先实现全国联网通存通兑。为更好地满足市场需求的多样化，招商银行为"一卡通"持续注入更多的科技含量和服务功能，在1997年发行全国第一张"INTRERLINK"卡，成功建立了全国第一家离行式自助银行，实现了网上支付功能。1998年1月，招商银行实现"一卡通"的ATM全国联网；同年12月，"一卡通"实现POS消费全国联网。经过持续多年的开发，"一卡通"已经具备了一卡多户、通存通兑、约定转存、自动转存、自助转账、电话银行、手机银行、查询服务、商户消费、ATM取款、POS消费、CDM取款、代理业务、证券买卖、质押贷款、酒店预订、网上支付、IP电话服务等多种功能。

1992年12月，深圳发展银行股份有限公司（以下简称"深圳发展银行"）在深圳首次推出具有及时发卡服务、一卡多户功能、电话汇款功能的银行卡——"发展卡"。1993年5月，"发展卡"推出买卖股票功能。1994年，"发展卡"进一步推出卡折相通的功能，通过发展卡可以连接持有者本人的多本储蓄存折账户，实现一

---

① 王喜义：《血路——深圳金融改革拓荒者足迹》，中国金融出版社2011年版，第170—171页。

卡管理多个账户的功能。同时,"发展卡"也是"深银联"首批入网卡种之一,1996年4月开通深银联公用ATM网络跨行业务。1998年6月开通深银联公用POS网络消费业务。随后的1999年,深圳发展银行实时电子汇兑系统开通,为客户提供快捷、安全、方便、准确的资金汇划业务。

2. 网上银行。在1995年7月推出电子货币工具"一卡通"后,为进一步完善和丰富"一卡通"的功能,招商银行于1997年互联网刚刚在中国兴起之时,推出"一网通"服务——企业银行1.0版,成为国内首家推出网上银行服务的银行。1999年9月,招商银行全面启动网上银行服务,建立网上企业银行、网上个人银行、网上证券、网上商城、网上支付等多种功能完善的网上银行服务体系。招商银行网上企业银行替代了柜面服务,提高了服务效率。到2013年初,招商银行网上企业银行交易柜面替代率超过50%,用户数超过10万,这大大节省了人工成本。[①]

2000年4月初,深圳发展银行正式启动网上银行项目,并于同年10月研发完成投入运行。网上银行为个人用户提供服务主要有:公共信息服务、查询服务、预约业务、转账支付、网上挂失;为企业用户提供的服务主要有:公共信息服务、查询服务、预约业务、转账支付、用户管理、集团用户功能。截至2001年7月,深圳发展银行网上银行服务已有企业用户1000余户,个人用户6000余户,交易金额达到60多亿元。[②]

[①] 陈清泰、蒋黔贵、赵纯均:《招商银行成功之道》,机械工业出版社2013年版,第139—142页。

[②] 陈静:《历史的脚步——互联网金融服务及其在我国的发展(1998—2001)》,中国金融出版社2015年版,第192—198页。

3. 电话银行。1999年5月，经过充分调研和奋力探索，招商银行电话银行中心正式推出并投入运营，自同年7月开始接听客户咨询。2000年1月，招商银行电话银行中心在深圳地区正式对外提供24小时服务，同年7月，开始为广州地区的客户提供服务，到2000年底，客户服务量达到601万人，占全行客户总量的34.9%。

在2005年初，招商银行电话银行中心正式推出"快易理财"业务，同年7月正式承担个人住房贷款业务逾期工期催收任务，并在深圳试行，截至2013年初，已建立10多家电话银行中心人工集中催收平台。

2006年12月，招商银行推出"电话支付"业务，开创了全新支付模式；2007年4月，为满足国际化需要，招商银行电话银行中心隆重推出"电话银行英文人工服务"，开创全国金融呼叫行业先例。[1]

4. 手机银行。2000年2月，招商银行率先在深圳推出国内第一个"手机银行"服务业务功能，将网上银行的终端转移到移动电话上。随着技术的发展，截至2019年12月底，招商银行经营模式已从卡片经营向APP经营转变，招商银行APP理财投资销售笔数和金额分别占全行的比例超过75.48%和55.29%。招商银行APP和掌上生活APP已成为其公司重要的零售经营阵地。[2]

2000年末，深圳发展银行正式开通WAP手机银行，该服务与网上银行系统共用一个平台，只提供查询功能。2001年初，深圳发

---

[1] 陈清泰、蒋黔贵、赵纯均：《招商银行成功之道》，机械工业出版社2013年版，第143—145页。

[2] 陈清泰、蒋黔贵、赵纯均：《招商银行成功之道》，机械工业出版社2013年版，第145—146页。

展银行与中国电信合作，正式开通基于短信平台的手机银行，手机银行可以提供查询、内部转账、银证转账等服务。

5. "Office – Office"资金结算服务。2001年5月，招商银行在全国推出"Office – Office"资金结算服务，为客户提供异地资金汇划实时到账服务。招商银行的电子汇兑系统与企业网上银行系统实现了一体化，从付款人到银行再到收款人的资金流动全程实现了无纸化运作，同年9月，企业银行月交易笔数超过10万笔。[①]

二 广东金融网络化的发展

随着金融电子化的逐步深入，以及互联网技术的快速发展，金融领域开始了网络化进程，表现出多业态交叉的特点。金融网络化的业务模式主要有以下四种：一是传统金融的网络化，如传统的银行、证券和保险等金融中介机构利用互联网平台开展金融业务，主要有互联网银行、互联网券商、互联网保险等；二是非传统金融机构（互联网企业）借助网络平台开展金融业务，主要包括互联网支付、互联网金融产品销售、互联网资产管理、互联网小额商业贷款和互联网消费金融；三是全新的互联网金融商业模式，主要包括P2P借贷和网络众筹等；四是金融网络化的基础设施，主要有互联网支付、互联网征信、互联网交易所等。

（一）广东金融网络化的历史沿革

随着互联网的快速发展，招商银行、深圳发展银行等各银行机构的网上银行得到进一步完善，互联网推动金融领域的各项服务更加快捷化、便利化。广东金融也从电子化阶段逐步过渡到网络化

[①] 陈清泰、蒋黔贵、赵纯均：《招商银行成功之道》，机械工业出版社2013年版，第116—147页。

阶段。

1. "金卡工程"规划出台。20世纪90年代初,国家提出以"联网联通"为基本目标的"金卡工程"规划,广州是全国12个"金卡工程"试点城市之一。为了实施"金卡工程",1993年3月成立广东国际金融网络有限公司。1995年5月,率先在全国开通广东跨银行ATM网络,并于1996年2月与香港银通网络实现联网。1997年12月,开通直联POS网络。广东跨行ATM网络、直联POS两大网络系统的建成开通,实现了广东地区银行卡联网通用,促进银行卡环境的改善和银行卡业务的发展。[①]

2. 金融机构的网络化。1999年招商银行推出的"一网通"开了广东省互联网支付的先河。紧随其后,深圳发展银行也开通了网上支付业务。2005年9月,腾讯公司正式推出专业在线支付平台"财付通",为互联网用户和企业提供安全、便捷、专业的在线支付服务,业务覆盖B2B、B2C、C2C各领域,能提供卓越的网上支付及清算服务。根据《中华人民共和国中国人民银行法》等法律法规,人民银行制定了《非金融机构支付服务管理办法》,经2010年5月19日第7次行长办公会议通过,自2010年9月1日起施行。在2011年5月3日获得首批支付牌照的27家支付企业中,广东省占了5个,分别为深圳市财付通科技有限公司、深圳市快付通金融网络科技服务有限公司、广州银联网络支付有限公司、深圳银盛电子支付科技有限公司、深圳市壹卡会科技服务有限公司。截至2018年12月底,在全国238家第三方支付牌照公司中,广东省占有30家。[②]

[①] 《广东省志》编纂委员会:《广东省志(1979—2000)·银行·证券·保险卷》,方志出版社2014年版,第321页。

[②] 中国人民银行官方网站——信息公开,http://www.pbc.gov.cn/。

同时，传统金融中介机构也开始网络化进程，2014年12月，深圳市成立前海微众银行，是广东省第一家民营互联网银行，也是中国第一家民营互联网银行；2015年3月，招联消费金融有限公司成立，是广东省第一家互联网消费金融公司；2015年5月，深圳中顺易金融服务有限公司成立，是广东省第一家互联网信托公司；2017年2月，众惠财产相互保险社成立，是广东省第一家相互保险公司。

3. 网络借贷平台兴起。自2009年起，网贷平台在广东逐步出现。截至2019年12月底，正常经营的69家，占到全国网络借贷平台的1/5左右。[①] 由于网贷平台信息不对称程度高，且平台资金池运作并不规范，使其借贷风险很大，甚至异化出新型的金融风险源，所以其规范发展还需要经过核心技术革新与监管制度规范来逐步实现。

4. "网络版银联"平台上线。随着第三方支付机构的兴起，各家支付机构之间存在大量重复建设，庞大的资金规模流向不透明，导致用户资金安全无法受到保障，不能有效保护消费者利益。为了推动和规范支付机构业务发展，防范业务风险，在人民银行指导下，中国支付清算协会积极组织支付机构，筹建非银行支付机构网络支付清算平台。2017年3月31日，被称作"网络版银联"（以下简称"网联"）的非银行支付机构网络支付清算平台试运行并成功完成第一笔跨行清算交易，该笔跨行交易通过微信红包由腾讯财付通平台发起，收付款行分别为中国银行与招商银行，包括微信支付和QQ钱包在内的腾讯财付通也由此成为网联平台上完成首笔跨行清算交易的第三方支付公司。

网联为所有第三方支付企业提供同样标准的服务，除了节省平

[①]《2019年中国网络借贷行业年报》，网贷之家——数据报告，2020年1月7日。

台建设成本外，还抹平了支付企业之间的信用实力差异，让支付机构能更加公平地竞争，回到支付本业。对整个支付市场来说，第三方支付企业统一接入网联，也从根本上杜绝了非持牌机构开展支付清算业务的可能性。①

（二）广东金融网络化的典型应用

1. 网络借贷。随着互联网行业的发展，广东地区同其他地区一样，也出现了大量P2P网络借贷平台。2019年，伴随着国家监管部门对网络借贷行业清退力度加大，广东正常运营的网络借贷平台数量出现大幅度下降（见图10.2）。

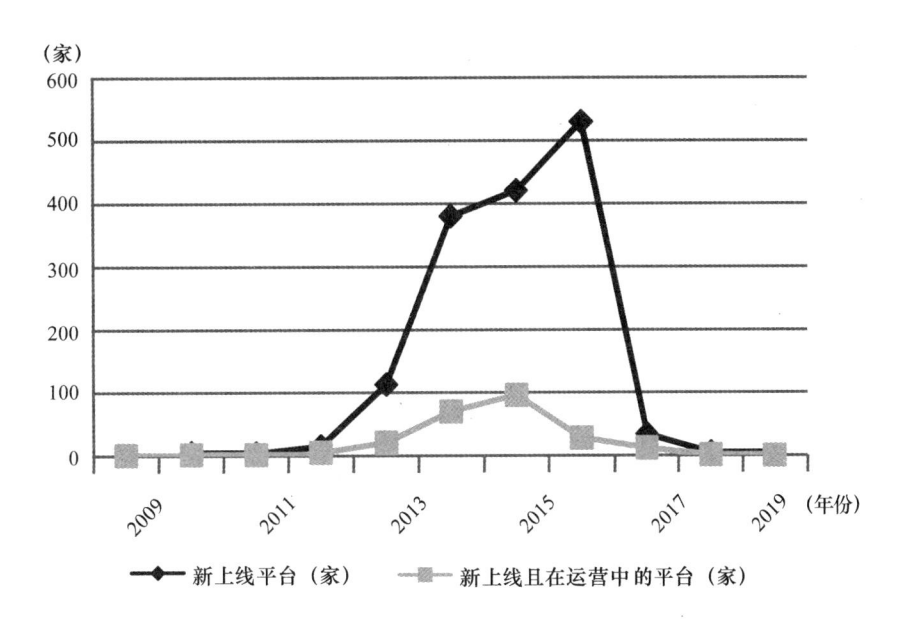

图10.2　2009—2019年广东P2P平台数量

资料来源：网贷之家网站，https://www.wdzj.com/。

---

① 富姐财经：《央行网联试运行，首笔跨行交易由腾讯财付通发起》，搜狐网——财经，2017年3月31日，https://www.sohu.com/a/131330218_189052。

2. 移动支付。2005年4月财付通平台正式上线。财付通支付科技有限公司（以下简称"财付通公司"）是中国最早的领先支付平台，是首批获得中国人民银行《支付业务许可证》的专业第三方支付大型企业，长期致力于为互联网用户和各类企业提供安全、便捷、专业的支付服务。2009年3月，艾瑞报告[①]显示财付通市场份额超过20%，同时推出手机支付。2013年8月财付通联合微信，发布微信支付钱包，强势布局移动端支付。截至2019年，财付通公司的支付业务类型包括网络支付、银行卡收单及跨境支付，客户类型包括个人客户及商户，业务范围覆盖全国。财付通公司网络支付以微信支付钱包、手机QQ钱包为入口，具体业务类型包括网关支付、快捷支付、余额支付，应用产品包括微信转账、条码支付、理财通等；财付通公司银行卡收单业务以微信支付和手机QQ钱包条码支付为主，包括收款扫码与付款扫码等；财付通公司跨境支付及国际业务的主要应用场景为跨境电子商务外汇支付业务。[②] 同时，微信支付自2013年8月正式上线以来，2014年春节，微信红包第一次大流行；2014年1月，微信支付与滴滴合作引爆打车市场；2014年3月，微信支付向商户全面开放；2015年9月，微信支付面向服务商全面开放；2015年11月，正式开放跨境支付能力；2016年4月，推出微信支付星火计划，扶持服务商成长；2016年9月，"微信买单"功能上线，零门槛接入，帮助中小商户甩掉技术包袱；2016年12月，腾讯公司移动支付月活跃账户及日均支付交易笔数

[①] 艾瑞报告是专注于互联网相关领域的数据研究、数据调研、数据分析、互联网咨询数据等互联网研究及报告。

[②] Fit腾讯金融科技：《财付通简介》，Fit腾讯金融科技官网——Fit大家族，https://www.fitgroup.com/index.shtml。

均超过6亿；2017年7月3日，微信支付上线全新微信支付境外开放平台，降低境外商户接入门槛；2018年6月，腾讯公司移动支付业务活跃账户已逾8亿。2019年末，腾讯公司支付业务两大支付平台连接200多家金融机构，与70多万家商户合作，实现核心系统峰值95（万笔/每秒）、2017年春节峰值20.8（万笔/每秒）。①

2017年12月11日云闪付APP正式发布。"云闪付"APP是在人民银行指导下，由各家商业银行与银联共同开发建设、共同维护运营，汇聚产业各方之力的移动支付统一入口平台，消费者通过这一APP即可绑定和管理各类银行账户，并使用各家银行的移动支付服务及优惠权益——从银联二维码扫码支付到各类手机Pay开通申请，从信用卡全流程服务到Ⅱ、Ⅲ类账户开户，从个人实时转账到各类场景消费支付，只要通过手机可以操作的支付功能都将陆续在"云闪付"APP内实现。同时，为了让用户清晰辨识使用"云闪付"的各类场景，优化后的银联视觉识别体系（VI）也已全新亮相。

3. 平安银行橙e网。2014年7月，平安银行推出供应链金融综合服务平台"橙e网"。"橙e网"自成立以来就专注于"熟人的生意圈"，为熟人之间做生意提供免费的电商平台"平安管家"，为小微企业、个体工商户提供基于智能手机的生意管理工具"橙e记"，并集成平安集团优势金融资源，为客户提供供应链在线融资、在线支付、在线理财、在线保险等综合金融服务。

在线支付和资金监管的"橙e付"——"电子账户+网络支付"，支持"橙e网"用户在线快捷、低成本支付结算。结合平安银行监管50多家电子交易市场交易资金结算的经验，可为其他电商

---

① Fit腾讯金融科技：《财付通简介》，Fit腾讯金融科技官网——Fit大家族，https://www.fitgroup.com/index.shtml。

平台提供在线支付和资金监管综合解决方案。

投资理财的"金融商城"既提供银行理财、资产管理、黄金定投等产品，也提供平安寿险等较高回报的投资理财选择，覆盖不同风险、收益层次和不同期限，企业、机构和个人均可投资。

在保险方面向货押授信客户的"在线保单"首期已经向汽车行业开放，在线核保和购买只需十分钟即可办妥。个人意外保险、家庭财产保险等，也可在线购买。[①]

4. 前海微众银行。2014年12月由腾讯公司、深圳市百业源投资有限公司和深圳市立业集团有限公司等多家知名企业发起，并获得由中国银行业监督管理委员会深圳监管局颁发的金融许可证的前海微众银行正式成立。

2015年5月，前海微众银行在手机QQ上推出首个个人信用循环贷款产品——"微粒贷"，产品具有"仅凭个人信用、无需担保、循环授信、随借随还"的特点；同年9月，在微信平台上线。截至2015年末，微粒贷累计发放贷款128.17亿元，主动授信客户352万人。到2017年12月末，前海微众银行联合贷款合作的金融机构有50家，微粒贷授信用户约3400万人，累计放款破万亿。2018年，前海微众银行面向小微企业"短小频急"的贷款需求，借助金融科技手段和大数据风控模型，推出了全线上、纯信用、随借随还的小微信贷产品——"微业贷"，截至2018年末，微业贷服务小微企业34万户，其中，46%为制造业和高科技企业，38%为批发零售企业，此外还涉及物流、交通运输、建筑行业等。户均授信金额为传统银

---

① 平安银行股份有限公司：《橙e网简介》，平安银行股份有限公司官网——关于我们，https：//ebank.pingan.com.cn/ir#/pc/index.html/home/about/aboutPage。

行小微贷款的10%，服务小微企业平均雇员人数仅10人，助力授信企业近100万员工的就业，至2018年末有效客户超1亿人。①

2015年8月，前海微众银行独立APP形态产品"微众银行"APP正式推出上线。2017年4月"微众银行"APP推出理财、投资、转账三个业务入口，主要从事代销业务，产品涵盖货币基金、保险、股票基金等，截至2015年末，"微众银行"APP客户数累计达32万人，产品代销规模达150亿元。②

2015年9月，前海微众银行联合二手车电商优信推出"互联网+汽车金融"产品"微车贷"，为客户提供便捷、高效、低成本的汽车贷款产品。"微车贷"业务直接嵌套在优信二手车APP中。③

三 广东金融智能化的发展

2016年全球金融科技领域的投资达到1135亿元人民币，金融科技发展势头凶猛，成为资本市场追逐的热点，国家也对中国金融科技的发展给予了高度的重视和期待。2016年8月，金融科技被列入国务院《"十三五"国家科技创新规划》，成为国家发展战略中的重要一环。2017年2月初，作为全球三大金融中心之一的香港，其政府也表示将致力于推动金融机构和初创企业在金融科技方面的研发、投资和应用，加强其与科研机构的协作；同月，广东发布《广东省实施创新驱动发展战略2017年工作要点》强调加速促进科技

---

① 深圳前海微众银行有限公司：微众银行2017、2018年度报告，https://www.webank.com/#/financialReport/list。
② 深圳前海微众银行有限公司：《微众银行APP简介》，深圳前海微众银行有限公司官网——关于我们，https://www.webank.com/#/about。
③ 深圳前海微众银行有限公司：《微车贷简介》，深圳前海微众银行有限公司官网——关于我们，https://www.webank.com/#/about。

金融深度融合。2016年3月9日，AlphaGo以总比分4比1战胜李世石，使人们开始意识到人工智能这一新浪潮已经到来。在金融科技蓬勃发展之时，金融业界也纷纷对人工智能在金融行业的应用表现出极大兴趣。

截至2020年，中国的金融智能化主要表现在：机器学习、神经网络与知识图谱；机器视觉与生物识别；语音识别与自然语言处理；服务机器人技术。其中，机器学习、神经网络与知识图谱应用范围包括金融预测与反欺诈、融资授信决策、智能投顾；机器视觉与生物识别的应用范围包括指纹识别应用、虹膜识别应用、人脸与眼纹识别应用、人像监控预警、员工违规行为监控、核心区域安全监控；语音识别与自然语言处理的应用范围包括智能客服、语音数据挖掘；服务机器人技术的应用范围包括智慧机器人、智能柜台。[①]

（一）广东金融智能化的历史沿革

在网络信息技术的高速发展以及人工智能发展的初期，2014年11月7日，省政府办公厅发布《推进珠江三角洲地区智慧城市群建设和信息化一体化行动计划（2014—2020年）》的通知，其总体目标是"到2015年建成具有全国领先水平的宽带网络基础设施，城市智能感知系统和民生服务系统逐步对接，网上办事、社会保障等社会管理智慧应用不断拓展"以及"到2017年，基本建成具有世界先进水平的宽带网络基础设施，通过地理空间、物联网、云计算、大数据等新一代信息技术实现区域经济社会各领域智慧应用的协同与对接"。同时金融行业也开始把人工智能技术应用到行业发

[①] 陈静：《中国金融科技发展概览（2016）》，电子工业出版社2017年版，第92—101页。

展中，极大推动了金融行业智能化进程。

1. 智能银行网点建立。2014年中国银行省分行、工商银行省分行开始建立智能化网点。2015年5月27日，清远市首家24小时智能银行——广发银行清远城市广场社区支行正式对外营业，以获得国家设计专利的VTM（远程视频柜员机）服务替代传统柜台服务。2017年2月湛江市银行业第一家智能网点"广东南粤银行股份有限公司和平支行智能网点"建立。2017年9月中国银行省分行推行智能化服务。

智能银行网点能给人们带来多维服务体验。智能银行网点"去柜台化、科技智能、自助移动"的业务处理模式，使顾客可利用碎片化时间随时随地远程预约业务办理，让客户在便捷中享受到全新高效的优质服务。同时，客户也可以借助自助设备来实现自助或半自助办理业务，大大节省排队时间和办理周期。此外，客户还可以通过网点内的VTM远程柜员机进行视频互动，接受客服中心的远程柜员为其提供咨询和业务办理，自助进行开卡、转账、统一签约、理财签约等业务。

2. 金融IT云化。在金融智能化时代，互联网用户需求爆发式增长，银行在打造新生态的进程中普遍存在营销难、金融场景单一、风险控制能力和客户体验欠佳等问题。为了借助金融科技能力构建银行与互联网用户之间的强连接，为互联网用户提供便捷智慧的金融云服务，金融机构加速了云化智能化进程。2018年8月16日，长亮科技与腾讯云共同发布"银户通"，将智慧金融服务上升到战略高度，通过研发创新，探索出一条"金融科技跨界融合助力金融IT云化"的新路径，降低了银行操作风险和投入成本。"银户通"输出独具特色的业务解决方案，如精准营销方案、金融风控方案、积分通兑方案等，不仅为银行搭建更有活力的用户成长体系，而且为消费者带来一站式便捷、丰富的金融服务及特色增值服务。①

截至2020年，在人工智能与金融业态的深度融合下，衍生出智能投顾、人像识别、量化交易、智能客服、身份识别、征信反欺诈、风险定价等众多应用，并且在风控、运维、决策支持、零售和网点转型等领域发挥着越来越重要的作用，助力广东的商业银行、证券、保险、基金等传统金融机构以及非传统金融机构智能化转型之路不断提速。

（二）广东金融智能化的典型应用

1. 24小时智能银行VTM。2012年，广发银行推出全国首台VTM，通过科技创新进行流程再造，运用高清远程视频通话等先进技术，有机融合了本地客户自助和远程座席协助，在远程终端进行操作、授权等应用，提供全天候的远程人工服务，使老百姓办理金融业务（包括个人开户等部分复杂业务品种）不再受"上下班"时间的限制，并享受贴心高效的客户体验。截至2016年4月末，广发银行正式对外服务的VTM数量已达169台，遍布全国37家分行、59个城市，累计服务客户110万余人次，通过VTM仅发放借记卡就高达13万余张，规模效益日趋显现。

同时广发银行还在迭代更新、不断超越自我。2016年以来，广发银行不断探索基于智能银行远程服务的"轻"网点模式、进一步整合柜台服务流程，在产品建设中应用多项创新，率先远程一对多

---

① 智企新闻网：《长亮科技携腾讯云发布"银户通"助银行提升用户连接力》，金融界2018年8月16日，https：//baijiahao.baidu.com/s?id=1608950544592142015&wfr=spider&for=pc。

服务、实现公私服务一体化；率先获得国家知识产权局授予的远程虚拟柜员机领域的专利权，并于 2016 年 6 月上线超轻 VTM，虽然身型"浓缩"，但超轻 VTM 的"内核"却更加强大，除可实现借记卡发卡、借记卡激活、信用卡激活、一站式签约、客户资料修改、分行特色服务等基础金融服务外，超轻 VTM 还可为客户提供 Wifi 热点、手机充电、特色缴费等增值服务。传统 VTM 打破了银行网点服务的时间壁垒，实现全天候人工远程服务，超轻 VTM 则因设备小巧便携，进一步突破了网点服务的地点限制，使"VTM + 任何地点"成为可能。超轻 VTM 相当于将银行柜台延伸到客户身边，可提供优质、便捷的"上门服务"，成为切实解决金融服务"最后一千米"的利器。[①]

2. 人像识别。平安集团下设的平安科技人工智能实验室，大规模开发人工智能在金融领域的应用。2016 年，平安集团开始应用人像识别技术，在指定的银行区域进行整体监控，以识别陌生人、可疑人及可疑行为，从而提升银行物理区域性安全，并且该系统还可以识别该银行的 VIP 客户，从而为客户提供个性化服务。在平安的"平安天下通"App 上，利用人脸识别技术，进行远程身份认证，从而消费者可以进行 App 人脸解锁、刷脸支付、刷脸贷款等。[②]

3. 智能投顾。"摩羯智投"是招商银行于 2016 年 12 月在招商银行 App5.0 版本推出的智能投顾服务。"摩羯智投"通过机器算法根据投资者的资产情况和风险偏好，为投资者提供资产配置、智能

[①] 姜雨桥：《广发银行超轻 VTM 上线》，搜狐网——科技，2016 年 8 月 4 日，https://www.sohu.com/a/83267683_116897。

[②] 陈静：《中国金融科技发展概览（2016）》，电子工业出版社 2017 年版，第 105 页。

调仓等服务。"摩羯智投"起投金额为2万元。根据招商银行2018年半年度报告,"摩羯智投"累计销售规模116.25亿元,持有"摩羯智投"的客户数16.69万人;其公司上线量化交易系统开展境内贵金属套利业务,累计交易量227.23亿元,执行效率较人工提升90%以上,节省人工成本80%以上。

2016年1月,广州市万隆咨询顾问有限公司推出"好股快"智能投顾服务。"好股快"包括智荐、智投、智断三个主要功能。"好股快"智投因人而异,以用户为核心,定制专属投资风格路线按用户风格匹配个股,同时提供一对一跟踪服务,智能匹配最适合该用户的个股操作策略。[①] 2016年,广发证券股份有限公司推出智能投顾品牌"贝塔牛",这是券商机构首次推出的机器人投顾品牌。"贝塔牛"上线后,其智能策略收益大部分能跑赢同期大盘指数或基准指数。"贝塔牛"是一款以策略多样化、操作指令清晰以及可一键跟单为主要卖点的智能金融投顾产品,利用最新的金融科技为客户提供智能化、个性化的投资理财服务。2017年,广发证券股份有限公司从统筹公司各项业务智能化建设的角度出发,开发设计"智慧广发"智慧化应用统一平台,建立起一个可以提供各种智能化能力、对各项业务的智能化应用提供统一能力支撑的"智慧大脑"。

4. 智能风控。2017年,招商银行将"天秤系统"用于欺诈风险控制,综合客户设备、环境、交易对手等几十个维度,2000多个变量,实现30毫秒内风险决策和亿级数据计算能力;进一步构建信用卡智能与实时风控管理体系,将信用卡不良率控制在1.14%,

---

① 黄国平、唐军:《广东金融科技发展报告(2018)》,社会科学文献出版社2017年版,第227页。

信用卡资产整体风险平稳可控。

"云顶护盾"是深圳市乐投金融信息技术有限公司（民投金服）基于智能大数据、智能决策模型而形成的智能风控体系。主要通过对用户征信数据、交易数据、行为数据、担保评价等原始信息的采集与分析，经过民投金服自主研发的决策策略计量模型和策略平台进行风控管理。①

5. 智能客服、智能化自主交易设备。在客服智能化方面，2016年以来，招商银行进一步运用数据智能技术，升级智能客服机器人，不断加快电话人工服务向手机银行引流，使客户满意度长期保持在99%以上且服务成本明显降低。

2016年以来，平安集团整合旗下保险、基金、银行、证券等客服渠道为95511，应用人工智能技术，用户拨打后直接说出自身需求，系统识别客户语音内容后，即可转入相应模块。同时，智能客服还可以对客户的简单问题进行回复，复杂问题转入人工服务，从而大大提升了服务效率。②

2016年，工商银行广东自由贸易试验区南沙分行作为第一家投产智能化机具的银行先行先试，至2016年末辖内8家网点投入智能机具36台，完成智能化银行改造，智能网点覆盖率100%，缩短客户等候时间为客户带来全新体验和便捷金融服务。同年，建设银行广东自贸试验区分行实现区内网点智慧柜员机全覆盖使客户体验得到全面提升。

---

① 黄国平、唐军：《广东金融科技发展报告（2018）》，社会科学文献出版社2017年版，第276页。
② 陈静：《中国金融科技发展概览（2016）》，电子工业出版社2017年版，第105页。

第四节　金融大数据与云计算发展

一　广东金融大数据的发展

1990年以来,在摩尔定律的推动下,计算存储和传输数据能力以指数速度增长,每GB存储器的价格每年下降40%。2000年以来,以Hadoop为代表的分布式存储和计算技术迅猛发展,极大提升了互联网企业数据管理能力,互联网企业对"数据废气"（Data Exhaust）的挖掘利用大获成功,引发全社会开始重新审视"数据"的价值,开始把数据当作一种独特的战略资源对待。[①]

2012年以来,随着大数据时代的来临,中共广东省委、省政府高度重视并把大数据作为实施创新驱动总战略、培育经济发展新动能的重要内容,频频提出系列推动大数据发展的举措。金融行业是信息产业之外,大数据的又一重要应用领域,大数据在银行、保险、证券等金融三大业务中均具有较为广阔的应用前景。金融行业的主要业务应用包括企业内外部的风险管理、信用评估、借贷、保险、理财、证券分析等,而这些服务都可以通过获取、关联和分析更多维度、更深层次的数据,并通过不断发展的大数据处理技术得以更好、更快、更准确地实现,从而使得原来不可担保的信贷可以担保,不可保险的风险可以保险,不可预测的证券行情可以预测。

（一）广东金融大数据的历史沿革

2013年,省政府在全国率先成立"广东省实施大数据战略专家

[①] 中国信息通信研究院：《大数据白皮书（2014）》,2014年5月,http://www.caict.ac.cn/kxyj/qwfb/bps/201804/t20180426_158186.htm。

委员会"。2014年在全国率先设立"广东省大数据管理局",建立由45个省有关单位组成的省大数据发展部门间联席会议制度,同时出台《广东省促进大数据发展行动计划(2016—2020年)》。随后在2016年获得国家有关部委批准建设"珠江三角洲国家大数据综合试验区",成为国家首批两个跨区域类综合试验区之一。同时,广东省在2017年至2018年期间获得"大数据发展指数"[①]第一,2016年、2017年连续2年总指数排名第一,其中深圳、广州2017年总指数在31个重点城市中分列第一、第二。同时,自2013年起,省政府每年印发的《广东省信息化发展规划纲要》里都加入了要大力发展并应用大数据的规划。

在政府积极推动大数据产业发展的情况下,各企业逐步加入大数据的发展中(见表10.1)。一方面是许多传统的金融机构参与进来,包括2014年广发银行建立全行数据挖掘分析平台、2016年平安银行建立银行信用卡反欺诈实时授权决策系统等;另一方面是许多非传统金融机构参与进来,包括2009年2月腾讯大数据建立,2011年万丈金数信息技术股份有限公司成立于天河软件园,2014年2月广东省大数据管理局成立,2017年4月广州金融大数据创新应用产学研联盟成立,2017年12月腾讯金融安全大数据监管平台成立,2018年7月深圳市金融办联合腾讯公司共建的"灵鲲金融安全大数据平台"(以下简称"灵鲲平台")正式上线运行,同时双方共建的金融安全监管科技实验室也揭牌成立。

---

① 大数据发展指数,是由2018中国国际大数据产业博览会的《大数据蓝皮书:中国大数据发展报告》发布,依据国家官方数据和权威机构数据,从大数据政用、商用、民用三个维度综合评出各省份和重点城市大数据发展指数。

表 10.1　　　　　广东省省级大数据产业园区一览

广东省省级大数据产业园区			
项目名称			项目单位
第一批			
中山美居智能制造大数据产业园			中山汇智电子商务投资管理有限公司
广东福能大数据产业园			佛山电建集团有限公司
			广东佛山禅城经济开发区管理委员会
肇庆大数据云服务产业园			肇庆新区投资发展有限公司
			广东粤数大数据有限公司
深汕特别合作区大数据产业园			深汕特别合作区管理委员会
云浮市大数据产业园			云浮市华云实业投资有限公司
广东省健康医疗大数据产业园			广东顺德南方医大科技园有限公司
广州开发区大数据产业园			广州开发区大数据管理局
江门市"珠西数谷"省级大数据产业园			江门市滨江新区开发建设管理委员会
第二批			
广州增城大数据产业园			增城经济技术开发区管理委员会
韶关"华南数谷"大数据产业园			广东韶关工业园区管理委员会
惠州潼湖生态智慧区数据产业园			惠州潼湖生态智慧区规划建设指挥部
广梅共建大数据产业园			梅州广梅产业园投资开发有限公司
佛山市南海区大数据产业园			广东金融高新技术服务区管理委员会
			广东睿道共创科技有限公司
			广东广佛智诚商业地产投资有限公司
			广东瀚天投资发展有限公司
			佛山南海力合星空孵化器管理有限公司
东莞市松山湖（生态园）			东莞市松山湖高新技术产业开发区管理委员会
			东莞生态产业园管理委员会
中山市火炬园大数据产业园	承担单位		中山市大数据投资服务有限公司
	联合单位		广东迪兴实业投资有限公司
			中山市健康科技产业基地发展有限公司
第三批			
珠海智慧产业园			珠海智慧产业园发展有限公司

资料来源：广东省经济和信息化委员会，http://www.gdei.gov.cn/。

根据广东省大数据协会2018年对省内777家大数据企业的调研结果，777家企业2017年实现营业收入89187亿元，利润1246亿元，从业人员45.6万人，人均营收195万元，其中大数据收入825.5亿元，占全国的17.6%，位居全国第一。

（二）广东金融大数据的典型应用

1. 广发银行"统一数据挖掘分析平台"。2014年，广发银行建立全行数据挖掘分析平台，实现了全行数据分析资源的集中化管理，提升了数据分析的处理性能。该数据平台的主要作用有三个方面：一是通过对业绩考核的指标的分析和挖掘，优化内部管理和考核机制；二是加强对客户的分析和洞察，丰富客户全景视图，为不同客户制定个性化维护策略，从而提高客户的获取率和留存率，实现对银行客户的精准化管理；三是建立相应的挖掘模型实现对客户的信用风险、操作风险、市场风险等主要风险的计量，从而根据广发银行的风险偏好选择发展最优化业务，提升全行的风险管理水平。

2. 平安银行"银行信用卡反欺诈实时授权决策系统"。2016年平安银行建立银行信用卡反欺诈实时授权决策系统。该系统以防堵首笔欺诈交易为出发点，搭载高效的欺诈规则引擎，通过在刷卡瞬间，实时计算大量的评分模型和欺诈规则，实现对风险交易的实时精准打分。具体表现为：（1）流量监听与异常反应。实时监听授权决策系统流量分配，保证核心系统的高可用性，支持千万级别的日金融交易量。通过异步流量管控，可有效防止交易洪峰过度冲击实时投权决策系统、过多交易影响交易系统的可用性、链路堵塞交易丢失等异常情况。（2）其客户行为画像与欺诈交易识别方式是基于亿级别的海量金融数据刻画客户行为画像、训练欺诈侦测模型，同时搭载高效的规则引擎实现毫秒级别的实时大数据分析和欺诈交易风险决策。(3) 建立事中、事后、案件管理三位一体的反欺诈风险管理体系。此外，集成规则引擎与重构人员标准作业平台。截至2016年12月，反欺诈实时授权决策系统上线后，已累计对超过9000万笔金融交易进行实时风险决策，防堵欺诈金额上千万元人民币，提升交易金额数十亿元，数百万持卡人享受到银行实时保护客户资产安全的服务。

3. 深圳市金融办与腾讯公司建立"灵鲲平台"。2017年12月19日，腾讯公司与深圳市金融办签署战略合作协议，双方将联合开发基于深圳地区的金融安全大数据监管平台，2018年7月2日，深圳市金融办与腾讯公司建立的"灵鲲平台"成功上线运营，灵鲲平台充分发挥腾讯公司几乎遍及全体中国网民的安全能力、近二十年QQ黑产打击经验以及独一无二的AI优势、全球最大黑产知识图谱和世界一流的安全大数据团队，成功克服并解决了现有监管行业"数据、算法、计算力"不足的问题。同时，灵鲲平台从基于人工智能的平台识别，基于数据挖掘的多维度信息关联，基于知识图谱的平台风险指数计算，基于涉众人数增长异常规模预警四个方向入手，全面监测互联网上活跃的类金融平台。结合深圳市金融办整合的深圳市40余个行政管理单位的政务数据，运用多源数据融合技术，能够对P2P、投资理财、外汇交易等十多个金融类别的识别与风险指数计算，对发现的高风险平台及时向政府相关部门进行预警，做到对金融平台的识别全、预警快，真正实现针对非法金融活动的"打早"和"打小"。

平台试运行期间，灵鲲平台已对深圳25万多家从事金融业务的企业做了初步分析，并对其中的11354家做了重点分析，识别出多家风险企业，市金融办已对其中有重大犯罪嫌疑的企业预警并移交处置。①

二 广东金融云计算的发展

（一）云服务及其在中国的发展历程

自 SaaS② 在 20 世纪 90 年代末出现以来，云计算服务已经历经近 20 年的发展历程。云计算服务真正受到整个 IT 产业的重视是始于 2005 年亚马逊推出的 AWS 服务，产业界认识到亚马逊建立了一种新的 IT 服务模式。自此，谷歌、IBM、微软等互联网和 IT 企业分别从不同角度开始提供不同层面的云计算服务，云服务进入快速发展阶段。

1999 年 3 月，Salesforce 成立，成为最早出现的云服务，即 SaaS；同年 9 月，LoudCloud 成立，成为最早的云服务商；2005 年，Amazon 推出 AWS 服务，至此云服务的初级阶段形成，SaaS 以及 IaaS③ 的形成并被市场接受。

2007 年，Salesforce 发布 Force.com，即 PaaS；2008 年 4 月，谷歌推出 Google APP Engine，到 2008 年底，云服务的三种形式全部出现，IT 企业、电信运营商、互联网企业等纷纷推出云服务，云服务形成。

2009—2015 年间，云服务功能日趋完善、种类多样，并且传统企业开始通过自身能力的扩展、收购等模式，纷纷投入云服务之中，云服务在此期间得到高速发展。

---

① 史建磊：《深圳市金融办与腾讯建立灵鲲金融安全大数据平台上线》，中国新闻网产经中心，2018 年 7 月 3 日，https：//baijiahao.baidu.com/s?id=1604938781356728340&wfr=spider&for=pc。
② 软件服务（Software as a Service，简称 SaaS）。
③ 基础设施服务（Infrastructure as a Service，简称 IaaS）。

2015—2016年间，以IaaS、PaaS①和SaaS为代表的典型云服务市场规模达到522.4亿美元，增速20.6%；2017年以IaaS、PaaS和SaaS为代表的全球公有云市场规模达到1110亿美元，增速29.22%②（见图10.4）。

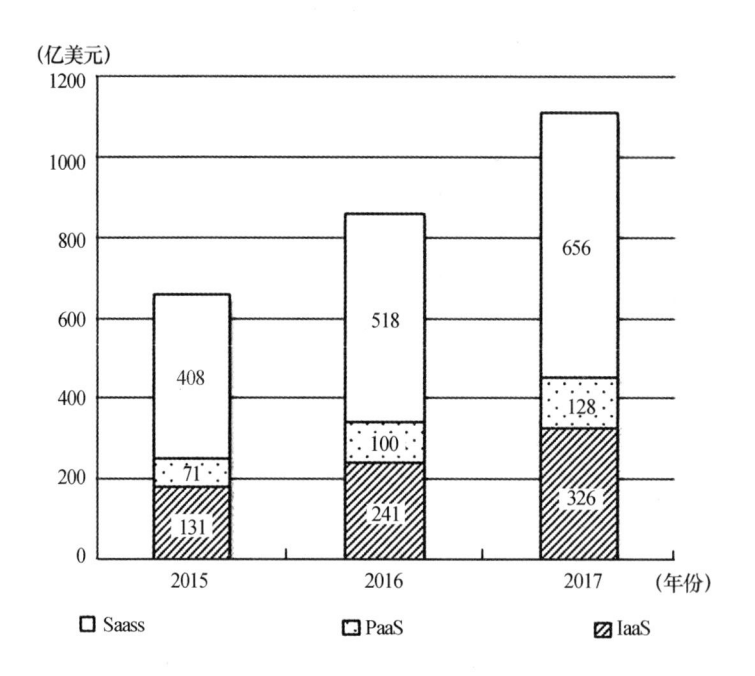

图10.4 全球云计算市场规模图

资料来源：中国信息通信研究院：《云计算白皮书》（2012—2018），中国信息通信研究院官网——研究成果。

2011年以前，中国云计算服务市场处于起步阶段，但云计算技术与设备已经具备一定的发展基础。中国云计算服务市场总体规模较

---

① 平台服务（Platform as a Service，简称PaaS）。
② 中国信息通信研究院：《云计算白皮书》（2012–2018），中国信息通信研究院官网——研究成果，http://www.caict.ac.cn/kxyj/qwfb/bps/index_15.htm。

小，但追赶势头明显。据 Gartner 估计，2011 年中国在全球约 900 亿美元的云计算服务市场中所占份额不到 3%，但年增速达到 40%。

从 2007 年起，中国移动通信集团有限公司开始搭建大云（Big Cloud）平台，2011 年 11 月发布大云 1.5 版本，移动 MM 等业务将在未来迁移至大云平台。中国电信集团有限公司于 2011 年 8 月发布天翼云计算战略、品牌及解决方案，2012 年提供云主机、云存储等 IaaS 服务，未来还将提供云化的电子商务领航等 SaaS 服务和开放的 PaaS 服务平台，同时中国联合网络通信集团有限公司则自主研发面向个人、企业和政府用户的云计算服务"沃·云"。至 2019 年，"沃·云"业务主要以存储服务为主，实现了用户信息和文件在多个设备上的协同以及文件、资料的集中存储和安全保管等功能。

2013 年，中国公共云服务市场规模约为 47.6 亿元人民币，增速达到 36%，远高于全球平均水平。2013 年，中国的 IaaS 市场规模约为 10.5 亿元，增速达到 105%，显示出旺盛的生机。IaaS 相关企业不仅在规模、数量上有了大幅提升，而且吸引了资本市场的关注，UCloud、青云等 IaaS 初创企业分别获得了千万美元级别的融资；在众多互联网巨头的介入和推动下，中国 PaaS 市场得到了迅速发展，2013 年市场规模增长近 20%；2013 年国内 SaaS 市场规模在 34.9 亿元左右。

2015 年，中国云计算整体市场规模达 378 亿元，整体增速 31.7%，其中专有云市场规模 275.6 亿元人民币，年增长率 27.1%。其中，国内 IaaS 市场成为游戏、视频、移动互联网等领域中小企业 IT 资源建设的首选，市场规模达到 42 亿元人民币；PaaS 服务成为互联网创业的重要平台，到 2014 年 6 月，腾讯开放平台已为超过 500 万开发者服务；新浪 SAE 拥有 53 万活跃开发者，2015 年推出免费 100MB 空间、10GB 存储空间及缓存、域名绑定等服务为开发者提供"零成本创业";2015年SaaS市场规模达55.3亿元,远超过IaaS和PaaS市场的总和,增长率为37.6%。

截至2017年,中国云计算整体市场规模达691.6亿元,增速34.32%。其中,公有云市场规模达到264.8亿元,私有云市场规模达426.8亿元。其中,IaaS成为公有云中增速最快的服务类型,2017年,公有云IaaS市场规模达到148.7亿元,截至2018年6月底,共有301家企业获得了工信部颁发的云服务牌照;PaaS市场整体规模偏小,2017年仅为11.6亿元;SaaS市场规模达到104.5亿元[①](见图10.5、图10.6)。

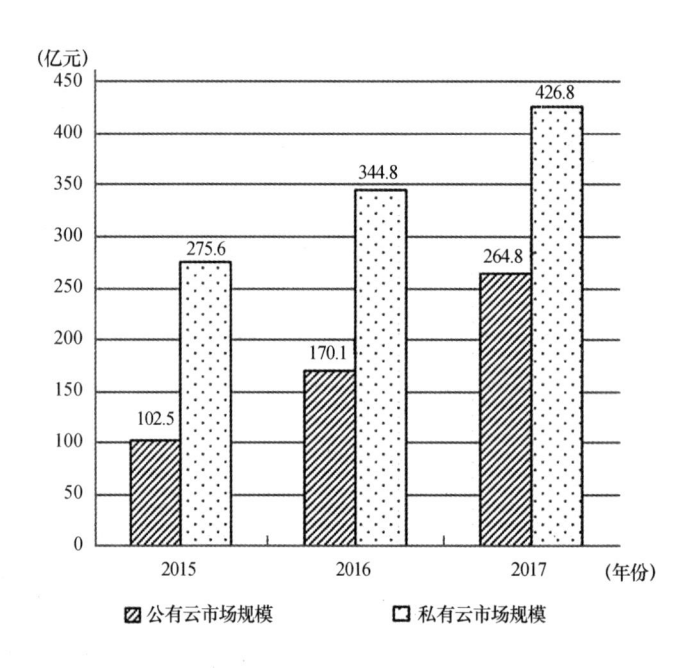

图10.5 中国公有云、私有云的市场规模

资料来源:中国信息通信研究院:《云计算白皮书》(2012—2018),中国信息通信研究院官网——研究成果。

---

① 中国信息通信研究院:《云计算白皮书》(2012-2018),中国信息通信研究院官网——研究成果,http://www.caict.ac.cn/kxyj/qwfb/bps/index_15.htm。

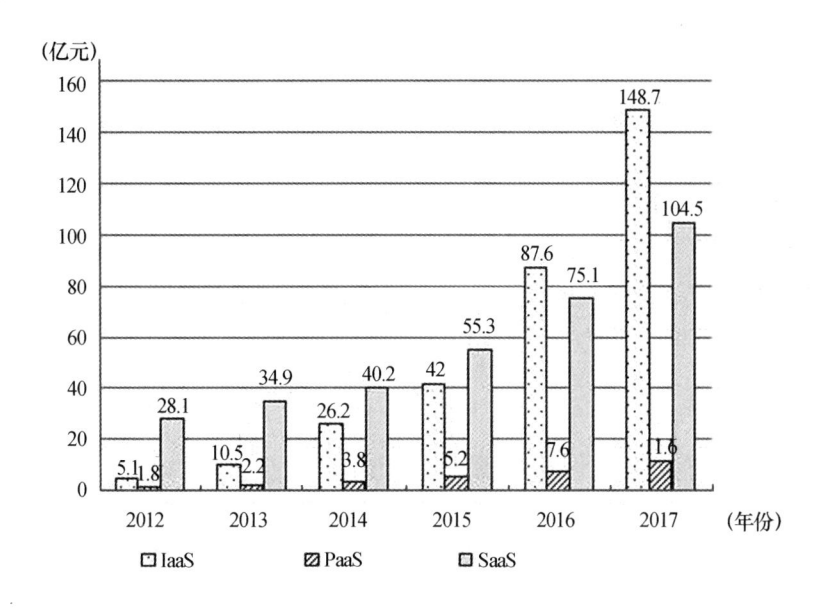

图10.6 中国公有云细分市场规模

资料来源：中国信息通信研究院：权威发布，《云计算白皮书》（2012—2018）。

随着"互联网+"行动的积极推进，中国云计算应用正从互联网行业向政务、金融、工业、轨道交通等传统行业加速渗透。2016年7月，中国银行业监督管理委员会正式发布《十三五科技指引》，明确提出未来5年银行要有60%以上的业务系统上金融云，75%的场景实现智能化运营。"金融云"市场的发展方向主要有两个：一是以往从事金融服务的传统IT企业，开始利用云手段改造传统业务，实现自身的"互联网化"转型；二是互联网云计算企业借助自身的技术优势，积极地向金融行业拓展。

2010年2月，腾讯开放平台接入首批应用，腾讯云正式对外提供云服务；同年12月12日，云服务器、云监控上线、华南区（广州）数据中心开放。2013年7月，平安云正式立项，同年11月平安开发集成环境云VM破千；同年9月9日腾讯云正式全面向社会开放，所有用户都有机会使用腾讯的云服务。同时，阿里云计算也进入广东市场，其阿里云计算深圳数据中心于2014年8月29日开放。

2012—2015年，省政府频繁出台相关的促进云计算发展文件，包括2012年8月23日出台《关于加快推进我省云计算发展的意见》、2014年4月11日出台《广东省云计算发展规划（2014—2020年）》、2015年12月22日出台《广东省促进云计划创新发展的实施方案》。

（二）广东金融云计算的典型应用

1. 腾讯金融云。2013年9月9日，腾讯云正式全面向社会开放，所有用户都有机会使用腾讯的云服务。腾讯金融云服务是面向金融行业客户（保险、证券、基金、银行、消费金融、互联网金融等）开放的行业解决方案；结合金融行业的特点，为用户解决行业安全合规性的要求，并开放腾讯公司多年互联网运营积累的高并发处理、海量数据存储、大数据挖掘及分析、高安全可靠的基础能力，具备高安全性，高可靠、高扩展性的特点，能灵活适配业务增长，帮助传统金融客户向金融云业务转型。

腾讯金融云根据金融企业对合规性、隔离性等不同的要求，提供两类业务托管区：一是针对保险、银行、消费金融、证券、基金等金融机构，提供符合人民银行和银监会合规标准的金融专区，专区为独立的金融行业专用机房，安全隔离和防护要求以及运维要求均为腾讯云内最高标准。二是针对P2P、小贷、众筹、金融网销渠道等互联网金融客户，在腾讯公有云可用区中购买云服务资源，同时提供安全登录、更高的安全防护级别以及客户服务级别。

腾讯金融云的第一个客户是前海微众银行，2014年7月前海微众银行获得筹建批复，12月前海微众银行获得开业批复，成为全球首家云上银行。截至2017年，腾讯金融云已经服务包括中国银行、前海微众银行、中国人寿保险（集团）公司、富途证券国际（香港）有限公司（以下简称"富途证券"）等在内的6000多家金融机构，助力20家银行完成互联网金融转型，以及选择腾讯金融云服务的新筹保险公司已超过90%。

腾讯金融云运用的成功案例如下（1）前海微众银行。2014年7月。前海微众银行通过腾讯云，构建全新去IOE高扩展性架构，快速开业成为全球首家全云上银行，并降低80%账户管理成本，同时采用金融云的人脸核身等新技术，打造创新的互联网业务流程。在微粒贷上线后，依托腾讯云大数据风控能力和社交场景触达能力，用户数量迅速增长至7000万，并且减少了75%的交易损失。在腾讯金融云的帮助下，贷后环节提供催收机器人直接替换人工成本，大大节省了团队运作成本。（2）富途证券。2015年4月，由于国家政策刺激，内地股民热捧港股。随着港股迎来牛市盛宴，创纪录的开户量、交易量等因素导致多家银行、券商的服务器出现宕机、系统瘫痪状况，无法正常交易，但是在腾讯云的支持下，2015年4月8—10日富途证券同时在线人数和新增客户数同创新高，官网访问量增长10倍，交易额也迎来大幅上升，从60亿元攀升到150亿元，后台一小时之内腾讯云服务器规模增长了3倍，富途依托腾讯云安全、稳定、可靠的网络基础设施及自主研发的高并发大容量交易系统，确保了富途证券的客户在大行情来临时继续运筹帷幄，进退自如。（3）泰康人寿保险有限责任公司。依托腾讯云支撑起春节红包大战期间最高1亿/秒的红包摇一摇请求，腾讯云仅用40天将泰康人寿2015年春晚红包活动系统部署上云，创造保险公司上云的新纪录，红包营销活动的云上新尝试。

2. 平安金融云。平安云2013年诞生于平安集团，由平安科技（深圳）有限公司自主研发。2014年第一个保险系统上云，2015年完成两地三中心的布局，实现外部金融机构入云，到2017年多地多中心节点完成，涵盖95%以上集团业务子公司，生产子系统80%入云，并且同年获得《互联网周刊》"2017金融云服务提供商排行榜"榜首。经过五年产品、技术、应用场景的积淀，平安云已经成为金融行业内最大的云平台。至2019年12月，平安云在世界上拥有6个区域分布中心，其中5个在中国，1个在新加坡，还有1个在印度尼西亚正在建设中；同时，平安云是已达到国家安全级别的数据中心（Tier3+标准、国家A级机房），满足了金融安全的最高标准。

平安金融云的成功运用案例如下。（1）中国平安人寿保险股份有限公司（以下简称"平安人寿"）。平安金融云机房按照国际最高金融标准Tier4建设，从数据中心环境、设备、保险类业务架构到产品开发及运维服务规范均符合"一行两会"监管要求，弹性文件服务支持文件间高速共享，并对文件系统访问权限做了严格控制，所有数据和文件对象都有多份冗余拷贝，保证数据的安全和高可用性；同时，为平安人寿提供对象存储服务，支持海量扩展，满足电子保单等PB级文件及数据存储，对象存储采用CDN加速，上传文件时选择最佳网络路由，下载文件时提供本地文件缓存功能；负载均衡服务能根据平安人寿业务的负载伸缩，增加网络吞吐量，加强网络数据处理能力。截至2017年1月，平安金管家App注册用户量超1亿，成为全球寿险第一个，也是唯一一个用户量过亿的寿险公司App。（2）金融壹账通。平安金融云针对金融壹账通的特性，采用混合云部署模式,将一部分核心交易系统部署在自有 IDC 中,而高速增长且有高并发场景的业务部署在平安云金融专区,平安云对其提供云计算能力,自建 IDC 和平安云通过专线进行互访;同时,平安云提供对象存储服务,支持无限量容量扩展,满足借贷客户海量资料存储要求,所有存储均符合金融合规,保证客户数据的安全及隐私。截至 2018 年底,金融壹账通已为包括 500 多家中小银行在内的近 3000 家中小金融机构提供了金融科技服务支持。(3)平安证券股份有限公司。针对证券行业的特性,平安云的架构搭建及解决方案均符合"一行两会"监管要求,专有网络 VPC 运用金融云专属网络域类型的概念,对网络域进行隔离,并将可用区分为符合金融合规标准的内网、DMZ、合作伙伴区;同时,将增长较快的业务全部署在平安云上,ECS 实例、云磁盘、数据库等产品支持快速扩容,用于应对指数级增长的业务需求,多地多数据中心及多可用区部署方案,保证数据多备份,而且渠道商系统部署在平安云,通过专线和自建 IDC 互联,保证系统交互的时效性和稳定性。

第五节 金融区块链发展与数字货币的创新探索

一 金融区块链与数字货币简介

(一)金融区块链

区块链(Blockchain)源自比特币系统的构建,是一种由分布式数据存储、点对点传输、共识机制、加密算法等一系列计算机技术实现的全新去中心化经济组织模式,不仅拥有无限计算能力,还可以对账本数据进行持久化存储。作为比特币的底层技术,区块链是一串使用密码学方法相关联产生的数据块,每一个数据块中包含了一批次比特币网络交易的信息，用于验证其信息有效性（防伪）和生成下一个区块。同样地，金融区块链以其独特的资产穿透技术将各类金融资产，如股票、债券、票据、仓单、基金、房产等整合到区块链账本中，使之成为链上的数字资产，资产所有者可以在区块链上对资产进行存储、转移和交易。区块链具备去中心化、加密安全、不可篡改、去信任机制、去中介化等种种优势，因此在金融交易中可以保障每一笔交易的安全性和真实性，有效减少金融诈骗，省去部分交易环节，降低交易成本，使金融交易更加迅速、安全、便利，金融体系运行更稳健、更具活力。随着区块链技术的不断改进和发展，金融区块链在数字钱银、支付清算、智能合约、贸易金融、物联网金融、供应链金融等多个金融场景具有广阔的使用前景。

在新一轮产业变革和科技革命的冲击下，越来越多人开始关注区块链，越来越多学者开始研究区块链，越来越多金融科技企业开始进入区块链行业。区块链应用场景不断丰富，区块链专利数量不断攀升，区块链研究成果不断涌现。2016年12月，区块链首次被作为全国战略性前沿技术。2017年，区块链成为全球经济热点，国内三大互联网巨头BAT（百度、阿里巴巴、腾讯）、国内高校、金融机构等纷纷涉足区块链领域，掀起了一场技术革新、技术革命的热潮。为推动区块链技术在金融领域的应用及影响，中国先后成立中关村区块链产业联盟、中国分布式总账基础协议联盟（China Ledger）、金融区块链合作联盟（金链盟）和区块链微金融产业联盟（微链盟）。

区块链技术就像是一辆技术快车，在新一轮信息发展中尤为瞩目，而广东作为一个在改革开放后经济发展处于前列的大省，顺应时代潮流，快速搭上这辆"快车"。区块链在广东金融科技创新应用上具有举足轻重的地位。根据零壹财经统计，截至2019年10月，广东省与区块链相关的企业数量高达18922家，遥遥领先于排名第二的浙江省（1826家），占全国区块链相关企业总量的六成以上。这18922家区块链公司主要分布在广州、深圳、东莞。其中，广州的区块链公司数量遥遥领先，为13723家，超过中国区块链企业数量排行第二至第十城市的区块链企业数量总和，深圳次之，为4410家，东莞排名第三，为413家。在地域分布上，出现这种区块链分布格局，与各地区对区块链的政策态度及工商部门修改经营范围的难度有密切关系。截至2019年上半年，全国共有23个省级行政区发布了106则区块链扶持相关政策信息，其中广东省是国内出台区块链相关政策最多的省份，尤其以广州和深圳出台的政策最多。同时这三个地区是粤港澳大湾区城市群的重要组成部分，在区位上占据明显优势。

（二）数字货币

数字货币也称为数字加密货币（Digital Currency，缩写为DIGICCY），从字面上来看就是对传统货币进行数字化的意思。数字货币发展潜力巨大，一方面，它拥有价值尺度、流通手段和贮藏手段三种货币职能，能够代替传统货币的使用；另一方面，它有望成为世界货币，因为数字货币是通过国际通用的计算机语言而产生，能够在国际商品流通中充当一般等价物。早期数字货币是一种以黄金重量命名的电子货币形式，因此也被称为数字黄金货币。至2019年，数字货币大多是依靠区块链技术创造出来的可以发行和流通的电子货币，比如比特币、莱特币和PPCoin。

随着区块链技术的研究开发在全球进行得如火如荼，以区块链作为底层技术的数字货币也得到快速发展。数字货币是区块链1.0的一种产物，也是区块链技术的代表作品，主要以比特币（BTC）为主。根据得得智库数据统计，目前，数字货币的代表有比特币、以太坊、莱特币等。截至2019年10月6日，全球数字货币市场共有币种2941种。总市值共计＄217265945333（即约2173亿美元）。

数字货币是传统货币和互联网相结合的产物，是金融货币领域的"互联网＋"，深受全球央行重视。2018年底国际清算银行进行的一项调查显示，在受访的63个国家央行中，有3家央行计划发布数字货币，少数国家央行如瑞典、乌拉圭等已进入数字货币试点阶段。对中国来说，人民银行其实在数字货币领域深耕多年，并做了不少努力。早在2014年，人民银行就成立了发行法定数字货币的专门研究小组，开始论证法定数字货币在中国发现的可能性。2016年11月，人民银行下设的印制科学研究所计划招聘专业人员进行数字货币研发工作，开始筹备数字货币研究所，而身为人民银行科技司副司长的姚前，也被任命为人民银行数字货币研究所筹备组组长。2017年2月，人民银行推动的基于区块链的数字票据交易平台测试成功，由人民银行发行的法定数字货币在该平台试运行。2017年5月，人民银行数字货币研究所挂牌成立，致力于促进数字货币行业科研与实践融合发展，这表明中国数字货币研究进入实际操作阶段。2019年7月8日，在数字金融开放研究计划启动仪式暨首届学术研讨会上，中国人民银行研究局局长王信曾透露，国务院已正式批准央行数字货币的研发，央行在组织市场机构从事相应工作。这意味着人民银行将成为首个发行数字货币并开展真实应用的中央银行。2020年10月8日，深圳宣布向个人发放1000万元数字人民币红包，数字人民币的试点范围首次扩大到了公众层面。中国人民银行推出的数字货币是迄今为止世界上唯一一种由国家发行的数字货币，具有比特币及其他数字货币所没有的国家信用和货币安全。

尽管以后更先进的技术可能会破解现有的区块链技术和加密技术，从而导致数字货币有一定风险，但是截至2020年，数字货币优势明显，总体来说相对较安全可靠。一方面，数字货币既能替代纸质货币，降低纸币发行、流通带来的成本，也能通过高效的电子处理来减少金融服务的交易成本和时间成本，有利于普惠金融的发展；另一方面，数字货币使每一笔交易透明化，洗钱、恐怖融资、逃漏税等违法犯罪行为将无所遁形，增强央行对货币市场的控制力。

二 广东金融区块链的历史沿革与数字货币的探索历程

（一）广东金融区块链的历史沿革

1. 社会支持的变革。广东金融区块链的迅猛发展离不开相关政策的支持。2016年，区块链在广东的发展拉开帷幕，这一年是广东开始扶持区块链产业的第一年。在2016年11月，深圳市金融办发布《深圳市金融业发展"十三五"规划》，提出要支持金融机构加强对区块链、数字货币等新兴技术的研究探索。同年12月，广州在《中国共产党广州市第十一次代表大会报告》提出"实施重大技术攻关行动、发展区块链等前沿技术"的战略部署，为广州区块链的扶持政策奠定了基础。12月20日，首届"中国深圳FinTech（金融科技）峰会"在深圳成功举办，会上举行多项FinTech创新成果与项目的揭牌以及签约仪式。2017—2019年，深圳市连续举办金融科技峰会，彰显了深圳作为国家金融创新中心，走在改革开放前沿，在金融科技领域是其他城市不能匹及的。

2017年，区块链与数字货币一度成为最火爆的话题，关注并支持区块链发展的社会各界人士络绎不绝。同年7月，广州成立区块链产业协会，这是广东首家正式注册成立的区块链产业协会，以广州市黄埔区、广州开发区企业为主，延伸省内外，覆盖粤港澳大湾区。同年9月，深圳市人民政府制定扶持金融业发展的措施，指出要设立金融科技专项奖，对在区块链、数字货币、金融大数据运用等领域做出贡献的优秀项目进行物质奖励。该项政策是对区块链等技术的有力扶持，有利于人才聚集和项目开展。10月，广州市黄埔区、广州开发区首批10个区块链重点项目和2个区块链产业创新基地平台——百达丰区块链总部大厦与蚁米区块链众创空间集中签约，为后续区块链企业、团队的聚集和共同发展奠定基础。12月，广州市黄埔区、广州开发区出台第一部针对区块链产业的政府扶持政策，抢在全国前列提出当前国内力度最大的"区块链10条"政策，涉及的奖励范围涵盖7个方面。显而易见，广州决心攻克区块链技术。

2018年，广东继续加大区块链扶持力度。4月9日，广东省经济和信息化委发布《广东省数字经济发展规划（2018—2025年）（公开征求意见稿）》，单独列章强调要前瞻布局区块链，包括加快研究区块链关键技术，支持发展区块链解决方案，积极拓展区块链应用场景，加强区块链技术在金融、商贸、政务、民生、智能制造、物流、能源等重点行业的应用。在加快推动区块链技术发展的同时，也对区块链在供应链、金融、数字资产等领域的风险进行管控。6月，佛山市南海区人民政府也开始出台相关政策来扶持当地以"区块链"为核心的金融科技发展，奖励范围涵盖9个方面。9月4日，由人民银行数字货币研究院与人民银行深圳市中心支行共同推动，深圳金融科技研究院联合多家主流商业银行封闭开发的"粤港澳大湾区贸易金融区块链平台"在深圳正式上线试运行，助力缓解我国中小微企业融资难、融资贵问题。该平台是国内首个由人民银行牵头、监管机构参与、多家金融机构共建的以区块链技术为核心的金融平台。10月10日，广东省电子信息行业协会区块链专业委员会在广州正式成立。该区块链专业委员会是由广东省电子信息行业协会联合广州广电运通、广州致链科技有限公司、中山大学等多个单位共同发起成立。通过搭建统一平台，汇聚企业、高校和政府的力量，联合开展区块链技术研究，探索区块链的新模式和新机制，推动区块链产业在广东的发展。12月11日，《广东金融高新区未来十年金融发展战略研究》正式公布。研究指出，广东金融高新区要抓住大数据、云计算、区块链、人工智能技术推动金融科技发展的机遇。12月20日，广东金融高新区"区块链+"金融科技产业孵化中心正式投入运营，为"区块链+"金融科技企业和创业团队提供一系列综合服务，帮助其挖掘应用场景。12月21—22日，2018中国物流与供应链产业区块链创新应用年会在"鹏城"深圳顺利召开。物流与供应链已成为区块链最具潜力的应用场景，而电子存证、供应链金融、产品溯源和共享经济是其中最主要的应用场景。

2. 企业金融区块链项目的发展情况。2017年是区块链与数字货币在广东落地应用的第一年。在政府引导和企业努力下，省内10个区块链重点项目场景开始示范应用。2018年8月10日，中国首张区块链电子发票在深圳开出，成为区块链在票据的第一个现实案例。这宣告着深圳成为全国区块链电子发票首个试点城市，也意味着纳税服务正式开启区块链时代。在金融领域，平安区块链Fi-

MAX、腾讯云区块链和招商银行区块链是金融区块链项目的三个典型代表。

首先是关于中国平安区块链 FiMAX 。平安集团是中国率先加入国际金融区块链联盟 R3 的企业，一直致力于区块链技术研究和应用场景挖掘。在区块链专利申请数量上，平安区块链专利申请达到 95 件，其中海外专利申请 24 件，领跑国内金融科技公司，而这些专利大多掌握在集团子公司平安金融壹账通手中。

金融壹账通前身为平安金融科技咨询公司。2015 年 8 月，平安一账通、前海征信、银行一账通三大业务整合，同年 11 月同业资产交易服务平台成立。在此框架上，2015 年底，金融壹账通横空出世。金融壹账通发展迅速，智能银行云、智能保险云、智能投资云、金科空间站开放平台等领先金融科技和服务相继问世。

联盟链模式是金融壹账通与其他公司解决金融行业实际问题的合作方式。2018 年 2 月 6 日，金融壹账通推出区块链方案"壹账链"，覆盖交易额超 12 万亿元，注册金融机构 800 余家，壹企银融资平台接入中小企业节点数近 17000 个。同年 8 月，平安区块链技术第一个海外合作项目诞生。凭借 FiMAX 独有的应用级零知识证明技术、全球首创加密信息可授权式解密共享技术、高吞吐量等优势，金融壹账通团队击败 IBM、微软，以太坊联盟 EEA，R3，德勤等数十个跨国公司成功胜出，成为香港区块链贸易融资平台技术合作商，负责该国际贸易融资网络的设计、开发及部署。同年 10 月 31 日，平安集团交付首个香港区块链贸易融资网络项目——贸易联动（eTradeConnect）。该平台由香港金融管理局推动成立，并由 7 家在香港的创始银行共同提供建设资金。截至 2019 年末，该网络上有 12 家银行通过区块链技术与其部分贸易融资试点客户实现贸易信息共享。

除了与香港金融管理局，平安金融壹账通还与福田汽车集团福田金融共同打造了"福金 ALL – Link 系统"。2018 年 8 月 10 日，"福金 ALL – Link 系统"在北京正式发布，该系统利用金融壹账通领先的区块链技术，配合电子签名技术，将非标准化"应收账款"的凭证（福金通数字凭证）数字化，一方面能帮助福田汽车实现合理高效的资金管理；另一方面，区块链技术可以将数字化的凭证形成多层穿透，严密把关各级企业信用。

截至 2020 年末，平安区块链 FiMAX 已在诸多场景得到广泛应用，多个区块链项目成功上线并得到业务方的一致好评。

其次是关于腾讯云区块链。腾讯云区块链服务（Tencent Blockchain as a Service，以下简称 TBaaS）是以金融云为基础，提供 CA 证书服务、国密算法支持、用户和交易隐私保护等安全保障，让用户在弹性、开放的云平台上能够快速构建自己的 IT 基础设施和区块链服务。TBaaS 是基于区块链技术的联盟链平台，针对各企业个性化的需求，开创性抛弃了数字货币、工作量证明等部分特性，保留并发展分布式账簿、交易共识、数据防篡改等功能，提高交易达成的效率、节约大量计算成本。

自 2015 年以来，腾讯云就开始研发区块链。2017 年 11 月，正式推出 TBaaS 开放平台。截至 2019 年末，腾讯云区块链在多个金融场景都实现应用，包括保险直赔、资金结算、电子票据、供应链金融、智慧医疗、公益慈善等领域的解决方案落地，成果快速得到社会各界的广泛认可。2018 年 6 月，腾讯云与东华软件旗下"华金在线"进行战略签约，依靠腾讯云区块链平台不可篡改、异构多活、支持智能合约等优势，实现供应链金融的操作模式闭环，整体提升医疗供应链金融的效率，打破医疗行业和金融行业的鸿沟。同年8月，由华为公司、腾讯公司、点融牵头成立的可信区块链推进计划BaaS（区块链即服务平台）项目组正式成立，项目组成员由阿里云、蚂蚁金服、百度、中国移动等组成。该项目组聚焦探索区块链在各个领域的应用前景，共同推动解决商业化过程中的难题。同年10月9—10日，腾讯云携区块链产品参加2018可信区块链标准评测，在第一轮功能测试和性能测试中，腾讯云TBaaS区块链平台获得两项可信区块链评测通过证书。同年11月19日，权威行业分析机构ABI Research公布BaaS领域的竞争力排名榜单。腾讯云TBaaS凭借在市场应用、产品落地、生态支持，以及安全、附加服务等方面的出色表现，在中国区块链市场上位居第一。

随着区块链市场需求逐步扩张，腾讯云区块链不断打造创新场景应用能力，将优秀的区块链平台能力辐射到各行各业，努力挖掘区块链在金融、保险、零售、医疗、公益等行业内的应用潜力。

再次是关于招商银行区块链。作为现金管理领域的先行者和领导者，招商银行在区块链技术上实现新的突破，是首家实现将区块链技术应用于全球现金管理领域的跨境直联清算、全球账户统一视图以及跨境资金归集这三大场景。2016年6月，招商银行通过跨境直联清算业务POC实验，率先实现将区块链技术运用于银行核心系统中。

招商银行紧跟金融科技的国际前沿科技，笃行致新，持续获得国际和国内各项荣誉，曾第十一度蝉联《亚洲货币》（Asia Money），被授予"中国最佳现金管理银行"大奖。招商银行也是股份制银行中首家推出全球现金管理（Global Cash Management）服务的银行，实现了与离岸、自贸区FT、香港分行、纽约分行、招商永隆银行有限公司账户和网银的整合，可为跨境集团企业提供结算、融资、跨境划拨资金链的综合化服务。因此，招商银行在全球现金管理领域引入区块链技术，不仅让原有现金管理的底层技术实现新的突破，也再次彰显了招商银行对市场环境的嗅觉、技术开发的实力，更为现金管理模式在当前 Fintech 形势下的广泛应用提供了更为广阔的想象空间。基于区块链技术的跨境直联清算的商用标志着招商银行在全球现金管理领域应用区块链技术成为现实，也代表着招商银行深度掌握了区块链技术的核心，并在区块链技术应用方面处于同业中领先水平。

招商银行不仅是现金管理领域引入区块链技术的领头企业，还是首批接入"区块链+发票"生态体系的机构。自深圳市税务局开展区块链电子发票试点工作以来，招商银行积极参与，凭借雄厚的金融科技实力和强大的执行力，在自营开票场景上线仅1个月后，顺利投产区块链电子发票服务平台，成为深圳市税务局挂牌第三家、金融业首家区块链电子发票服务商。2018年11月1日，招商银行成功开具首张银行业区块链电子发票。同年12月27日，招商银行首次以深圳市税务局区块链电子发票平台服务商角色，代理招商基金、招联消费金融两家金融企业接入区块链电子发票平台，分别开出基金行业、消费金融行业首张区块链电子发票。这标志着招商银行在以区块链为代表的科技创新领域持续发力，在"财税领域"再次迈出重要一步。

（二）广东数字货币的探索历程

2016年来，人民银行致力于加强数字货币的研究和试验。在数字货币整个探索创新的过程中，广东走在前列，人民银行也特别重视数字货币发展过程中广东的地位和影响力。2016年12月26日，在深圳市人民政府的指导下，平安集团、招商银行、前海微众银行、大成基金管理有限公司等国内外40多家知名金融机构共同成立全国首个中国（深圳）Fintech数字货币联盟及中国（深圳）Fintech研究院，这也是继人民银行宣布筹办数字货币研究所之后，国内首个地方城市发起成立的金融科技联盟和研究院。深圳成为率先试点数字货币的城市，探索推进中国数字货币的科技研发和市场运用。新成立的联盟和研究院积极组织推进中国数字货币的研发和运用，促进深圳成为具有国际影响力的金融科技中心。2017年1月29日，人民银行在深圳这个改革开放成果最明显的城市正式成立数字货币研究所。2018年9月5日，人民银行数字货币研究所在深圳成立全资子公司——深圳金融科技有限公司，协助参与贸易金融区块链等项目的技术研究与开发、系统建设与运行维护。该公司的成立奠定了深圳在数字货币领域领跑城市的地位。2019年8月，《关于支持深圳建设中国特色社会主义先行示范区的意见》提出，打造数字经济创新发展试验区，支持在深圳开展数字货币研究与移动支付等创新应用。2020年，央行法定数字货币真正跟公众见面了；10月8日，深圳宣布向个人发放1000万元数字人民币红包，每个红包金额为200元，红包数量共计5万个。与此前小范围的试点相比，数字人民币的试点范围首次扩大到了公众层面，而且是首次以现金红包的形式"露面"。

三　广东金融区块链典型运用场景

在积极推出区块链和数字货币相关政策的同时，广东不断探索区块链的应用场景，将区块链应用于实体经济，打造"区块链+"，扩大区块链技术在金融、商贸、政务、民生、智能制造、物流和能源等重点行业的应用。金融，则是区块链运用场景中最突出最受投资人青睐的领域。

在数字经济的背景下，广东将区块链技术应用到资产管理、数字交易、数据流通等环节，在加强金融业态风险监控、银行金融数据隐私保护方面做出积极贡献；同时，基于区块链数据不可篡改的特性，广东还将区块链运用到普惠金融、跨境支付、证券交易等领域，把各类金融资产转化为链上的数字资产进行管理和交易，构建信用评价体系，完善信息共享和记录。

（一）贸易融资+金融区块链

在传统贸易融资业务流程中，融资双方高度依赖人工核查来审核各种纸质单据的真实性。会导致以下四方面的贸易融资问题。一是核验成本高。银行须花费大量时间和人工来核实纸质贸易资料的真实性，且纸质贸易单据的传递或差错会延迟货物的转移以及资金的收付，造成业务的高度不确定性。二是信息不完整、不透明。贸易融资生态链涉及多个参与者，单个参与者只能获得部分的交易信息、物流信息和资金流信息，信息透明度不高。三是重复融资、虚假融资的监管难度大。由于银行间信息互不联通，监管数据获取滞后，不法企业"钻空子"，以同一单据重复融资，或虚构交易背景和物权凭证，比如2015年珠三角地区出现的黄金珠宝加工企业构造贸易融资投机套利。四是增加融资成本。由于以上先天不足，为了保证贸易融资自偿性，银行往往要求企业缴纳保证金，或提供抵押、质押、担保等，导致中小微企业的融资门槛提高，融资成本增加。因此，贸易融资和金融区块链的结合简直是天作之合！

通过贸易金融项下的区块链信用证、保函、福费廷、保理、票据，以联盟链的形式建立银行间报文交互网络，国内银行、境外分行、国际银行以平等、共享、自由的身份加入，同时可以利用区块链多方参与的特性邀请生态企业一起参与，国家官方机构如海关、税务、司法、工商也可以参与共建生态。生态一旦建成，不但可以解决银行间报文收发的问题，同时也可以帮助银行、监管机构识别贸易背景真实性，跟踪信贷风险，建立以中国银行业为基础的业务标准、报文标准、技术标准，让中国银行业在国际金融领域真正起到主导作用。

2018年9月4日，"湾区贸易金融区块链平台"在深圳正式上线试运行，该平台致力于打造立足粤港澳大湾区，面向全国，辐射全球的开放金融贸易生态。在贸易和融资活动方面，这个基于区块链技术的贸易金融底层平台可实现包括应收账款和融资活动等多种场景。由于该平台和分布式网络能够确保参与者之间的数据共享，中小企业可以获得大量融资工具，比如资产支持证券。同时，该平台为监管机构提供了贸易金融监管系统，实现对平台上各种金融活动的动态实时监测。而所有事务和数据共享透明度的提高，有助于执行高质量的监督。这意味着风险控制和欺诈预防活动将变得更加有效。"湾区贸易金融区块链平台"代表了促进金融交易、银行间交易和加强交易的解决方案，提高银行间交易的效率。2019年11月，"湾区贸易金融区块链平台"与香港贸易联动平台有限公司启动两地贸金平台的互联互通工作，为两地的贸易主体架设数字化贸易融资桥梁。2020年11月，两地平台完成第一期项目，实现国内首次区块链贸易金融平台的跨平台互联互通。为进一步深化两地平台联动协作，双方于2021年4月启动跨平台第二期项目建设，并已于2021年10月底投产。2021年11月，"湾区贸易金融区块链平台"与香港贸易联动平台实现第二期跨境合作落地。此合作项目提升了深港两地企业跨境贸易的融资效率，有效降低了企业的运营成本，同时也有助于银行业机构更好地控制和降低风险，在跨境贸易的安全性、便利性和透明度极大提高下，助力粤港澳大湾区实体经济合作共赢。

（二）供应链金融 + 金融区块链

供应链金融是银行将核心企业和上下游企业联系在一起提供灵活运用的金融产品和服务的一种融资模式。供应链金融能够将贸易环节与融资环节相结合，是一个新兴的、规模巨大的存量市场。供应链金融是典型的多主体参与、信息不对称、信用机制不完善、信用标的非标准场景，面临的核心问题是中小企业融资难、融资贵、成本高、周转效率低等，因此，在区块链技术的帮助下，这些问题可以被有效快速解决。

区块链技术在解决信用问题上也是一把好手，可以实现供应链金融体系的信用穿透，使供应链中各参与方都掌握其他方的信用情况，解决二级供应商融资难、融资贵的问题，降低机构间信用协作风险和合作成本。再者，区块链上的信息具备可追踪与不可篡改的特性，使多个机构之间数据实时同步，允许其实时对账。最后，区块链技术把各类金融资产如存货、应收账款等作为底层资产并且转化为链上的数字资产进行管理和交易，使得资产流转更容易，方便企业根据自身的需求转让或抵押相关资产以获得现金流支持。其中，在各类金融资产登记上链时，利用区块链技术去鉴别资产的真实性并对供应商进行审核校验与确权，以保证上链资产的真实可信。

2015年，TCL互联网金融服务（深圳）有限公司推出线上应收账款管理平台——简单汇，通过商业模式创新缓解TCL生态圈内中小微企业融资难、融资贵的问题，不但为供应链企业解了燃眉之急，也间接为TCL核心企业降了成本。在该平台上，经TCL核心企业和供应链企业双方确认过的应收款确权凭证——"金单"可拆可转可融可回购。供应链企业拿着"金单"可以在简单汇平台上进行应收账款的流转、融资、到期兑付等操作。"金单"交易过程便捷安全，系统自动放款速度快，可有效缓解企业资金链紧张的"燃眉之急"。金单融资的价格远低于中小微企业贷款价格，企业通过金单拆单融资，可比整体融资节省约20%的成本。

2020年3月20日，广东粤财投资控股有限公司首期"区块链+"供应链融资担保业务"粤链通"成功落地，这是广东省首个区块链融资担保项目，也是粤财控股与蚂蚁金服共建区块链实验室的首个落地成果。"粤链通"以核心企业的应收账款为依托，以产业链上各参与方间的真实贸易为基础，让核心企业的信用在区块链上向上游各级小微企业延伸。这一模式让中小企业拿到货款的时间从原本的几个月甚至一年，直接缩短到几分钟，从而有效解决传统供应链金融所面临的信息不透明、核心企业信用难以传导、小微企业融资难融资贵等问题，提升金融服务的实效性、便捷性和可得性，使更多在供应链上游的小微企业获得平等高效的普惠金融服务。

第十一章 广东金融对外开放

广东一直处于中国对外开放的前沿。改革开放伊始,广东金融依靠"特殊政策、灵活措施"率先开展市场化改革,成为中国金融业对外开放最早的省份。广东金融开放经历了探索阶段(1978—1991年)、奠基阶段(1992—2000年)、铺开阶段(2001—2008年)和稳健推进阶段(2009—2017年),2018年开始广东金融对外开放进入新的时期,呈现新的气象。与此同时,在广东,粤港澳金融合作和当代海丝金融发展同样异彩纷呈。

第一节 广东当代金融对外开放历程

一 广东金融开放探索阶段(1978—1991年)

"文革"结束后,国内金融业百废待兴,当时只有中国人民银行(以下简称"人民银行")一家金融机构,其金融资产占到全国的93%。这一阶段,政府重点推进国内金融体系重建,包括商业银行、保险公司和资本市场等。虽然日本输出入银行早在1979年就在北京设立了代表处,但在很长时期内对外开放并非国家金融政策的重点。1980年,中央宣布在深圳、珠海、汕头、厦门四个地方设立经济特区,拓展对外经济交流,将它们建设成为中国走向世界的试点窗口。深圳等经济特区的设立,拉开了广东金融对外开放的序幕，广东也成为国内金融业对外开放最早的省份。

（一）在经济特区引进外资金融机构

随着改革开放逐步推进，银行业成为中国金融业最先对外开放领域。中国最初批准外国银行来华设立代表处等非营业性机构，逐渐再允许引进营业性外资金融机构试点。以引进外资银行机构为起点，逐步向其他金融领域延伸，同时配套相关领域改革，是中国金融开放初期的基本模式。

深圳经济特区是国内最早引进外资银行的地区。1982年1月南洋商业银行有限公司深圳分行开业，它是南洋商业银行有限公司（以下简称"南洋商业银行"）在内地开办的第一家分行，也是改革开放后中国引进的第一家外资银行。开业初期，南洋商业银行主要经营外币存款、贷款、汇兑、票据贴现、外币有价证券投资、外汇担保、进出口结算等业务。南洋商业银行的进入，揭开了中国金融业对外开放的序幕。为促进外资金融机构引进、发展，中国在1983年和1985年先后颁布《关于侨资、外资金融机构在中国设立常驻代表机构的管理办法》《中华人民共和国经济特区外资银行、中外合资银行管理条例》，这是中国首次为外资金融机构进入中国给予法律上的规范和保障。

《关于侨资、外资金融机构在中国设立常驻代表机构的管理办法》的颁布实施，打消了外资金融机构进入中国权益与利益得不到保障的忧虑，展现出中国对海外金融机构的欢迎态度，同时也促进了外资金融机构在国内活动的规范。《中华人民共和国经济特区外资银行、中外合资银行管理条例》明确规定，经济特区的外资银行或其分行可经营以下业务：外币放款和票据贴现；外国和港澳地区汇入汇款和外汇托收；出口贸易结算和押汇；外币和外币票据兑换；外币投资业务；外币担保业务；外币股票、证券买卖；信托、保管箱业务，资信调查和咨询服务；侨资企业、外资企业、中外合资企业的外币存款及透支，外国人、华侨和港澳同胞的外币存款及透支；侨资、外资、合资、合作企业的汇出汇款、进口贸易结算和押汇；外国或港澳地区的外汇存款、外汇放款以及须经批准的其他业务。这两部针对外资金融机构管理条例的颁布实施，促进了国内金融市场法制环境建设，更促进了外资银行在中国的发展。

1980年开始，中国开始批准外资保险公司进入国内。早期外资保险公司是以设立代表处的形式进驻，1980年，美国国际集团公司（AIG）就在上海设立代表处。1981年12月4日，香港民安保险有限公司[①]正式获得中国人民银行批准，在深圳经济特区成立香港民安保险有限公司深圳分公司，注册资本为港币10万元（按当时汇率折合人民币30万元）并于1982年1月9日开业，成为第一家在中国大陆设立的港资保险机构。

截至1989年末，深圳共设立营业性外资金融机构16家，占同期全国外资金融机构总数的59%；截至1991年，已有17家外资银行进驻。外资金融机构为深圳经济特区经济建设提供了大量外汇资金，并带来新的金融业务和先进的管理经验，通过"鲶鱼效应"的传导，增强了国内金融机构的改革动力和竞争压力，激活了深圳金融市场，为深圳经济发展做出很大的贡献。[②]

（二）在经济特区成立外汇调剂中心

改革开放后，中国实行外汇留成制度。当时银行结售汇头寸受

---

① 香港民安保险有限公司是中国人民保险集团股份有限公司在香港的全资子公司。

② 深圳市政协文化文史和学习委员会：《深圳四大支柱产业的崛起：金融》，中国文史出版社2010年版，第4—5页。

监管部门管制,当日盈余或不足部分必须及时抛补,不能超限。为了实现头寸调剂,1980年起中国开办银行间外汇额度调剂市场,允许银行之间以一定价格抛补头寸,并对调剂价格设定波幅限制。当时通过官方汇率与外汇调剂市场汇率并存的双重汇率安排,逐步增加市场配置外汇资源的比重,并逐步将人民币兑美元高估的官方汇率从1980年的1.498调贬到1991年的5.323,以支持出口。

作为金融对外开放的前沿阵地,深圳在中国推动外汇管理改革中具有重要作用。深圳经济特区建立以来,经济发展一向以"外向型"为主要特征,但初期外汇管理却没能跟上外向型经济迅速发展步伐。深圳外向型经济的发展要求外汇交易相对便利,但当时外商投资利润不能自由兑换外汇,国内企业之间的外汇余缺也没有正常渠道进行调剂,导致出现了私下兑换外汇的价格竟高出国家牌价1倍以上的情况。随着中国外汇管理制度的逐渐调整,1985年11月,深圳经济特区在有关方面支持下成立国内第一家外汇调剂中心,随后,珠海、广州等地也相继成立外汇调剂中心。1988年4月,广东省外汇调剂中心正式开业,调剂对象最初仅限于国有、集体企业和事业单位,后逐步扩大到"三资"企业,调剂价格基本放开。到1993年底,参考深圳等地做法,全国陆续成立121个外汇调剂中心,其中18个为公开调剂市场。有了外汇调剂中心,全国当时进出口收付汇中的80%采用外汇调剂市场价格结算。

实践中,广东省外汇调剂中心的成立对深圳外向型经济的快速发展起到了极大的促进作用,使得深圳外汇收付量进一步增加。到1995年,深圳进出口总额高达391亿美元,连续数年高居全国大中城市榜首;外汇存款高达56亿美元,也同180多个国家和地区300

多家金融机构建立了业务代理关系。①

二 广东金融开放奠基阶段（1992—2000年）

1992年1月18日至2月21日，邓小平先后到武昌、深圳、珠海、上海等地视察，并发表了一系列重要讲话。这次南方谈话对中国改革开放与社会发展起到了关键的推动作用，广东金融领域开放也开始稳步推进。

（一）外资银行积极入驻广东

1992年，邓小平南方谈话后，银行业对外开放程度进一步放开，外资银行进入中国地域限制从深圳、珠海、厦门、汕头、海南、上海等地扩大至广州、天津、大连、福州、青岛、宁波和南京7个沿海开放城市，外资银行在中国银行业中地位迅速提升。

广州作为中国放开外资银行进入地域限制的七个沿海开放城市之一，积极吸引外资银行，1992年日本的住友银行、香港的南洋商业银行和东亚银行有限公司（以下简称"东亚银行"）、法国兴业银行有限公司等首批外资银行相继进驻。

1992年9月，住友银行广州分行成立，是广州最早成立的外资银行之一。2000年以前，住友银行广州分行主要经营外币业务，主要币种有港币、美元、日元及其他主要外币，业务范围包括活期存款、定期存款，短期、中长期贷款，国内外汇款，国际结算、信用证服务及担保，外币兑换，提供有关外币制度、贸易制度信息。

1992年11月，南洋商业银行广州分行开业，它是广州最早批准开业的港资银行。南洋商业银行广州分行开业之初，重点开展商

---

① 深圳市政协文化文史和学习委员会：《深圳四大支柱产业的崛起：金融》，中国文史出版社2010年版，第6页。

品房按揭贷款业务和国际贸易结算业务，是广州地区同业中最早开展商品房按揭贷款业务的银行之一。同时，在珠三角地区拓展工商企业贷款业务，贷款客户涵盖电力、交通运输、建筑、纺织、化工、机械加工等行业。存款业务只限于境外机构、外国人，以及香港、澳门、台湾同胞的外汇存款，业务稳步发展。

1992年12月，东亚银行广州分行开业，主要开办外币业务，经营对象为外商投资企业，外国驻华机构，香港、澳门、台湾在内地代表机构，外国人，香港、澳门、台湾同胞和非外商投资企业；负债业务主要是吸收以上客户的外币存款；资产业务主要为发放短期、中期和长期外币贷款；个人消费贷款以住房贷款为主。

1993年6月，由香港华人银行有限公司、香港中旅（集团）有限公司和中国工商银行深圳市分行分别按40%、30%和30%比例共同组建的华商银行成立，这是广东省第一家中外合资银行。1998年5月，华商银行开设第一家分行——华商银行蛇口分行。

随着国内银行业对外开放的深入，中国逐渐放开外资银行经营人民币业务的限制。1998年8月，经国务院批准，深圳成为继上海之后第二个向外资银行开放人民币业务的试点城市，香港上海汇丰银行有限公司（以下简称"汇丰银行"）和东亚银行成为第一批获准在深圳经营人民币业务的外资银行。同时规定，只能经营外资企业及外籍人士的人民币业务，范围则仅限于深圳市的外资企业及外籍人士，业务规模的限制亦与上海相同。随着东亚银行深圳分行、汇丰银行深圳分行等外资银行分行开展人民币业务，且由于港澳台企业及商人对这些银行既熟悉且了解其信誉，许多港澳台企业、个人将原本在中资银行的存贷款转到外资银行。

1999年1月，中国人民银行宣布取消外资银行营业性分支机构的地域限制，即从23个城市和海南省扩大至全部中心城市以及内地任何地方；同时还将逐步扩大外资金融机构经营人民币的试点地域和经营规模。此决定宣布后，外资银行进入中国内地的速度明显加快，外资银行纷纷在广东各地市布局，截至2019年末，已遍及所有地市。截至2000年末，广东省共有外资银行分行52家，另有外资银行代表处25家；共有从业人员2300多人；按人民币折算，资产总额551.74亿元，负债总额516.22亿元，存款余额69.29亿元，贷款余额335.96亿元。[①]

（二）外资保险业进入广东走在前列

1992年，中国人民银行颁布《上海外资保险机构暂行管理办法》，批准中国首家外国保险公司——美国友邦保险有限公司在上海设立分公司从事保险经营活动，经营业务主要以个人为服务对象，包括个人财产保险和意外保险。

1995年初，国内保险市场的开放试点从上海扩展至广州、深圳等市，且允许外资在中外合资保险公司占49%股份（中资股份保险公司各股东份额一般不超过10%）。公司经营业务与上海相同，只允许经营个人财产及意外保险等个人保险业务，个人寿险仍只有合资保险公司可以经营。被允许进入广州市场的第一家外资保险公司同样是美国友邦保险有限公司。1995年，《中华人民共和国保险法》颁布，对外资保险公司进入国内保险市场的条件等做出规定，使外资保险公司在国内的经营活动纳入法制轨道。

1999年初，国内保险市场开放试点城市扩展至天津、深圳、重庆和大连四个城市，批准美国丘博保险集团公司（设立分公司）、

[①]《广东省志》编纂委员会：《广东省志（1979—2000）·银行·证券·保险卷》，方志出版社2014年版，第147页。

美国恒康相互人寿保险公司（设立合资寿险公司）、英国保诚集团股份有限公司（设立合资寿险公司）、加拿大永明人寿保险公司（设立合资寿险公司）四家外资保险公司进入国内市场。同时，还将合资保险公司的外资控股上限由49%上升至50%，但外资保险公司经营范围仍与上海、广州相同，只可经营个人财产、意外保险；合资保险公司才能经营寿险业务，且中方合资伙伴必须是保险公司。

这一时期，中国银行、保险业开始积极引进海外投资者与海外先进技术及管理经验，国内证券业则基本处于完全封闭的状态。虽然在1991年和1993年入世谈判推进过程中，中国政府分别承诺开放包括银行服务业、保险服务业在内的七个服务贸易领域，但开放领域和程度有限，例如，允许外资金融机构开展银行服务的地域仅限于沿海部分地区等。1992年深交所"8·10"事件、1995年的国债期货"3·27"风波等使中国认识到需要进一步建设、完善证券交易制度，急于开放市场、引进外资会存在较大的风险。

三 广东金融开放铺开阶段（2001—2008年）

2001年底，中国正式加入世界贸易组织（WTO），改革开放再次提速。加入世界贸易组织之后，中国政府积极履行在五年内外资银行全面开放人民币业务，并同步履行对外资证券和保险公司进入中国市场的相关承诺。随着国内金融开放政策的落地，广东金融业对外开放迅速铺开。

（一）外资银行在粤全面开放

2001年，中国加入WTO，明确承诺。（1）审慎性发放营业许可证，即在营业许可上没有经济需求测试或数量限制。（2）外汇业务及时开放，取消地域和服务对象限制。（3）人民币业务分阶段开放。中国将在四年内将外资银行准入区域从最初上海、深圳、天津、大连四个城市分五批放开为20个城市，5年后取消所有地域限制。从2002年1月1日起，外资银行将获准为中资企业提供人民币业务。五年后，外资银行将获准经营人民币零售业务，设在中国某一地区并获准经营人民币业务的外资金融机构可以向其他已开放人民币业务地区的客户提供服务。（4）金融咨询类业务及时开放。自入世之日起，外资机构即可获得在中国从事有关存贷款业务、金融租赁业务、所有支付及汇划服务、担保及承兑、公司并购、证券投资的咨询、中介和其他附属服务。

在2002年至2006年的五年过渡期内，中国积极履行承诺，有序推进银行业对外开放。中国人民银行和中国银监会逐步放开外资银行在华的业务和地域范围。2006年12月，新修订后的《中华人民共和国外资银行管理条例》和《中华人民共和国外资金融机构管理条例实施细则》正式实施，标志外资银行进入中国的地域、客户限制、业务上的限制基本取消，中国基本完成入世时五年过渡期的银行业开放承诺。随着2006年过渡期结束和银行业基本实现全部开放，作为对外开放的前沿地区，大量外资银行进入广东开设分支机构，广东外资银行数量和规模呈爆发式增长。截至2008年末，广东外资银行146家，法人机构5家，资产总额2468亿元。[①]

（二）证券在粤加速开放

2001年加入世界贸易组织后，中国证券业才逐渐得以开放。中国加入WTO时，对证券市场开放明确承诺：（1）外国证券机构可以（不通过中方中介）直接从事B股交易；（2）外国证券机构驻

[①] 中国人民银行广州分行货币政策分析小组：《2008年广东省金融运行报告》。

华代表处可以成为所有中国证券交易所的特别会员；（3）允许外国服务提供者设立合营公司，从事国内证券投资基金管理业务，外资比例不超过33%，加入后3年内，外资比例不超过49%；（4）加入后3年内，允许外国证券公司设立合营公司，外资比例不超过1/3。合营公司可以（不通过中方中介）从事A股的承销，B股和H股、政府和公司债券的承销和交易，基金的发起。

2002年，中国发布《外资参股证券公司设立规则》和《外资参股基金管理公司设立规则》，明确外资参股与合资设立证券公司、基金管理公司的条件、程序以及业务范围。随着国内证券业对外开放进程不断推进，一些境外证券公司进入中国设立合资公司，截至2008年底，国内共有9家外资参股证券公司（见表11.1）、33家外资参股基金管理公司。广东作为中国对外开放前沿地区，也是外资证券公司进入中国市场的重点地区，当时大部分外资参股证券、基金公司在广东深圳、广州均设有分公司或营业网点。

表11.1　　　　　　　　　2008年外资参股证券公司一览

序号	公司名称	境外股东
1	中国国际金融有限责任公司	摩根士丹利国际公司（Morgan Stanley International）
2	中银国际证券有限责任公司	中银国际控股有限公司（BOC International Holdings）
3	光大证券有限公司	中国光大控股有限公司（China Everbright Ltd）
4	华欧国际证券有限公司	法国里昂证券资本市场公司（CLSA ECM Ltd）
5	海际大和证券有限公司	日本大和证券公司（Daiwa Securities）
6	高盛高华证券有限公司	高盛集团（Goldman Sachs）
7	瑞银证券有限责任公司	瑞士银行有限公司（UBS AG）
8	瑞信方正证券有限责任公司	瑞士信贷（Credit Suisse）
9	中德证券有限责任公司	德意志银行股份有限公司（Deutsche Bank Aktiengesellschaft）

资料来源：中国证监会：《外资参股证券公司一览表》，中国证券监督委员会网国际部，2009年1月16日，http://www.csrc.gov.cn/csrc/c101860/c1514820/content.shtml。

(三) 广东保险业全面开放

与国内银行业的开放进程基本一致，中国保险业在遵守入世承诺，放开外资保险公司设立形式、经营地域、营业许可证发放等方面限制的同时，积极引进海外战略投资者参股或合资成立保险公司。2000年10月13日，由中国中信集团公司和英国保诚集团共同发起创建的信诚人寿保险有限公司成立，这是中国第一家合资人寿保险公司。随着2004年保险业加入WTO三年过渡期的结束，广东保险市场进入全面开放时期，市场主体迅速增多，市场体系逐步完善。截至2008年底，广东（包含深圳）共有3家外资财险分公司、14家外资寿险分公司，分别实现保费收入达4.43亿元和72.96亿元；深圳分别有3家外资财险分公司和12家外资寿险分公司，分别实现保费收入2.15亿元和20.33亿元。[①]

四　广东金融开放稳健推进阶段（2009—2017年）

2008年，国际金融危机爆发，受国际金融危机等多种因素影响，国外金融机构全球性扩张步伐减缓，中国金融开放进程亦逐渐趋缓，稳步推进与国际金融市场联系。2009年始，中国人民银行积极支持扩大香港人民币离岸市场，支持跨境贸易和投资的人民币结算等。2015年7月，中国向境外央行、国际金融机构和主权财富基金开放银行间债券市场，监管部门还开设了"沪港通""深港通"和"债券通"等通道连接境内外资本市场。2016年10月1日，人

---

① 中国银行保险监督管理委员会广东监管局：《2008年1-12月广东（不含深圳）保险业数据》，2009年2月2日，http://www.cbirc.gov.cn/branch/guangdong/view/pages/common/ItemDetail.html?docId=468788&itemId=1555&generaltype=0。

民币正式加入国际货币基金组织的特别提款权（SDR）货币篮子。这一时期，广东积极贯彻落实党中央改革开放的重大部署，勇于先行先试，着力推进珠三角金融改革创新综合试验区建设，以自贸区为核心加强粤港澳金融合作，稳健推进金融业对外开放。

（一）外资金融机构规模持续扩大

2008年国际金融危机爆发以来，在维护金融稳定前提下，中国出台系列政策、法规，平稳持续推进银行业对外开放。2014年底，新一轮修改后的《中华人民共和国外资银行管理条例》生效，并于2015年出台修订后的《外资银行管理条例实施细则》，明确在受到有效监管的前提下，适当放宽外资银行准入和经营人民币业务的条件，为外资银行设立运营提供更加宽松、自主的制度环境。2017年3月，中国银监会办公厅发布《关于外资银行开展部分业务有关事项的通知》，进一步拓展外资银行在华业务范围。伴随着国家政策的调整、放宽，越来越多的外资机构进入广东。

截至2017年末，已有来自18个国家或地区的46家外资银行机构在广东（含深圳）设立了264家机构，[1] 其中营业性机构255家（6家外资法人银行，57家外资法人银行分行，21家外国银行分行；171家同城支行和57家异地支行），代表处9家。从外资法人银行及外国银行分行数量看，广东27家，北京26家，上海69家。

省内外资银行机构各项业务快速增长。截至2017年，中国银行业监督管理委员会广东监管局辖内外资银行资产总额2335.85亿元，同比增长15.4%，高于省内银行业平均水平7.5个百分点，也

---

[1] 中国银行业保险业监督管理委员会广东监管局：《广东银行业监管与发展报告（2017年）》，2018年6月7日，http：//www.cbirc.gov.cn/branch/guangdong/view/pages/common/ItemDetail.html?docId=182056&itemId=1543。

高于全国外资银行增长水平4.6个百分点；各项贷款余额1245.49亿元，同比增长20.1%；负债总额2052.87亿元，同比增长16.22%，其中各项存款余额1511亿元，同比增长10.2%；全年累计实现税后利润15.34亿元，同比增长38.3%（见图11.1）。各项指标的高速增长，一方面得益于外资银行业相对基数较低；另一方面是由于近些年中国尤其是广东大力推进金融业改革开放，经营环境有了较大幅度的改善。

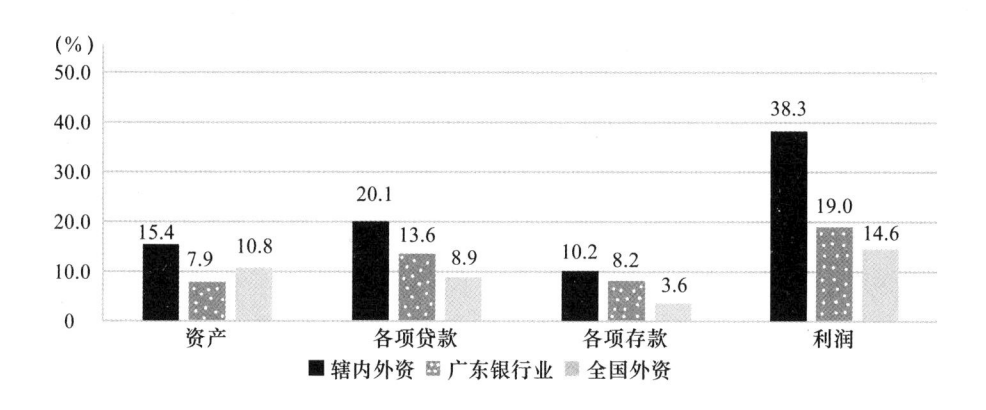

图 11.1 2017 年广东监管局辖内银行业主要指标

外资保险机构实力持续增强。截至2017年末，广东（不含深圳）外资财险公司13家，外资寿险公司20家，分别实现原保险保费收入19.34亿元和323.36亿元；深圳外资财险公司6家，外资寿险公司14家，分别实现原保险保费收入6.43亿元和85.27亿元。[①]

深圳作为经济特区，是很多外资金融机构进入中国内地发展的

---

① 中国银行保险监督管理委员会广东监管局：《2017年1-12月广东（不含深圳）保险业数据》，2018年1月22日，http：//www.cbirc.gov.cn/branch/guangdong/view/pages/common/ItemDetail.html？docId＝468788&itemId＝1555&generaltype＝0。

首选地。中华人民共和国成立后第一家在内地经营的外资银行、外资保险公司、中外合资财务公司都在深圳,截至2018年末,深圳有5家外资法人银行、38家外资银行营业网点,① 以及2家合资证券公司,2家合资保险公司。其中,外资银行资产总额达到3811.76亿元,② 持续实现快速增长,稳居全国第三位。

广州外资银行规模持续增长。截至2017年12月底,广州地区共有80家外资银行机构,同时尚有1家外资银行分行及1家外资银行支行正在筹建中。广州地区外资银行资产总额1979.62亿元,同比增长20.24%;各项贷款余额1044.95亿元,同比增长23.95%;各项存款余额1296.18亿元,同比增长13.56%。2017年广州地区外资银行累计实现盈利14.46亿元,同比增幅80.03%。③

(二)跨境人民币业务领跑全国

2009年7月,中国跨境贸易人民币结算试点工作正式启动,全国五个城市成为首批试点地区,其中包括广东省的广州、深圳、珠海、东莞四个城市。在有关部门支持配合下,广东及各市积极推进各项试点工作,人民币跨境结算业务不断取得新突破,成功办理了全国首笔跨境贸易人民币结算出口退税以及服务贸易跨境人民币支出和人民币投资利润汇出业务,将跨境人民币结算业务拓展到境外

---

① 中国人民银行深圳市中心支行货币政策分析小组:《深圳市金融运行报告(2018)》,http://shenzhen.pbc.gov.cn/shenzhen/122787/3563714/index.html。

② 深圳特区报:《外资银行加速抢滩深圳2018年末外资银行总资产超3800亿元》,深圳新闻网,2019年3月4日,http://www.sznews.com/news/content/2019-03/04/content_21444941.htm。

③ 广州日报:《广州金融业持续扩大对外开放 支持在穗外资金融机构做优做强》,2018年3月10日,https://baijiahao.baidu.com/s?id=1594516197485834884&wfr=spider&for=pc。

直接投资、证券投资、境外担保以及跨境融资等资本项目下，在广东全省范围内实现了跨境人民币结算的快速发展。近些年，广东特别是广州、深圳等地大力开展跨境人民币直贷、跨境资产转让等多项跨境金融创新试点，并引导企业办理跨境双向人民币资金池、跨境融资租赁、跨境电子商务结算、跨境商业保理等金融业务，拓展跨境人民币资金集中运营、个人跨境贸易人民币结算、电子商务跨境人民币结算等业务创新，推动向港澳供应生活物资的广东企业使用人民币计价结算等，整体业务规模不断扩大。截至2017年底，跨境人民币结算业务累计金额为13.87万亿元（截至2018年3月底，累计金额达到14.65万亿元，占全国累计业务量的25.5%，自开展试点工作以来一直位居全国第一），跨境人民币贷款试点汇入贷款金额424亿元，跨境双向人民币资金池业务累计达478.1亿元，全口径跨境融资宏观审慎管理试点累计借款金额11亿美元。[1]

（三）以自由贸易试验区为核心扩大金融开放

对于广东来说，中国（广东）自由贸易试验区（以下简称"广东自贸区"）在扩大金融对外开放中扮演着重要角色。广东自贸区自2015年挂牌成立以来，中央、广东省、广州市、深圳市、珠海市以及各区大力支持自贸区金融创新，支持金融对外开放合作，分别发布《国务院关于支持深圳前海深港现代服务业合作区开发开放有关政策的批复》《财政部 国家税务总局关于广东横琴新区、福建平潭综合实验区、深圳前海深港现代服务业合作区企业所得税优惠政策及优惠目录的通知》《国家外汇管理局关于在前海深港现代服务业合作区开展资本项目收入支付审核便利化试点的批复》《关于

---

[1] 中国人民银行广州分行货币政策分析小组：《广东省金融运行报告（2018）》，http://guangzhou.pbc.gov.cn/guangzhou/129140/3563829/index.html。

支持广州南沙新区深化粤港澳台金融合作和探索金融改革创新的意见》《中国人民银行关于金融支持中国（广东）自由贸易试验区建设的指导意见》等多个金融改革创新政策，促进跨境贸易和投融资便利化。自设立以来，广东自贸区在全国范围内创下多项全国"第一"。广东自贸区推出全国首只交易所市场公募熊猫债、首个跨境住房按揭业务试点。2016年3月，久隆财产保险有限公司在珠海横琴开业，是国内第一家基于物联网的、专注于装备制造业的专业保险公司；同年6月，众惠财产相互保险社获中国保险监督管理委员会批准筹建，是国内第一批获准筹建的相互保险组织；同年9月，恒生前海基金管理有限公司开业，是CEPA框架下内地首家由外资控股的合资基金管理公司。2017年12月，汇丰前海证券有限责任公司成立，这是内地第一家外资控股证券公司。截至2017年末，广东自贸区入驻金融类企业7万家，居全国自贸区首位；跨境人民币结算量多年保持全国首位。①

深圳前海一直是广东金融开放前沿阵地，在金融开放创新方面取得亮眼的成绩。②

1. 持续深化"五个跨境"。（1）全国范围内率先开展跨境双向人民币贷款业务，业务规模全国领先。2018年前三季度，前海跨境人民币贷款业务累计实际提款金额371亿元；区内银行向境外企业发放11笔人民币贷款，金额54.94亿元；区内企业共办理33笔全口径外债宏观审慎管理业务，签约金额共计13.11亿美元。（2）率

---

① 广东省金融办：《广东金融改革创下多个全国第一》，《南方日报》2017年4月18日第A03版。
② 深圳金融发展报告编委会：《深圳金融发展报告（2017）》，广东经济出版社2018年版，第187—190页。

先打通跨境双向发债、扩大实体经济境内外直接融资渠道。（3）降低跨境双向本外币资金池业务备案门槛、增大政策惠及面。截至2017年末，共有14家跨国企业集团办理了自贸区版跨境双向人民币资金池业务备案，涉及成员企业346家，应计所有者权益5118.8亿元；共有13家跨国企业集团参与跨国公司外汇资金池业务试点，跨境流出入总规模达159.61亿美元。（4）率先试点跨境双向股权投资。截至2017年末，已设立外商投资股权投资企业试点（QFLP）管理企业124家，认缴规模超过328亿元人民币；设立合格境内投资者境外投资试点（QDIE）企业41家，其中首批8家获批额度9.61亿美元，成立基金25只，规模8.8亿美元。（5）全国范围内率先试点跨境不良资产转让；落地全国首单依托交易平台实现的不良资产转让项目。2017年，共计完成四笔不良资产跨境转让、五笔银行人民币信贷资产转让，金额24.7亿元，涉及资产原值超过45.86亿元。

2. 支持市场机构跨境业务创新。招商银行股份有限公司深圳前海分行办理广东自贸区深圳前海蛇口片区内首单内保外贷回流＋NRA结汇业务；中国工商银行股份有限公司前海分行推出的"跨境商贸通"，帮助中国出口电商企业实现阳光高效的跨境收汇、结汇、清分、申报；江苏银行股份有限公司深圳前海支行率先落地"跨境E点通"产品，突破时间地域限制、引入第三方物流、实现智能化的交互方式，为客户实现7×24小时全程线上办理跨境业务。

3. 资本项目扩大开放。开展资本项目收入的支付审核便利化试点。2018年2月，国家外汇管理局批复同意，在前海深港合作区范围内开展资本项目收入的支付审核便利化试点，符合条件的试点企业可凭支付指令直接在银行办理资本项目收入的相关支付，手续简化，流程缩短，便利化程度大大提高。

4. 积极推动CEPA协定落地。2017年6月，中国证券监督管理委员会（以下简称"中国证监会"）批准设立汇丰前海证券有限责任公司（以下简称"汇丰前海证券"）、东亚前海证券有限责任公司（以下简称"东亚前海证券"），港资合并持股比例分别为51%和49%，其中，汇丰前海证券是内地首家港资控股证券公司。2017年12月7日，汇丰前海证券、东亚前海证券获批开业。汇丰前海证券、东亚前海证券的设立实现了三大突破：突破了外资不能控股合资证券公司的限制；突破了外资证券公司单一牌照的限制；突破了合资券商内资股东至少有一家是证券公司的限制，是前海进一步深化深港金融合作的重要成果。2017年10月，东亚联丰投资管理有限公司在前海正式设立外商独资私募证券基金管理机构，是粤港澳大湾区首家港资背景的外商独资私募证券投资基金管理公司，加上已经落户的招联消费金融有限公司、恒生前海基金管理有限公司、深圳前海联合交易中心有限公司、汇丰前海证券、东亚前海证券等金融机构，CEPA框架下金融业对港澳地区开放措施在前海基本落地。

（四）金融开放交流日益密切

为促进金融业进一步做大做强，广东积极推进金融业开放交流。人民银行广州分行先后与澳门金融管理局、香港金融管理局建立粤澳、粤港金融合作联络机制，搭建起三地金融管理部门之间的沟通平台。广东省人民政府（以下简称"省政府"）先后于2009年、2011年与香港、澳门建立金融合作专责小组机制，推动区域金融合作，实现互惠双赢。2007年以来，深圳举办年度性中国（深圳）金融博览会，邀请国内外金融机构、企业参会，已成为国内三大金融展之一,并且举办证券基金论坛、产业并购基金论坛、风险投资论坛、私募基金论坛、金融信息服务发展论坛等诸多重要论坛和会议,大大提升了深圳金融业的国际影响力。

广州借助CEPA、珠三角金融改革创新综合试验区、广东自贸区、粤港澳大湾区、"一带一路"倡议等政策机制,积极推动金融交流合作。成功举办2017广州《财富》全球论坛、广州金融首次境外推介会,第十九届中国风险投资论坛首次在广州举办;截至2019年,广州已举办8届中国(广州)国际金融交易·博览会,国际金融论坛(IFF)永久落户广州并举办3届全球年会等,这些高端国际金融展会论坛的成功举办,展示了广州金融发展的实力。未来广州将进一步做强中国(广州)国际金融交易·博览会,吸引兄弟城市、港澳台地区、各国驻穗领馆、商协会及机构参展参会,打造广州金融全球推介会品牌活动,不断凝聚境内外高端交流合作要素;进一步做优穗港澳台金融合作联盟,形成穗港澳台金融交流合作常态化机制;做大国际交流合作平台,加强与世界三大湾区国家沟通对话,逐步与三大湾区建立长效合作机制,探索成立国际湾区联盟等交流平台,助力粤港澳大湾区国际金融枢纽建设;加强与伦敦、纽约、香港、新加坡、东京、巴黎、法兰克福等国际金融中心的交流合作,探索创新交流合作机制,提升金融业协同发展能级。通过举办这些活动,不断提高广州金融的国际显示度和知名度,推进广州金融开放和国际化步伐。

(五)金融机构"走出去"初见成效

广东金融业在引进外资金融机构、扩大外资金融机构市场规模同时,积极推动本省金融机构"走出去"。随着中国经济加速与世界经济融为一体,深圳金融业率先"走出去"。2008年10月,招商银行股份有限公司纽约分行在曼哈顿开业,这是自1991年美国颁布实施《加强外国银行监管法》以来,中国银行业实现的"零的突破"。除招商银行股份有限公司外,中国平安保险(集团)股份有限公司、招商证券股份有限公司、中信证券股份有限公司、金瑞期货股份有限公司等一批深圳金融机构,最初则纷纷在香港设立分支机构。2004年,中国平安保险(集团)股份有限公司在香港联合交易所有限公司整体上市,创当年香港市场IPO最大规模。2005年,招商证券(香港)有限公司成立,成为中国证券商获中港两地监管部门批准境外设立分支机构的第一家。到2015年末,深圳本地19家法人金融机构在境外设立分支机构超30家,其中16家在香港设立了分支机构。[①]

广州积极构建、完善相关体制机制,推动本市金融功能区及金融机构"走出去",如建立专题推介宣传机制,组织各金融功能区及金融机构到港澳台、世界湾区、国际金融中心、"一带一路"沿线等境内外主要国家和城市进行调研学习,举办广州金融全球路演推介,对广州金融政策、金融成果、金融市场稳定发展情况等进行专题宣传,推介重点金融项目和平台等,推广广州在金融创新、金融风险防控等方面的经验做法,打造"广州名片"。广发证券股份有限公司、广发银行股份有限公司、广发基金管理有限公司、易方达基金管理有限公司、珠江期货有限公司、广发期货有限公司等广州本地金融机构在香港开设了全资或合资子公司或代表处。

---

① 中国人民银行深圳市中心支行货币政策分析小组:《深圳金融运行报告(2016)》。

第二节 粤港澳金融合作

一 粤港澳金融合作与交流初始阶段①（1978—2000年）

由于历史和地理的关系，广东与香港一直保持着密切的经济联系，金融合作也比较密切。中国人民银行广东省分行（以下简称"人民银行省分行"）、中国银行广州分行（1992年7月后更名为中国银行广东省分行）和广东其他金融机构，同香港金融部门的合作与交流从无到有，逐年加强，从互访、金融科技协作支持到支付结算和其他金融业务的合作，并与港澳金融管理当局就外汇监管、市场开放、互设金融机构等领域进行合作。

（一）三地金融合作

1. 金融科技合作。1981年，人民银行省分行开始与港澳金融业展开合作。1981年，由于业务发展需要，人民银行省分行接收中国银行香港分行提供的储蓄记账机，中国银行香港分行派员指导培训储蓄记账机的使用。随着电子计算机的日益普及，其与香港科技方面的交流也逐渐加强。1983年，香港太平洋有限公司派出技术人员到人民银行省分行安装计算机的不间断电源（UPS）两台。1985年，中国银行广州分行与香港（中银集团）四维有限公司联合，共同投资200万港元创办深港思维电脑设备有限公司。1986年，中国银行深圳分行与香港中银集团电脑中心合作，在全国同业中率先推出储蓄通存通取管理，实现深圳市内私人存款通存通兑业务。1987年，中国银行深圳分行与汇丰银行、渣打（香港）有限公司（现渣

---

① 《广东省志》编纂委员会：《广东省志（1979—2000）·银行·证券·保险卷》，方志出版社2014年版，第349—352页。

打银行（香港）有限公司、以下简称"渣打银行"）、三和银行等五家银行签署委托付款协议，完善网络服务。1990年，人民银行省分行也派出10名技术人员赴香港参加电子计算机培训，为人民银行省分行计算机后勤服务保障提供技术力量。1994年9月，中国银行广东省分行与香港中银集团合作开发的"中银通"项目投产，实现在银行自动柜员机（ATM）上为香港中银卡提供港币和人民币的查询、取款和转账服务。1995年起，随着科学技术的进一步发展以及ATM业务推广，粤港澳三地就自动柜员机互联清算和交换授权等进行磋商。1996年4月，中国银行澳门分行正式加入"中银通"网络，该行发行的提款卡及信用卡均可在"中银通"ATM上提取港币或兑换人民币。同年，中国人民银行广东省分行接待香港银通公司来访，双方探讨进一步扩大粤港ATM互联范围问题。1997年，人民银行省分行与香港银通董事局就进一步加强粤港之间ATM、POS网络，互联、清算和信息交流达成一致意见，为粤港联合结算业务的发展奠定一定的基础。

2. 支付结算业务合作。1975年8月，中国银行广州分行与东亚银行签署代办"东美信用卡/VISA"协议，并于当年10月起代办该信用卡兑现业务。20世纪90年代初，中国银行广州分行陆续与汇丰银行、麦加利银行、南洋商业银行等多家外资银行签订信用卡业务协议。通过办理信用卡业务，一方面为中国银行吸收无息存款，并收取一定的手续费，增加银行的盈利；另一方面，扩大国内商品销售，为国家多创外汇。之后，中国银行广州分行作为国内首家发行信用卡的银行，与港澳同业在信用卡业务方面的交流尤为频繁。1989年11月，中国银行广州分行与香港信用卡授权中心举行信用控制问题研讨会。1990年，中国银行广东省分行信用卡处与香港信用卡授权中心，省公安厅，广州、佛山、中山、珠海的公安局一起研究信用控制问题，并制定配合措施。1990年4月，中国银行广州分行信用卡处在广州主持召开信用卡犯罪案例分析会，要求各特约单位加强管理，共同打击利用信用卡犯罪活动。广州市公安局、汇丰银行、南洋商业银行及各地特约单位的有关代表参加会议。同年5月，中国银行广州分行与广东省公安厅在深圳召开打击境内外不法分子利用信用卡进行诈骗活动研讨会，来自广州、深圳、珠海、汕头、佛山、中山、江门、湛江、惠州等11个分行的信用卡部门负责人和当地公安部门有关负责人，以及香港地区16家银行的代表共60多人出席会议。

1997年，中国人民银行深圳分行与香港金融管理局达成港币支票联合结算的谅解备忘录，1998年在深圳地区开办深港港币支票联合结算业务。实行港币支票的联合结算，缩短了结算时间，有利于深港两地的商业和金融发展。1998年12月，省政府向国务院港澳事务办公室上报粤港港币支票联合结算议题。同月，国务院港澳事务办公室函复同意推广联合支票结算业务使港币支票联合结算业务扩大至广东省全省。1999年，中国人民银行广州分行向中国人民银行上报开办粤港港币支票联合结算业务的请示。1999年，国家外汇管理局广州分局向国家外汇管理局申办粤港港币支票联合结算业务，并提交《关于粤港港币支票联合结算的实施方案》。2000年，中国人民银行批复同意人民银行广州分行开办粤港港币支票联合结算业务，并核准《关于粤港港币支票联合结算的实施方案》。2000年，中国人民银行广州分行与香港金融管理局签署《香港金融管理局与中国人民银行广州分行粤港港币支票联合结算备忘录》，开办粤港港币支票联合结算业务，中国人民银行广州分行负责领导和管理粤港港币支票结算工作,国家外汇管理局广州分局具体负责资金清算,广州银行电子结算中心具体负责粤港港币支票交换的日常运作和管理。为加速粤港两地资金结算速度,当年,中国人民银行广州分行向中国人民银行申办粤港港币支票双向结算业务,并提交《粤港港币支票联合结算管理办法》和《粤港港币支票双向结算业务外汇管理试行办法》。2000年,中国工商银行(以下简称"工商银行")、中国农业银行(以下简称"农业银行")、中国银行、中国建设银行(以下简称"建设银行")广东省分行粤港港币支票联合结算业务开通后,通过广州银行电子结算中心和香港银行同业结算公司,以港币支票进行结算,提前2—3天达账,方便快捷,受到客户欢迎。

3. 融资合作。改革开放以来,广东省各地特别是沿海地区,充分运用中央给予广东的"特殊政策、灵活措施",增强利用香港筹措和运用资金的灵活性与主动性。在广东使用的银团贷款中,大部分经香港金融机构安排,香港成为广东筹措建设资金的主要来源地。项目融资、贸易融资等金融合作都富有成效,外资企业利用港澳地区的母公司,境内企业利用在香港地区设立的经济实体,实现境内外融资往来。境内银行与港澳地区的代理行合作,为企业提供融资便利。1984年初,中国银行珠海分行参与由香港英国劳合银行牵头13家银行组成的6300万美元银团贷款,兴建九洲港深水码头及南油服务中心。1993年1月,中国银行广东省分行与香港中资兴业财务有限公司签订2000万美元融资协议。这是广东银行业进一步加强与港澳中银集团合作,筹措外汇资金的又一措施。至2000年,中国工商银行、中国农业银行、中国银行、中国建设银行四家国有商业银行与香港150余家银行、澳门20多家银行及其分支机构建立相互合作代理业务关系。

（二）粤港金融交流

1. 互设金融机构。广东银行业是内地银行业最早实行对外开放的地区。1982年1月，南洋商业银行在深圳设立分行，成为内地第一家港资银行。此后，广东不断引进港澳金融机构，至2000年，先后有东亚银行、恒生银行有限公司（以下简称"恒生银行"）、汇丰银行等香港本地银行在广州、深圳、汕头、珠海等市设立14家分行和8家代表处。为拓展境外金融业务，内地除中国银行早已在香港设立分行外，中国工商银行、中国农业银行、中国建设银行也先后于20世纪90年代在香港设立分行。各行的省分行和招商银行股份有限公司、广东发展银行股份有限公司等金融机构也相继在香港设置代表处或营业机构。

1979年后，中国银行作为外汇专业银行与境外银行的业务往来比较密切，全国各分行的外币现钞均通过当时的中国银行广州分行汇总后运送到香港宝生银行。随着境内外现钞业务的不断增加，20世纪90年代以后，中国银行指定四个集中点分别负责不同区域的外币进出境业务，其中省分行担负华南、西南片外币进出境工作，主要与香港宝生银行和利宝银行发生业务往来；之后，香港宝生银行合并至中国银行（香港）有限公司，利宝银行被美国汇丰银行收购，但中国银行与上述两行的外币现钞进出境业务一直延续至21世纪初。仅2000年，中国银行广东省分行从境外购入外币现钞约91924万美元，运送出境资金约52144万美元。中国银行广东省分行与香港中银13家集团及当地的一些著名大外资银行建立起代理行关系，进行密切的业务往来和交流。1986年7月，中国银行深圳分行与住友银行、日本野村证券公司、东亚银行、美国太平洋银行合作，成立全国第一家中外合资财务公司——中国国际财务有限公司（深圳）。1989年，中国银行深圳分行与日本北海道拓殖银行香港分行、广东省经济技术协作发展总公司合作，成立南方国际租赁有限公司，为广东各地引进境外先进设备与企业技术改造升级提供融资租赁服务。

2. 互访与考察。改革开放后，人民银行省分行和中国工商银行、中国农业银行、中国建设银行广东省分行以及中国银行广州分行，先后选派人员到港澳实地考察，学习培训。同时，香港的汇丰银行、渣打银行、南洋商业银行、恒生银行等40多家银行也先后派出多批次人员到内地的人民银行、中国工商银行、中国农业银行、中国银行、中国建设银行等各家银行考察交流和洽谈业务。1984—2000年，到中国工商银行广东省分行访问和洽谈业务的香港银行有35家、256批、518人次。

1990年4月，人民银行省分行与广东省人民政府外事办公室联合组织11家港资和外资银行驻广州机构代表到惠州参观考察经济和金融业发展情况。1991年5月，人民银行省分行与广东省人民政府外事办公室再次联合组织十多家港资和外资银行广州分行负责人赴茂名、湛江两市考察投资环境以及"八五"期间重点项目，加深他们对内地经济和金融发展状况的了解。

1997年12月，时任人民银行省分行行长唐运祥会见驻穗58家港资和外资金融机构负责人，并回答各银行提出的预提税、营业税、开放人民币业务和金融市场等问题。1999年4月，中国人民银行广州分行与香港金融管理局就进一步加强粤港金融合作交换意见并取得共识。2000年6月，香港特别行政区政府财政司司长曾荫权一行访粤，人民银行广州分行负责人参加由时任中共广东省委常委、副省长王岐山主持的座谈会，双方就中国加入WTO、粤港经贸金融合作等问题交换意见，并初步达成协议。

3. 监管部门交流。从1978年推行改革开放到20世纪末港澳先后回归，由于三地间经济金融合作缺乏政策上的协调，这一时期的粤港澳金融合作主要由市场自发驱动。港澳回归之前，广东与港澳的合作主要由中央政府主导，粤港澳地方之间的合作内容与合作层次均不高。随着粤港澳经济区域化和金融密切交往以及港澳的相继回归，人民银行广州分行（包括人民银行省分行）就粤港经贸合作和粤港港币支票联合结算业务等交流日益密切，2000年与香港财经事务局、香港金融管理局商谈粤港港币支票联合结算业务事宜取得共识。

二 以CEPA为主导金融合作深化阶段（2001—2017年）

随着香港回归以及2001年中国加入世界贸易组织，内地与港澳合作不断加强。为适应新时期内地与港澳合作不断深入的现实需要，内地和香港、澳门《关于建立更紧密经贸关系安排》等协定得以签署，广东与港澳经济合作、金融合作进入新阶段。

（一）CEPA框架下粤港澳三地金融合作区域定位

CEPA签署后，随着粤港澳之间金融合作的不断深入，三地需要就各自在区域内的角色进行整体性定位，逐渐形成了"构建以香港为龙头、广深为支撑的金融合作区域"的政策表述。正是在粤港澳各地认识不断深入的基础上，三地金融合作在政策上逐步形成较为明确的区域定位。

2003年12月19日，中共广东省委第九届四次全会审议通过《中共广东省委关于贯彻〈中共中央关于完善社会主义市场经济体制若干问题的决定〉的意见》，正式提出"完善金融体系，加快建设金融强省"的战略。2007年，《中共广东省委广东省人民政府关于加快发展金融产业　建设金融强省的若干意见》中进一步明确："发展金融产业，建设金融强省"，特别提出要确立"与香港紧密联系的、辐射泛珠三角地区的区域性金融中心地位和作用"。省政府2011年底出台的《广东省金融改革发展"十二五"规划》提出要"推动区域金融一体化发展，依据香港国际金融中心，科学规划、错位发展，完善区域分工，优化配置区域金融资源，建设香港金融体系为龙头，广州、深圳等珠三角城市金融资源和服务为支撑的具有更大空间和更强竞争力的金融合作区域""全面推进金融改革创新综合试验区建设"。2012年，《中共广东省委广东省人民政府关于全面推进金融强省建设若干问题的决定》则明确提出，"全面推进金融强省建设"，建成"粤港澳紧密联系、集聚辐射力较强的国际化金融中心区域，建成辐射亚太地区的现代金融产业后援服务基地"。省政府2012年6月27日出台的《广东省建设珠江三角洲金融改革创新综合试验区总体方案》提出"着力提升金融合作与开放水平，推动粤港澳金融更紧密合作""建立粤港澳更紧密的金融合作机制，推动发展珠三角金融一体化格局""建立起与全国重要经济中心地位相适应的现代金融体系；建立起与香港国际金融中心紧密合作，以珠三角地区金融产业为支撑，与广东开放型经济体系相适应，具有国际竞争力和全球影响力的重要金融合作区域"。同时要求在珠三角地区内部"科学规划、合理分工、错位发展、优化金融资源配置"；提出"加强粤港澳三地的统筹协调，通过粤港粤澳合作联席会议和粤港粤澳金融合作专责小组，协调推进粤港澳金融合作，有关粤港澳金融合作的重大事项，共同向国务院汇报和推进落实"。2007年，香港特别行政区政府出台《"十一五"与香港发展行动纲领·金融服务专题小组报告》，该专题报告明确提出，粤港澳在金融领域应建立"互补、互助、互动"的关系，建议国家将"香港发展为中国的世界级国际金融中心"，并在资本市场融资、外汇及商品期货、保险与资产管理等方面提出具体建议。

2008年12月，国家出台《珠江三角洲地区改革发展规划纲要（2008—2020年）》（以下简称"《纲要》"），《纲要》把支持粤港澳错位发展金融业上升到国家战略。《纲要》规定：一是从总体上"支持粤港澳合作发展服务业，巩固香港作为国际金融、贸易、航运、物流、高增值服务中心和澳门作为世界旅游休闲中心的地位。支持上下游错位发展，加强与港澳金融业的合作"；二是广东要积极建立"金融改革创新综合试验区"；三是广州、深圳、珠海等地规划建设"广州南沙新区、深圳前后海地区、深港边界区、珠海横琴新区、珠澳跨境合作区等，加强与港澳服务业的合作，鼓励粤港澳三地优势互补，联手参与国际竞争"。

在珠三角地区各地市出台的政策文件中，明确各自在与港澳金融合作中的角色与地位。广州市人民政府2011年出台的《广州区域金融中心建设规划（2011—2020年）》提出，广州要"积极参与建设以香港金融体系为龙头，珠三角城市金融资源和服务为支撑金融合作区域"。国务院2009年批准的《深圳市综合配套改革总体方案》亦提出"全面推进深港紧密合作，在粤港澳合作的框架下，进一步巩固合作基础，拓宽合作领域，创新合作方法，完善合作机制。通过全面推进深港紧密合作、金融发展，提升城市功能，优化生产力布局，增强辐射带动能力，在粤港澳共同打造亚太地区最具活力和国际竞争力的城市群中发挥主力军作用，为粤港澳成为全球最具核心竞争力的大都市圈之一提供强有力的支撑""与香港功能互补、错位发展、加强金融合作巩固和提升深港在全球金融竞争中的地位"。

在广东自贸区三大片区的发展规划中，中国明确要与港澳加强金融合作、错位发展。国务院 2012 年 9 月出台的《广州南沙新区发展规划》提出要"有利于推动粤港澳全面合作，促进港澳长期稳定。按照与港澳功能互补，错位发展，互利共赢的原则，积极发展科技金融，航运金融等特色金融业。依据香港国际金融和国际航运中心推动粤港澳金融服务合作"。2010 年国务院批复的《前海深港现代服务业合作总体发展规划》提出"充分发挥香港国际经济中心的优势和作用，利用前海粤港合作平台，推进与香港的紧密合作和融合发展，逐步把前海建设成为粤港现代服务业创新合作示范区"；《国务院关于〈前海深港现代服务业合作区总体发展规划〉的批复》批示深圳要"利用粤港两地比较优势，进一步深化粤港金融合作，在前海合作发展现代服务业"。2009 年出台的《横琴总体发展规划》提出"充分发挥横琴的区位优势，积极发展金融后台服务为主的外包服务业务，将横琴建设成为澳门、香港第三产业的后台服务基地"。

（二）CEPA 框架下粤港澳加强金融合作

2003 年 6 月 29 日和 10 月 18 日，粤港澳三地分别签署《内地与香港关于建立更紧密经贸关系安排》《内地与澳门关于建立更紧密经贸关系安排》（以下简称 CEPA），并于 2004 年 1 月 1 日同时实施。CEPA 是中央政府在"一国两制"原则下，在世界贸易组织框架内所做出的特殊安排，对于加快粤港澳经济一体化、提升"大珠三角"的国际竞争力有着非常深远的意义。其总体目标是,逐步减少或取消双方之间所有货物贸易的关税和非关税壁垒;逐步实现服务贸易的自由化,减少或取消双方歧视性措施,促进贸易投资便利化。粤港澳三地政府自 CEPA 签署后,依据世界经济发展趋势和粤港澳现有基础与条件,进一步创新合作机制,完善合作思路,推进粤港澳经济一体化进程。作为一个重要的标志,CEPA 及其补充协议的签署和实施,标志着内地与港澳的经济和金融合作由原来的"自发合作"进入制度层面的合作;从广东省来看,以 2003 年 8 月召开的"第六次粤港联席会议"为契机,双方明确了新的合作思路,即:广东重点发展制造业、香港重点发展金融、物流等现代服务业。

在 CEPA 框架下,金融服务开放涉及三个领域,即银行、保险和证券。从总体上看,CEPA 有关港澳与内地金融合作所作的安排,基本上是在中国对 WTO 所作承诺基础上的一种技术性外推:或在开放时间上早于承诺,或在内容上多于承诺,或在准入限制上低于承诺。其主要内容如下。

1. CEPA 降低港澳金融机构进入内地市场门槛和条件,并开放人民币经营业务。CEPA 对于港澳银行业最大的开放,是降低港澳金融机构进入内地市场的门槛。在 CEPA 签署前,按照《中华人民共和国外资金融机构管理条例》,在内地开设外国银行分行总资产不少于 200 亿美元,设立合资银行或者合资财务公司总资产不少于 100 亿美元。CEPA 将港澳银行进入内地设立分行和法人机构的总资产规模从分别不低于 200 亿美元和 100 亿美元降至不低于 60 亿美元,澳门国际银行股份有限公司入驻珠海横琴的总资产要求进一步降低至 40 亿美元。除资产要求降低外,CEPA 还豁免在内地设立合资业务前先要在内地设立代表处的要求,换言之,港澳银行通过与内地银行或财务公司合作就可进入内地。与此同时,港澳银行内地分行申请人民币业务的资格条件,也由在内地开业三年以上和单家分行考核,调整为在内地开业两年和多家分行整体考核。在证券业,CEPA 允许香港交易及结算所在北京设立办事处,允许香港证券专业人员在内地从业。

2. 鼓励内地金融机构利用香港国际金融中心地位发展业务。CEPA 规定,内地支持国有独资商业银行和部分股份制商业银行将其国际资金外汇交易中心移至香港,支持内地银行通过收购方式在香港发展网络和业务活动,内地在金融市场改革和发展中支持利用和发挥香港金融中介作用,支持内地企业到香港上市。CEPA 还鼓励内地保险公司到香港上市,并同意加强金融监管部门的合作和信息共享。这样的安排有利于香港和内地利用各自的优势。内地的金融机构和企业具有国际化扩张的需求,而香港则具备便利的金融设施,这有利于两者形成互补的经济金融支持体系和市场分工合作体系,最终促进两地经济金融的共同繁荣和可持续发展。

3. 对港澳与内地的金融合作,采取"先易后难,逐步推进"原则。CEPA 有关内地与港澳金融合作的内容并没有突破内地金融业对外开放的整体框架。此前一直为市场所关注的香港银行经营人民币业务和 QDII 问题,由于涉及外汇管理和两地金融管辖权问题,CEPA 没有对此作出安排。但 CEPA 是个动态的不断完善的协议。时任总理温家宝在香港表示 CEPA 只是建立香港与内地更紧密经贸关系的第一步。今后,国家不仅要认真执行实施 CEPA 协议,而且还要根据实际情况继续研究、充实新的政策措施。这符合中国金融业对外开放整体战略，体现出这种合作的稳定性和渐进性开放的特征。

(三) CEPA补充协议与三地金融合作深化

金融合作发展是粤港澳合作的核心内容。2005年以后，CEPA补充协议二至补充协议十（见表11.2）、《广东协议》《服务贸易协议》《经济技术协议》《中国（广东）自由贸易试验区总体方案》以及《国务院印发〈关于深化泛珠三角区域合作的指导意见〉》等有关粤港澳合作重要文件均提出要大力加强三地金融合作，展示出粤港澳金融融合发展的重要性和潜力。2015年之前的协议主要是聚焦解决机构设立、企业香港上市、期货市场的合作以及金融产品的互认等市场主体在深化合作中面临的问题。2015年之后的协议中，粤港澳合作不仅包括市场参与主体的合作，同时还关注人民币国际化相关的人民币离岸中心建设；促进跨境人民币资金双向流通机制构建及两地更紧密的金融合作；支持香港发展针对内地金融市场的离岸风险管理业务，研究两地债券、场外金融衍生品及大宗商品衍生品市场的互通模式；推动人民币跨境支付系统（CIPS）作为跨境人民币资金结算主渠道，以进一步完善内地与香港跨境人民币结算等基础性的金融合作。

表11.2　　　　　　　CEPA框架下金融融合政策措施一览

日期	政策名称	主要政策措施
2005年10月	《〈内地与香港关于建立更紧密经贸关系的安排〉补充协议二》	内地允许符合条件的内地创新试点类证券公司根据相关要求在香港设立分支机构；内地允许符合条件的内地期货公司到香港经营期货业务，包括设立分支机构

续表

日期	政策名称	主要政策措施
2007年6月	《〈内地与香港关于建立更紧密经贸关系的安排〉补充协议四》	放宽香港银行或财务公司从事实质性商业经营年限的要求。香港银行或财务公司，应在获得香港金融管理专员根据《银行业条例》批给有关牌照后，从事实质性商业经营5年以上（含5年）；或以分行形式经营2年并且以本地注册形式从事实质性商业经营3年以上（含3年）；积极支持内地银行赴香港开设分支机构经营业务；为香港银行在内地中西部、东北地区和广东省开设分行设立绿色通道；鼓励香港银行到内地农村设立村镇银行
2009年5月	《〈内地与香港关于建立更紧密经贸关系的安排〉补充协议六》	内地允许符合条件的经中国证监会批准的内地证券公司根据相关要求在香港设立分支机构；积极研究在内地引入港股组合ETF（交易型开放式指数基金）
2010年5月	《〈内地与香港关于建立更紧密经贸关系的安排〉补充协议七》	支持符合条件的内地期货公司在香港设立的子公司在港依法开展业务
2011年12月	《〈内地与香港关于建立更紧密经贸关系的安排〉补充协议八》	支持内地银行在审慎经营的前提下，利用香港的国际金融平台发展国际业务；支持香港的保险公司设立营业机构或通过参股的方式进入市场，参与和分享内地保险市场的发展。加强双方在保险产品研发、业务经营和运作管理等方面的合作

续表

日期	政策名称	主要政策措施
2012年6月	《〈内地与香港关于建立更紧密经贸关系的安排〉补充协议九》	内地将修订完善境外上市的相关规定，支持符合香港上市条件的内地企业赴香港上市，为内地企业特别是中小企业到境外市场直接上市融资创造便利条件。积极研究深化内地与香港商品期货市场合作的路径和方式，推动两地建立优势互补、分工合作、共同发展的期货市场体系。积极研究降低香港金融机构申请合格境外机构投资者资格的有关资质要求，为香港有关长期资金投资内地资本市场提供便利。支持符合条件的香港金融机构在内地设立合资证券公司、基金管理公司、期货公司
2013年8月	《〈内地与香港关于建立更紧密经贸关系的安排〉补充协议十》	积极研究内地与香港基金产品互认；积极支持符合资格的香港保险业者参与经营内地交通事故责任强制保险业务。对香港保险业者提出的申请，将根据有关规定积极考虑，并提供便利
2014年12月	《〈内地与香港关于建立更紧密经贸关系的安排〉关于内地在广东与香港基本实现服务贸易自由化的协议》	在CEPA和补充协议基础上，汇总了关于服务贸易的约定，基本包括前期CEPA协议及其附件所包括的金融合作内容，实现服务贸易自由化
2015年11月	《〈内地与香港关于建立更紧密经贸关系的安排〉服务贸易协议》	该《协议》是首个内地全境以准入前国民待遇加负面清单方式全面开放服务贸易领域的自由贸易协议，标志着内地全境与香港基本实现服务贸易自由化

续表

日期	政策名称	主要政策措施
2017年6月	《内地与香港CEPA服务经济技术合作协议》	支持内地银行在审慎经营的前提下,利用香港的国际金融平台发展国际业务,国际资金外汇交易中心移至香港、在香港地区以收购方式发展网络和业务以及赴香港开设分支机构经营业务等活动。为香港银行在内地中西部、东北地区和广东省开设分行设立绿色通道,鼓励香港银行到内地农村设立村镇银行。促进跨境人民币资金双向流通机制及两地更紧密的金融合作,推动人民币跨境支付系统(CIPS)作为跨境人民币资金结算主渠道;支持符合香港上市条件的内地企业特别是中小企业到境外市场直接上市融资。研究放宽香港金融机构在内地设立合资证券公司、基金公司、期货公司和证券投资咨询公司的持股比例限制,增加香港金融机构设立合资证券公司的家数,有序扩大两地互联互通标的,设定建立互联互通下的投资者身份识别机制的时间表,相关条件具备后推出实施将交易型开放式基金(ETF)纳入标的范围的方案。积极支持推动包括债券市场在内的两地金融基础设施互联合作。支持符合条件的内地期货公司在香港设立的子公司在港依法开展业务等

资料来源:亚洲金融智库编委会:《粤港澳大湾区金融发展报告(2018)》,中国金融出版社2018年版,第65—67页。

2009年,CEPA补充协议六签署,允许已在广东省设立分行的港澳银行在广东省内设立异地支行,三地银行业机构跨境互设的局面全面打开；允许符合条件的香港证券公司与内地具备条件的证券公司在广东省设立"合资证券投资咨询公司"，香港证券公司持股比例最高可达1/3，CEPA补充协议九进一步把"合资证券投资咨询公司"港澳证券公司持股比例提高到最高可达49%。

随后，在由粤港双方共同上报并由国务院于2010年3月批准的《粤港合作框架协议》中首次明确提出："建设以香港金融体系为龙头，广州、深圳等珠三角城市金融资源和服务为支撑的具有更大空间和更强竞争力的金融合作区域。"2011年的《粤澳合作框架协议》亦提出"推进粤澳更紧密合作，促进澳门经济适度多元化发展""探索粤港澳合作新模式示范区，加快推进横琴开发，探索合作新模式，推动珠澳协同发展"。

2013年，CEPA补充协议十进一步对港资金融机构在合资公司中的持股比例放开，允许符合条件的港资金融机构设立持股比例达50%以上的合资基金管理公司；允许符合条件的港资金融机构在上海市、广东省、深圳市各设立1家持股比例最高可达51%的全牌照证券公司。CEPA补充协议八、补充协议九、补充协议十等进一步放开了业务范围，允许香港、澳门金融机构依据《消费金融公司试点管理办法》在广东省试点设立消费金融公司。2014年12月，"内地与香港、澳门CEPA关于内地在广东与香港、澳门基本实现服务贸易自由化的协议"（广东协议）签署，明确采取"准入前国民待遇加负面清单方式"，进一步拓宽了香港、澳门银行业金融机构在广东的发展空间（见表11.2）。

协议签署后，广东积极贯彻落实《粤港合作框架协议》《粤澳合作框架协议》及内地与港澳签署的服务贸易自由化协议，极大推动了粤港澳金融业融合发展。截至2018年末，港澳与广东累计跨境人民币结算金额超12万亿元,办理跨境人民币贷款业务备案金额1658亿元①。到2019年中,187家港澳资金融机构进驻广东,港资银行营业性机构在所有地级市实现了全覆盖②。一批重点项目正在抓紧推进,广州创新型期货交易所正加快筹建,CEPA框架下全牌照港资证券公司落地等正加紧推进,粤港澳大湾区保险投资基金、粤港澳大湾区国际商业银行、国际金融资产交易所等正积极争取设立。

三 新时期粤港澳大湾区金融合作

(一)粤港澳大湾区战略提出与实施

粤港澳大湾区建设是习近平总书记亲自谋划、亲自部署、亲自推动的国家战略。党的十九大报告指出,要支持香港、澳门融入国家发展大局,以粤港澳大湾区建设、粤港澳合作、泛珠三角区域合作等为重点,全面推进内地同香港、澳门互利合作,制定完善便利香港、澳门居民在内地发展的政策措施。

2015年3月28日,中国国家发展和改革委员会、中国外交部、中国商务部经国务院授权,联合发布《推动共建丝绸之路经济带和21世纪海上丝绸之路的愿景与行动》,正式将打造粤港澳大湾区列入国家"一带一路"规划的重点之一,要求充分发挥深圳前海、广州南沙、珠海横琴、福建平潭等开放合作区作用,深化与港澳台合

---

① 陈颖:《省地方金融监管局局长何晓军:加快金融融合发展 建设国际金融枢纽》,凤凰网广东,2019年2月28日,http://gd.ifeng.com/a/20190228/7246200_0.shtml。

② 新华社:《广东累计与港澳地区跨境人民币结算金额超14万亿元》,新华社官方账号,2019年11月24日,https://baijiahao.baidu.com/s?id=1651082179113427812&wfr=spider&for=pc。

作，打造粤港澳大湾区。① 2016年1月30日，根据《中共广东省委关于制定广东省国民经济和社会发展第十三个五年规划的建议》编制的《广东省国民经济和社会发展第十三个五年规划纲要》经省十二届人大四次会议审议批准，直接以"打造粤港澳大湾区"为题概述其路径和目标。2016年3月15日，国务院印发《关于深化泛珠三角区域合作的指导意见》，要求广州、深圳充分发挥辐射带动和示范作用，携手港澳共同打造粤港澳大湾区，建设世界级城市群。

2016年8月16日，中国国家发展和改革委员会对外发布根据《中华人民共和国国民经济和社会发展第十三个五年规划纲要》有关工作部署制定的《关于贯彻落实区域发展战略促进区域协调发展的指导意见》，明确主张"深化泛珠三角区域合作，支持广东省会同港澳共同编制粤港澳大湾区发展规划"。2017年1月27日，《国家发展改革委办公厅关于加快城市群规划编制工作的通知》，提出于2017年启动珠三角湾区等城市群规划。3月2日，省政府印发的《实施粤港合作框架协议2017年重点工作》中，2017年粤港重点合作领域之一就是合力推动粤港澳大湾区重大合作平台的建设，共同配合国家做好《粤港澳大湾区发展规划》编制工作。

2017年3月5日，国务院《政府工作报告》中提出，要研究制定粤港澳大湾区城市群发展规划，发挥港澳独特优势，提升在国家经济发展和对外开放中的地位与功能。粤港澳大湾区首次写入《政府工作报告》，编制粤港澳大湾区城市群发展规划成为2017年粤港

---

① 中国国家发展和改革委员会、中国外交部、中国商务部：《推动共建丝绸之路经济带和21世纪海上丝绸之路的愿景与行动》，《人民日报》2015年3月29日，http://www.mofcom.gov.cn/article/ae/ai/201503/20150300928878.shtml。

澳大湾区建设的重点。7月1日，中国国家发展和改革委员会、粤港澳三地政府签署《深化粤港澳合作推进大湾区建设框架协议》。[①]这是自《政府工作报告》正式提出、部署规划编制工作后，粤港澳大湾区建设的重大动作。

2018年3月5日，在第十三届全国人民代表大会第一次会议上，粤港澳大湾区再次写入《政府工作报告》。粤港澳大湾区由原来从属于区域协调发展战略下的泛珠三角区域合作和新型城镇化战略下的珠三角重点城市群的重点，同雄安新区一道跃升为与京津冀协同发展、长江经济带发展带并驾齐驱的区域协调发展战略核心。2018年6月8日，中共广东省委第十二届四次全会进一步要求把粤港澳大湾区建设作为改革开放的"二次创业"，举全省之力推动实施。

广东在基本完成粤港、粤澳合作框架协议中期目标的同时，开展粤港澳大湾区的硬件、软件建设。一是全力推进港珠澳大桥主桥、口岸及连接线工程建设，配合完成大桥通行政策研究及相关跨境交通安排。2016年9月27日，历时4年建设，全长55千米的港珠澳大桥主体桥梁贯通。二是粤港澳服务贸易自由化成效明显。粤港澳服务贸易自由化协议自2015年3月1日正式实施以来，广东不仅率先由自贸试验区各片区出台一系列支持深入推进粤港澳服务贸易自由化的政策，而且还批准设立首批13个粤港澳服务贸易自由化重点示范基地、1个广东省粤港澳服务贸易自由化示范平台，打造服务贸易新载体。

[①] 杜尚泽、徐隽：《习近平出席〈深化粤港澳合作 推进大湾区建设框架协议〉签署仪式》，《人民日报》2017年7月2日第2版。

（二）粤港澳大湾区金融合作

1. 新时期粤港澳金融合作基础。截至 2017 年末，粤港澳大湾区三地银行总资产合计约 7 万亿美元，银行存款总额高达 4.7 万亿美元，均超过纽约大湾区和旧金山大湾区；2017 年粤港澳大湾区保险保费收入约 1280 亿美元，占香港与全国总保费的近 1/4。① 受惠于 CEPA 补充协议六，香港银行业顺利推进大湾区布局，珠三角地区的香港银行网点总数达到 147 家，占珠三角地区外资银行总数的 64%，实现了对珠三角九市的全覆盖。与此同时，在 CEPA 框架下广东引入了部分港资证券、期货及基金公司。截至 2018 年 11 月末，广东省有 180 多家港澳资金融机构进驻，并在广东所有地级市全覆盖；粤资银行在香港拥有 83 个营业网点；赴港上市的粤企有 232 家，名列各省市之首，位居全国第一；香港有 20 家粤资持牌证券机构；人民币已成为粤港澳跨境收支第二大结算货币；粤港支付结算合作创造五项全国第一。② 截至 2020 年末，共有 14 家港澳银行在大湾区内地（不含深圳）设立了 80 余家营业性机构和 3 家代表处；同时，中资银行也积极走向港澳市场，2020 年东莞银行香港代表处升格为分行和投资设立香港子行，东莞农商行在香港公开募集股份并上市等。③ 广东跨境人民币规模持续扩大，人民币已成为广东第二大、粤港澳大湾区第一大结算货币；香港是全球离岸人民币业务

---

① 亚洲金融智库编委会：《粤港澳大湾区金融发展报告（2018）》，中国金融出版社 2018 年版，第 96 页。
② 李滨彬：《粤港澳金融合作成果丰硕 大湾区金融发展指数将于 6 月发布》，新华网，2019 年 1 月 14 日，http://www.gov.cn/xinwen/2019-01/14/content_5357838.htm。
③ 李刚：《大湾区规划纲要发布两周年：促进跨境金融产品服务互联互通》，人民日报客户端广东频道，2021 年 2 月 20 日，http://finance.sina.com.cn/roll/2021-02-20/doc-ikftssap7595461.shtml。

枢纽，处理全球75%的离岸人民币支付款项，拥有全球最大的离岸人民币资金池；澳门已建立起覆盖葡语国家的人民币清算网络。保险业合作日益加深，发布了"粤港澳大湾区产品专属"重疾表，这是中国首个也是唯一一个区域性的重大疾病经验发生率表；粤港澳三地保险机构合作提供跨境车险服务试点，实现"三地保单、一地购买"，截至2020年末，广东银保监局辖内保险机构共承保港澳跨境机动车辆18203辆，合计出具保单2.46万份；截至2020年末，广东银保监局辖内跨境医疗保险产品合计承保近5000件，保额近480亿元。①

深圳作为粤港澳大湾区金融合作重要支点，辖内港资银行资产规模、存贷款余额、净利润等指标占辖内外资银行的比重约70%，是深圳辖区外资银行的中坚力量。2015年3月，由招商银行全资控股的香港永隆银行与中国联通共同出资设立的招联消费金融公司开业，这是国内首家基于CEPA框架下的消费金融公司。证券业方面，2016年7月，恒生前海基金管理有限公司获批成立，是经中国证监会核准设立的首家外资控股公募基金管理公司。2017年，由汇丰银行、东亚银行控股的全牌照合资证券公司在深圳前海正式开业运营，深港金融机构合作取得新进展。在中央金融监管部门的大力支持下，"深港通"、基金互认等顺利实施，前海跨境人民币贷款、跨境人民币债券、跨境双向人民币资金池、跨境资产转让、跨境双向股权投资、跨境证券私募投资等跨境业务整体规模逐步扩大，先行先试初见成效，已成为深港合作重要平台，发挥良好的示范作用。

---

① 李刚：《大湾区规划纲要发布两周年：促进跨境金融产品服务互联互通》，人民日报客户端广东频道，2021年2月20日，http://finance.sina.com.cn/roll/2021-02-20/doc-ikftssap7595461.shtml。

在《粤港金融合作框架协议》等文件指引下，深港两地金融监管部门往来交流日趋密切。特别是2016年以来，粤港澳三地金融工作部门、驻深金融监管机构、行业协会、金融机构等共同参与，建立了金融合作常态化机制，已连续举办多次座谈会进行研讨交流，推动在金融科技（Fintech）、绿色金融等方面深化合作。[①]

粤澳双方积极创新合作模式，谋求共同发展。2018年5月4日，由省政府和澳门特别行政区政府共同推动、广东省属国有企业市场化运作的广东粤澳合作发展基金签约仪式在广州举行。之后，双方先后签署《关于推动澳门财政资金参与粤澳合作项目建设的框架协议》和《广东粤澳合作发展基金合作备忘》，此次相关协议的签署，标志着粤澳合作发展基金即将正式投入运作。粤澳基金的设立是粤港澳大湾区金融合作的重大突破，粤澳双方通过专业化基金管理平台共同推动澳门财政资金参与粤澳合作项目建设，大力推动粤港澳大湾区产业和金融合作创新发展、粤澳两地跨境人民币业务发展，强化粤澳两地发展联系，使澳门民众进一步分享粤港澳大湾区建设和广东的经济发展成果。

2.《粤港澳大湾区发展规划纲要》（以下简称"《大湾区规划纲要》"）发布及深化金融合作。2019年2月18日，中共中央、国务院正式公开发布《大湾区规划纲要》，这份纲领性文件对粤港澳大湾区的战略定位、发展目标、空间布局等方面作了全面规划。《大湾区规划纲要》对粤港澳大湾区的金融发展与融合也作出了科学规划，包括建设国际金融枢纽、推进金融开放创新等诸多内容。

《大湾区规划纲要》提出，要建设国际金融枢纽。发挥香港在

[①] 深圳金融发展报告编委会：《深圳金融发展报告（2017）》，广东经济出版社2018年版。

金融领域的引领带动作用，巩固和提升香港国际金融中心地位，打造服务"一带一路"建设的投融资平台。支持广州完善现代金融服务体系，建设区域性私募股权交易市场，建设产权、大宗商品区域交易中心，提升国际化水平。支持深圳依规发展以深圳证券交易所为核心的资本市场，加快推进金融开放创新。支持澳门打造中国—葡语国家金融服务平台，建立出口信用保险制度，建设成为葡语国家人民币清算中心，发挥中葡基金总部落户澳门的优势，承接中国与葡语国家金融合作服务。研究探索建设澳门—珠海跨境金融合作示范区。

《大湾区规划纲要》提出，要大力发展特色金融产业。支持香港打造大湾区绿色金融中心，建设国际认可的绿色债券认证机构。支持广州建设绿色金融改革创新试验区，研究设立以碳排放为首个品种的创新型期货交易所。支持澳门发展租赁等特色金融业务，探索与邻近地区错位发展，研究在澳门建立以人民币计价结算的证券市场、绿色金融平台、中葡金融服务平台。支持深圳建设保险创新发展试验区，推进深港金融市场互联互通和深澳特色金融合作，开展科技金融试点，加强金融科技载体建设。支持珠海等地发挥各自优势，发展特色金融服务业。在符合法律法规及监管要求的前提下，支持粤港澳保险机构合作开发创新型跨境机动车保险和跨境医疗保险产品，为跨境保险客户提供便利化承保、查勘、理赔等服务。

《大湾区规划纲要》提出，要有序推进金融市场互联互通。逐步扩大大湾区内人民币跨境使用规模和范围。大湾区内的银行机构可按照相关规定开展跨境人民币拆借、人民币外汇远期、即期交易业务以及与人民币相关衍生品业务、理财产品交叉代理销售业务。

大湾区内的企业可按规定跨境发行人民币债券。扩大香港与内地居民和机构进行跨境投资的空间，稳步扩大两地居民投资对方金融产品的渠道。在依法合规前提下，有序推动大湾区内基金、保险等金融产品跨境交易，不断丰富投资产品类别和投资渠道，建立资金和产品互通机制。支持香港机构投资者按规定在大湾区募集人民币资金投资香港资本市场，参与投资境内私募股权投资基金和创业投资基金。支持香港开发更多离岸人民币、大宗商品及其他风险管理工具。支持内地与香港、澳门保险机构开展跨境人民币再保险业务。不断完善"沪港通""深港通"和"债券通"。支持符合条件的港澳银行、保险机构在深圳前海、广州南沙、珠海横琴设立经营机构。建立粤港澳大湾区金融监管协调沟通机制，加强跨境金融机构监管和资金流动监测分析合作。完善粤港澳反洗钱、反恐怖融资、反逃税监管合作和信息交流机制。建立和完善系统性风险预警、防范和化解体系，共同维护金融系统安全。同时，在粤港澳大湾区大力发展海洋经济的过程中，要支持粤港澳通过加强金融合作推进海洋经济发展，探索在境内外发行企业海洋开发债券，鼓励产业（股权）投资基金投资海洋综合开发企业和项目，依托香港高增值海运和金融服务的优势，发展海上保险、再保险及船舶金融等特色金融业。

《大湾区规划纲要》指出，携手港澳建设高水平对外开放门户。充分发挥国家级新区和自贸试验区优势，加强与港澳全面合作，加快建设大湾区国际航运、金融和科技创新功能的承载区，成为高水平对外开放门户。其中要重点推进金融开放创新，拓展离岸账户（OSA）功能，借鉴上海自贸试验区自由贸易账户体系（FTA），积极探索资本项目可兑换的有效路径。支持深圳前海联合交易中心有限公司建成服务境内外客户的大宗商品现货交易平台，探索服务实体经济的新模式。加强深港绿色金融和金融科技合作。支持国际金融机构在深圳前海设立分支机构。

《大湾区规划纲要》还提出要建设金融服务重要平台。强化金融服务实体经济的本源，着力发展航运金融、科技金融、飞机船舶租赁等特色金融。支持与港澳金融机构合作，按规定共同发展离岸金融业务，探索建设国际航运保险等创新型保险要素交易平台。研究探索在广东自贸区内设立粤港澳大湾区国际商业银行，服务大湾区建设发展。探索建立与粤港澳大湾区发展相适应的账户管理体系，在跨境资金管理、人民币跨境使用、资本项目可兑换等方面先行先试，促进跨境贸易、投融资结算便利化。

粤港澳大湾区建设的过程中强调要做好防范化解重大风险工作，重点防控金融风险。《大湾区规划纲要》指出，要强化属地金融风险管理责任，做好重点领域风险防范和处置，坚决打击违法违规金融活动，加强薄弱环节监管制度建设，守住不发生系统性金融风险的底线。广东省要严格落实预算法有关规定，强化地方政府债务限额管理，有效规范政府举债融资；加大财政约束力度，有效抑制不具有还款能力的项目建设；加大督促问责力度，坚决制止违法违规融资担保行为。

3.《关于金融支持粤港澳大湾区建设的意见》（以下简称"《意见》"）发布，深入推进大湾区金融合作。2020年5月14日，中国人民银行、中国银行保险监督管理委员会、中国证券监督管理委员会、国家外汇管理局正式公开发布《意见》，以进一步推进金融开放创新，深化内地与港澳金融合作，加大金融支持粤港澳大湾区建设力度，提升粤港澳大湾区在国家经济发展和对外开放中的支持引领作用。①

《意见》提出促进粤港澳大湾区跨境贸易和投融资便利化，提升本外币兑换和跨境流通使用便利度。探索实施更高水平的贸易投资便利化试点，进一步简化跨境人民币业务办理流程，促进贸易投资便利化，优化营商环境。完善贸易新业态外汇管理，支持合规的粤港澳大湾区内地居民在粤港澳大湾区内地银行开立个人外汇结算账户，并凭相关单证办理结购汇。推进资本项目便利化改革，探索建立与粤港澳大湾区发展相适应的账户管理体系，研究建立与粤港澳大湾区发展相适应的本外币合一银行账户体系，促进跨境贸易、投融资结算便利化；开展港澳居民代理见证开立个人Ⅱ、Ⅲ类银行结算账户试点，优化银行账户开户服务。探索建立跨境理财通机制，支持粤港澳大湾区内地或者港澳居民通过港澳银行或者内地银行购买理财产品。开展本外币合一的跨境资金池业务试点。支持银行开展跨境贷款业务。稳步扩大跨境资产转让业务试点。支持设立人民币海外投贷基金，募集内地、港澳地区及海外机构和个人的人民币资金，为中国企业"走出去"开展投资、并购提供投融资服务，助力"一带一路"建设。支持内地非银行金融机构与港澳地区开展跨境业务。开展私募股权投资基金跨境投资试点，允许港澳机构投资者通过合格境外有限合伙人（QFLP）参与投资粤港澳大湾区内地私募股权投资基金和创业投资企业（基金）；有序推进合格境内有限合伙人（QDLP）和合格境内投资企业（QDIE）试点，支

---

① 《中国人民银行 中国银行保险监督管理委员会 中国证券监督管理委员会 国家外汇管理局关于金融支持粤港澳大湾区建设的意见》，中国人民银行网站，2020 年 5 月 14 日，http//www.pbc.gov.cn/gontongjiaoliu/113456/113469/4023428/index.html。

持内地私募股权投资基金境外投资。完善保险业务跨境收支管理和服务。

《意见》提出要扩大金融业对外开放，深化内地与港澳金融合作。扩大银行业开放，积极支持港澳银行等金融机构拓展在粤港澳大湾区内地的发展空间，支持商业银行在粤港澳大湾区内地发起设立不设外资持股比例上限的金融资产投资公司和理财公司；鼓励外资在粤港澳大湾区内地投资入股信托公司等金融机构；研究探索在广东自贸试验区内设立粤港澳大湾区国际商业银行。扩大证券业开放，支持在粤港澳大湾区内地依法有序设立外资控股的证券公司、基金管理公司、期货公司；依法扩大合资券商业务范围。扩大保险业开放，支持在粤港澳大湾区内地设立外资控股的人身险公司。研究在内地与香港、澳门关于建立更紧密经贸关系的安排（CEPA）协议框架下支持香港、澳门保险业在粤港澳大湾区内地设立保险售后服务中心。支持粤港澳大湾区内地与香港、澳门保险机构开展跨境人民币再保险业务。

《意见》提出要推进粤港澳资金融通渠道多元化，促进金融市场和金融基础设施互联互通。支持规范设立粤港澳大湾区相关基金。支持非投资性企业开展股权投资试点。有序推进粤港澳金融市场和金融基础设施互联互通，逐步开放港澳人民币清算行参与内地银行间拆借市场，优化完善"沪港通""深港通"和"债券通"等金融市场互联互通安排（包括适时研究扩展至"南向通"）。推动离岸人民币市场发展，强化香港全球离岸人民币业务枢纽地位，支持香港开发更多离岸人民币、大宗商品及其他风险管理工具。推动粤港澳大湾区绿色金融合作。支持港澳发展特色金融产业，强化香港国际资产管理中心及风险管理中心功能，支持澳门打造中国—葡语国家金融服务平台，建设成为葡语国家人民币清算中心，推动建设澳门—珠海跨境金融合作示范区；支持澳门在符合条件的情况下加入亚洲基础设施投资银行，支持丝路基金及相关金融机构在香港、澳门设立分支机构。

《意见》提出要进一步提升粤港澳大湾区金融服务创新水平。加强科技创新金融服务，大力发展金融科技，深化粤港澳大湾区金融科技合作，加强金融科技载体建设；便利港澳居民在内地使用移动电子支付工具进行人民币支付，推动移动支付工具在粤港澳大湾区互通使用；支持内地非银行支付机构在港澳扩展业务。

《意见》提出要切实防范跨境金融风险。加强粤港澳金融监管合作，研究建立跨境金融创新的监管"沙盒"。建立和完善金融风险预警、防范和化解体系。加强粤港澳金融消费权益保护，健全粤港澳大湾区金融消费权益保护工作体系；加强粤港澳三地金融管理、行业组织等单位协作，探索构建与国际接轨的多层次金融纠纷解决机制。

第三节　广东当代海丝金融发展

一　广东积极参与"一带一路"建设

2013年，习近平总书记访问哈萨克斯坦和印度尼西亚时，分别提出建设丝绸之路经济带和21世纪海上丝绸之路合作倡议。2014年12月2日，国务院印发《丝绸之路经济带和21世纪海上丝绸之路建设战略规划》。2015年3月28日，习近平主席参加博鳌亚洲论坛2015年年会并发表主题演讲，提出"一带一路"建设的原则等；同样在博鳌亚洲论坛期间，中国国家发展和改革委员会、中国外交部、中国商务部经国务院授权,联合发布《推动共建丝绸之路经济带和 21 世纪海上丝绸之路的愿景与行动》,[①] 从时代背景、共建原则、框架思路、合作重点、合作机制、中国各地开放态势等方面详尽阐述"一带一路"的主张与内涵,回顾 2013 年以来中国积极行动收获的早期成果,倡议与沿线国家一道共创美好未来,绘出共建"一带一路"的蓝图与行动指南。

资金融通是"一带一路"建设的重要支撑。中资金融机构与"一带一路"沿线国家地区相关企业和机构共同努力,让资金融通的合作之路不断深化。据不完全统计,截至 2017 年末,已有 10 家中资银行在 26 个"一带一路"沿线国家设立了 68 家一级分支机构;"一带一路"倡议提出五年来,中资银行共参与了"一带一路"建设相关项目 2700 多个,累计发放贷款超过了 2000 亿美元。截至 2017 年末,共有来自 21 个"一带一路"沿线国家的 55 家银行在华设立了机构。[②] 近年来,中资银行保险机构支持"一带一路"建设取得显著进展。中资银行保险机构在"一带一路"沿线国家稳步扩大机构布局。截至 2020 年末,共有 11 家中资银行在 29 个"一带一路"沿线国家设立了 80 家一级分支机构;三家中资保险公司在新加坡、马来西亚、印尼设有七家营业性机构。与此同时,截至 2020 年末,共有来自 23 个"一带一路"国家的 48 家银行在华设立了机

[①] 中国国家发展和改革委员会、中国外交部、中国商务部:《推动共建丝绸之路经济带和 21 世纪海上丝绸之路的愿景与行动》,《人民日报》2015 年 3 月 29 日,http://www.mofcom.gov.cn/article/ae/ai/201503/20150300928878.shtml。

[②] 王沥慷:《周小川:五方面发挥金融在"一带一路"建设中重要支撑作用》,中国一带一路网——共话丝路,2018 年 4 月 13 日,https://www.yidaiyilu.gov.cn/ghsl/gnzjgd/52664.htm。

构；有一个"一带一路"国家（新加坡）的一家保险机构在华设立了合资公司。① 持续扩大和深化跨境监管合作。截至 2020 年末，已与 84 个国家和地区的金融监管当局签署了 122 份监管合作谅解备忘录（MOU）或监管合作协议，其中涉及 37 个"一带一路"沿线国家。② 2015 年 6 月，在国家发布《推动共建丝绸之路经济带和 21 世纪海上丝绸之路的愿景与行动》后，广东发布《广东省参与建设"一带一路"的实施方案》，包括指导思想、战略定位、发展目标、战略布局、重点任务、保障机制等，并提出促进重要基础设施互联互通、提升对外贸易合作水平、加快产业投资步伐、推进海洋领域合作、推动能源合作发展、拓展金融业务合作、提高旅游合作水平、密切人文交流合作、健全外事交流机制九方面的合作设想，将广东打造成为"一带一路"建设的战略枢纽、经贸合作中心和重要引擎。为切实推进方案实施，广东制定了《广东省参与"一带一路"建设重点工作方案（2015—2017 年）》，并梳理形成《广东省参与"一带一路"建设实施方案优先推进项目清单》，共 68 个项目，总投资达 554 亿美元，涵盖了基础设施建设、能源资源、农业、渔业、制造业、服务业 6 个领域。③

2015 年 12 月 1 日，《中共广东省委关于制定国民经济和社会发

---

① 《2020 年末 11 家中资银行在 29 个"一带一路"沿线国家设立了 80 家一级分支机构》，中国金融新闻网，2021 年 3 月 24 日，https://baijiahao.baidu.com/s?id=1695081101396354974&wfr=spider&for=pc。

② 《2020 年末 11 家中资银行在 29 个"一带一路"沿线国家设立了 80 家一级分支机构》，中国金融新闻网，2021 年 3 月 24 日，https://baijiahao.baidu.com/s?id=1695081101396354974&wfr=spider&for=pc。

③ 申晨、张林昱、高燕萍：《广东率先发布〈广东省参与建设"一带一路"的实施方案〉》，南方网——广东频道，2015 年 6 月 3 日，https://economy.southcn.com/node_ebca1841e0/2b9d13512a.shtml。

展第十三个五年规划的建议》正式公布，提出以经贸合作为重点，加强与'一带一路'沿线国家合作，在陆海内外联动、东西双向开放的全面开放新格局中发挥重要引擎作用"。依照方案和规划，广东各地掀起建设21世纪海上丝绸之路的热潮。

2018年6月8日，中共广东省委第十二届四次全会在广州召开，强调广东要深度参与"一带一路"建设，率先形成陆海内外联动、东西双向互济的开放格局。按照中央的统筹布局，广东积极推动与"一带一路"沿线国家和地区开展基础设施、产业、人文、旅游等领域务实合作，提升与欧美发达国家经贸合作水平，把合作领域向科技教育领域延伸拓展。

在"一带一路"倡议中，广东被赋予"一带一路"重要枢纽、经贸合作中心和重要引擎的定位。广东进一步扩大全方位主动开放，丰富对外开放内涵，提高对外开放水平，立足源远流长的历史优势、得天独厚的区位优势、实力雄厚的产业优势、紧密联系的商贸优势、华侨众多的血脉优势、文化相通的人文优势，突出"21世纪海上丝绸之路"建设、粤港澳合作、经贸合作三个主线，从"南拓、西进、远交、内联"四个方向，抢抓机遇，上下联动，争创"21世纪海上丝绸之路"建设的排头兵；内外共建，与环南海、印度洋、欧洲、南太平洋沿线国家共建"21世纪海上丝绸之路"；形成全方位开放新格局。

二 广东金融业积极支持"一带一路"建设

《广东省参与建设"一带一路"的实施方案》中提出要拓展金融业务合作，指出"鼓励有条件的省内金融机构走出去到沿线国家投资发展，也要吸引沿线国家金融机构来粤设立机构，支持双方金融机构建立沟通协调机制，开展业务合作。支持在沿线国家投资的广东企业与当地的金融机构开展合作，共同发展。设立广东丝路基金，支持'一带一路'项目建设"。

（一）信贷支持持续"发力"

广东金融业积极贯彻国家战略，把握广东的特点与优势，找准定位，加大支持"一带一路"建设力度。引导广东金融机构加大对"一带一路"重点区域、重大项目建设的信贷支持。鼓励政策性金融机构发挥优势，进一步加大业务开拓力度，为"一带一路"重点项目建设提供资金支持。支持金融机构创新金融服务，研发针对"一带一路"建设要求的贸易融资产品，满足企业境内外融资需求。同时，借助亚洲基础设施投资银行、丝路基金有限责任公司等多边金融机构，支持重点国别的产业园区、重大基础设施、农渔业等领域项目。

成立"广东丝路基金"支持"一带一路"建设。2016年1月，广东发起对外投资政策性基金"广东丝路基金"，由广东省财政部分出资，吸引有关金融机构及社会资本参与，支持重点国别的产业园区、重大基础设施、农渔业等领域项目。2016年，广东对沿线国家的实际投资超过40亿美元，增长65.3%。

中国银行保险监督管理委员会广东监管局（简称"广东银保监局"）明确"一揽子"监管引领、"立体化"沟通联动、"多层面"问题解决与反馈等三项机制，加强对银行业的监管引领与服务，力促"一带一路"倡议落实。支持建立"一带一路"国家地区金融机构设立的绿色通道、政银企联络机制、动态发布平台，加强政策引领、信息共享和风险提示，提供市场化专业化金融支持，促进广东继续发挥好"一带一路"建设的战略枢纽和重要引擎作用。围绕产业转型升级、粤港澳大湾区、自贸区建设等重点领域，支持广东银行业全方位、多层次促进"一带一路"互联互通建设。

广东积极引导辖内银行业以港珠澳大桥、白云机场扩建、南沙港、卡塔尔多哈新港码头、中欧铁路等重点项目为载体，助力打通海上丝绸之路和中亚、中欧通道，促进设施相通。支持辖内银行业积极开展跨境人民币结算业务，深化与境外支付机构合作，以PSL贷款、联动境内外机构引入低成本资金等方式提供优质服务，坚持做好"结算银行""网络银行""普惠银行"，促进贸易畅通。紧贴"走出去"需求，为企业拓展融资渠道、创新融资方式、建立跨境风险管理机制，促进资金融通。

截至2017年末，广东银行业（不含深圳）支持"一带一路"项目183个，授信总额3294.34亿元，支持"一带一路"国际结算量为2384.11亿美元，有力地推动了"一带一路"沿线地区基础设施建设、重点区域发展、服务贸易往来、金融机构互设以及政银企全面合作。[1] 2017年，中国进出口银行广东省分行积极支持广东参与"一带一路"建设，推进基础设施互联互通，推动国际产能和装备制造合作，加大资金投入力度，2017年末"一带一路"及其他地区走出去、跨境投资贷款余额329.3亿元，较年初增长166.5亿元，增幅为102.2%。该分行"一带一路"贷款余额较年初实现倍增目标，"一带一路"贷款占全部贷款的比例超过25%，余额在广东地区金融机构中居第二位。交通银行股份有限公司广东省分行2017年大力推广全口径跨境融资业务，联合交通银行股份有限公司澳门分行成功为某港口集团办理5000万美元跨境直贷业务，以专

---

[1] 中国银行业监督管理委员会广东监管局：《广东银行业监管与发展报告（2017）》。

业的素质、高效的服务获得了客户的信赖。该笔业务为客户开辟了新的融资渠道,通过引入海外低成本资金,解决融资价格及规模瓶颈,是该分行支持"一带一路"建设的典型案例。

积极落实银行业对外开放的政策,鼓励符合条件的"一带一路"国家和地区银行来粤设立分支机构,特别是支持粤港澳银行在大湾区内互设机构,进一步推动广东银行业对外开放。截至2017年末,"一带一路"沿线国家来粤(不含深圳)设立银行业金融机构共11家,其中分行7家,支行3家,代表处1家,占辖内外资机构总数的6.5%(见表11.3)。

表11.3 "一带一路"沿线国家银行在粤(不含深圳)设立机构情况

国家	机构	在粤设立分支机构情况
新加坡	星展银行	星展银行(中国)有限公司广州分行
		星展银行(中国)有限公司东莞分行
		星展银行(中国)有限公司广州越秀支行
		星展银行(中国)有限公司广州滨江东支行
		星展银行(中国)有限公司广州珠江新城支行
	大华银行	大华银行(中国)有限公司广州分行
韩国	国民银行	国民银行(中国)有限公司广州分行
	韩产银行	韩国产业银行广州分行
	韩亚银行	韩亚银行(中国)有限公司广州分行
印度	巴鲁达银行	印度巴鲁达银行广州分行
埃及	埃及银行	埃及银行广州代表处

资料来源:中国银行业监督管理委员会广东监管局:《广东银行业监管与发展报告(2017)》。

(二)自由贸易试验区金融创新服务"一带一路"

广东自贸区挂牌以来,南沙金融改革积极落实国家"一带一路"倡议,为国内企业"走出去"保驾护航。围绕企业"走出去"

业务需求，南沙区内金融机构运用资产管理、跨境并购、财富管理、衍生品等金融创新工具，探索推出在资产负债管理、投融资工具、套期保值等多个方面的创新金融服务，有效降低"走出去"企业经营效益的波动，提升企业跨境资金使用的风险管理水平。广东自贸区推出的全国首个"跨境资产代客衍生品综合交易"业务，通过为企业提供"利率互换+期权组合+差额清算业务"衍生工具综合服务，为"走出去"企业境外融资提供头寸管理，满足企业差异化的套期保值需求。

在推进实施"一带一路"建设方面，广东自贸区深圳前海蛇口自贸片区研究制定《前海蛇口自贸片区支持企业和个人"走出去"工作方案》，支持招商局集团有限公司、中兴通讯股份有限公司、中国国际海运集装箱（集团）股份有限公司等重点企业在"一带一路"沿线国家投资布局，积极推动与印尼等国家商建自贸园区或产业园区。

（三）推动跨境人民币支付业务创新

与广东企业积极"走出去"参与"一带一路"建设相伴，广东与"一带一路"沿线国家跨境人民币结算业务的需求也不断增加。对此，人民银行广州分行积极推行人民币跨境支付系统（CIPS），为沿线国家跨境人民币收支提供了快捷、安全、方便及低成本的清算途径。数据显示，2016年，广东与"一带一路"沿线国家跨境人民币结算规模达3736.8亿元，同比增长24.2%，其中，直接投资业务结算规模为233亿元人民币，同比增长191.8%。[1] 2020年末，广东全省办理与"一带一路"沿线国家和地区发生的跨境人民

---

[1] 中国银行业监督管理委员会广东监管局：《广东银行业监管与发展报告（2017）》。

币业务4141亿元。

中国人民银行广州分行指导广东金融机构创新跨境人民币业务，扩大沿线国家使用人民币。2017年2月，俄罗斯铝业联合公司（以下简称"俄铝"）在上交所注册发行了熊猫债10亿元，人民银行广州分行通过深入调研，根据相关政策指导中国农业银行股份有限公司广东省分行营业部为俄铝制定解决方案，促使该公司于同年3月顺利将募集资金汇出境外。

跨境人民币业务创新的进一步深化，也有效促进了"一带一路"贸易投融资活动便利化。跨境货物贸易和直接投资业务人民币跨境结算已无障碍；"走出去"的企业在境外项目建设可以获得国内银行及母公司跨境项目贷款以及跨境放款等形式的人民币资金支持；宏观审慎管理口径下的跨境本外币融资业务也顺利开展。2016年4月，广东自贸区跨境人民币业务政策发布后，允许南沙、横琴地区的银行机构向"一带一路"沿线国家和地区发放人民币贷款，沿线国家获得了更广泛的融资资金支持。

（四）创新外汇管理便利企业

随着外汇管理改革不断深入，国家外汇管理局广东省分局通过简化企业"走出去"备案登记手续、便利货物贸易企业外汇收支、拓宽企业跨境融资渠道、提高跨国公司外汇资金运营效率等措施，支持广东与"一带一路"沿线国家贸易投资的发展。

贸易投资便利化的提升，为作为海上丝绸之路关键点、改革开放前沿的广东带来了广阔的发展机遇。中国商务部发布的数据显示，2014年，广东对"一带一路"沿线国家实际投资为17.2亿美元。而到了2016年，广东对沿线国家的实际投资超过40亿美元，同比增长65.3%。广东民营企业到"一带一路"沿线国家投资整体呈增长趋势,成为投资主力。截至2017年3月末,广东共有309家企业到"一带一路"沿线国家投资,其中民企境外投资111家,占全部投资数的35.9%,投资金额为8.8亿美元,占比49.1%。[①]

以"一带一路"国际合作高峰论坛为契机,中国人民银行广州分行继续深化金融改革创新,进一步加大对"一带一路"建设的金融支持力度。进一步支持金融机构创新金融服务,研发针对"一带一路"倡议要求的贸易融资产品,综合运用各类信贷产品及组合,满足企业境内外合理的融资需求。运用融资租赁、股权投资等工具为沿线国家提供人民币资金融通,鼓励其使用人民币资金购买广东商品和服务,进一步扩大人民币在沿线国家的使用。继续提升贸易投资便利化水平,审慎有序推动资本项目可兑换,积极落实重点领域外汇管理改革,支持有条件的企业参与"一带一路"的共同建设和产能合作,进一步促进与沿线国家的贸易投资发展。

第四节 新时期广东金融对外开放

一 国家金融业对外开放进入新时期

2018年,是中国改革开放40周年。40年来,中国金融业的对外开放,从允许外资金融业在经济特区、沿海开放城市从事金融活动,逐渐扩大到沿边和沿海开放地区、内陆开放地区以及各种自贸区等;开放合作方式也从允许设立各种金融机构办事处、分支机构,到引进境外战略投资者,再到股权合作和对外投资。对外开放进入了一个新时代,金融业的对外开放也同样进入了新时代,中外

---

① 中国银行业监督管理委员会广东监管局:《广东银行业监管与发展报告(2017)》。

经济和金融的深度融合成为不可逆转的发展趋势。

在2018年4月10日的博鳌亚洲论坛上，习近平总书记宣布一系列对外开放的新举措，中国金融业对外开放步伐开始加速。中国银保监会紧接着表示，正在加快完善相关法律法规和配套制度建设，并在近期推出放宽外资银行市场准入等一系列实质性举措。同年4月27日，中国银保监会发布《关于进一步放宽外资银行市场准入有关事项的通知》及《银保监会加快落实银行业和保险业对外开放举措》，取消对中资银行和金融资产管理公司的外资持股比例限制，实施内外一致的股权投资比例规则等。同时还发布《关于放开外资保险经纪公司经营范围的通知》《关于进一步放宽外资银行市场准入有关事项的通知》和《银保监会加快落实银行业和保险业对外开放举措》三个监管文件。同年4月28日，中国证监会发布《外商投资证券公司管理办法》，允许外资控股合资证券公司，逐步放开合资证券公司业务范围等。银行、证券和保险业对外开放具体措施的"快节奏"公布，意味着中国金融业对外开放和改革在2018年形成新的格局。此次金融开放领域不仅包括银行，还包括保险公司、证券和基金管理，全面覆盖了金融领域，尤其是保险公司、证券和基金管理的外资投资比例放宽到51%，同时承诺在未来几年还会进一步放开投资限制，开放力度前所未有。此次开放不但允许符合条件的外国机构投资者来华经营保险代理业务和保险公估业务，同时放开外资保险经纪公司的经营范围，与中资机构一致。2018年5月2日，瑞士银行有限公司成为首家在中国内地申请控股证券公司的外资机构，成为中国证券行业对外开放的具体案例。为进一步完善内地与香港两地股票市场互联互通机制，中国从2018年5月1日起把互联互通每日额度扩大四倍，即沪股通及深股通每日额度从

130 亿元调整为 520 亿元，港股通每日额度从 105 亿元调整为 420 亿元。

未来中国金融业将围绕以下几个方面进一步扩大开放：取消银行和金融资产管理公司的外资持股比例限制，内外资一视同仁；允许外国银行在中国境内同时设立分行和子行；将证券公司、基金管理公司、期货公司、人身险公司的外资持股比例上限放宽到 51%，三年后不再设限；不再要求合资证券公司境内股东至少有一家是证券公司；允许符合条件的外国投资者来华经营保险代理业务和保险公估业务；放开外资保险经纪公司经营范围，与中资机构一致等。

二　中央对广东区域金融对外开放的新部署

在改革开放不断深化的新时期和"一国两制"实践探索的新阶段，党中央、国务院站在战略全局高度赋予了广东深圳、横琴、前海等地区改革开放的新任务，2019—2021 年间连续发布了《中共中央国务院关于支持深圳建设中国特色社会主义先行示范区的意见》（2019 年 8 月）《横琴粤澳深度合作区建设总体方案》（2021 年 9 月）和《全面深化前海深港现代服务业合作区改革开放方案》（2021 年 9 月）等多项部署深化改革开放和"一国两制"建设的政策文件，其中对广东相关区域金融改革开放和粤港澳大湾区金融合作作出了新的战略性部署，将成为新时期指导广东有关区域改革开放和粤港澳大湾区建设的纲领性文件。

《中共中央国务院关于支持深圳建设中国特色社会主义先行示范区的意见》明确深圳要加快形成全面深化改革开放新格局，高标准高质量建设自由贸易试验区，加快构建与国际接轨的开放型经济新体制，支持深圳试点深化外汇管理改革；助推粤港澳大湾区建设，加快深港科技创新合作区建设，探索协同开发模式，创新科技管理机制，促进人员、资金、技术和信息等要素高效便捷流动。特别是要扩大金融业等产业对外开放，完善高水平开放型经济体制，具体措施包括：(1) 支持符合条件的在深境内企业赴境外上市融资。(2) 开展本外币合一跨境资金池业务试点。(3) 支持深圳在推进人民币国际化方面先行先试，推动完善外汇管理体制。(4) 支持符合条件的外资金融机构在深圳依法发起设立证券公司、基金管理公司。(5) 支持符合条件的外资机构在深圳依法合规获取支付业务许可证。(6) 推动构建与国际接轨的金融规则体系。

《横琴粤澳深度合作区建设总体方案》重视通过完善企业所得税优惠政策优化营商环境和对外开放政策，规定对合作区符合条件的产业企业减按15%的税率征收企业所得税，对企业符合条件的资本性支出允许在支出发生当期一次性税前扣除或加速折旧和摊销，对在合作区设立的旅游业、现代服务业、高新技术产业企业新增境外直接投资取得的所得免征企业所得税；同时制定吸引和集聚国际高端人才的政策措施，大力吸引"高精尖缺"人才，促进境内外人才集聚，对符合条件的国际高端人才给予进出合作区高度便利，为高端人才在合作区发展提供更加优质服务，对在合作区工作的境内外高端人才和紧缺人才，其个人所得税负超过15%的部分予以免征。在创新跨境金融管理方面提出了非常前沿的政策措施，主要包括：(1) 加强合作区金融市场与澳门、香港离岸金融市场的联动，探索构建电子围网系统，推动合作区金融市场率先高度开放。(2) 按照国家统筹规划、服务实体、风险可控、分步推进原则，在合作区内探索跨境资本自由流入流出和推进资本项目可兑换。(3) 指导银行提升金融服务水平，进一步推动跨境电商等新型国际贸易结算便利化，实现银行真实性审核从事前审查转为事后核查。（4）在跨境直接投资交易环节，按照准入前国民待遇加负面清单模式简化管理，提高兑换环节登记和兑换便利性，探索适应市场需求新形态的跨境投资管理。（5）在跨境融资领域，探索建立新的外债管理体制，试点合并交易环节外债管理框架，完善企业发行外债备案登记制管理，全面实施全口径跨境融资宏观审慎管理，稳步扩大跨境资产转让范围，提升外债资金汇兑便利化水平。（6）支持符合一定条件的非金融企业，在全口径跨境融资宏观审慎管理框架下，根据实际融资需要自主借用外债，逐步实现合作区非金融企业外债项下完全可兑换。（7）在跨境证券投融资领域，重点服务实体经济投融资需求，扶持合作区具有特色和比较优势的产业发展，并在境外上市、发债等方面给予积极支持，简化汇兑管理。

《全面深化前海深港现代服务业合作区改革开放方案》着眼于建设高水平对外开放门户枢纽，扩大金融业对外开放，主要政策措施有：（1）深化与港澳服务贸易自由化，在不危害国家安全、风险可控前提下，在内地与香港、澳门关于建立更紧密经贸关系的安排（CEPA）框架内，支持前海合作区对港澳扩大服务领域开放。支持前海合作区在服务业职业资格、服务标准、认证认可、检验检测、行业管理等领域，深化与港澳规则对接，促进贸易往来。（2）提升国家金融业对外开放试验示范窗口和跨境人民币业务创新试验区功能，支持将国家扩大金融业对外开放的政策措施在前海合作区落地实施，在与香港金融市场互联互通、人民币跨境使用、外汇管理便利化等领域先行先试。（3）开展本外币合一银行账户试点，为市场主体提供优质、安全、高效的银行账户服务。（4）支持符合条件的金融机构开展跨境证券投资等业务。（5）支持国际保险机构在前海合作区发展，为中资企业海外经营活动提供服务。（6）深化粤港澳绿色金融合作，探索建立统一的绿色金融标准，为内地企业利用港澳市场进行绿色项目融资提供服务。（7）探索跨境贸易金融和国际支付清算新机制。（8）支持前海推进监管科技研究和应用，探索开展相关试点项目。（9）支持香港交易所前海联合交易中心依法合规开展大宗商品现货交易。（10）依托技术监测、预警、处置等手段，提升前海合作区内金融风险防范化解能力。同时，提出要高水平参与国际合作，通过健全投资保险、政策性担保、涉外法律服务等海外投资保障机制，充分利用香港全面与国际接轨的专业服务，支持前海合作区企业"走出去"。

三 新时期广东金融对外开放的战略

扩大金融业对外开放，是新时代全面深化改革开放的必然选择。广东以习近平新时代中国特色社会主义思想为指导，严格贯彻落实党的十九大精神及习近平总书记对广东工作重要指示精神，遵循国家扩大金融业开放总体部署，把握金融业发展新趋势，推动金融业"走出去"，为广东在形成全面开放新格局上走在全国前列提供支撑，为中国金融业扩大开放提供新鲜经验。

（一）积极推动国家金融扩大开放措施落地

根据中国金融业出台的系列金融业具体开放举措，广东省"一行两局"[①]、中国人民银行深圳中心支行等积极出台相关细则及操作规程等，确保政策落地，并且根据国家金融业扩大开放方向，积极推动广东、深圳等地在资本项目下可自由兑换程度、自由贸易账

---

① 广东省"一行两局"，指中国人民银行广州分行、中国银行保险监督管理委员会广东监管局、中国证券监督管理委员会广东监管局。

户、人民币跨境双向流通等方面提出一些创新性举措,并积极争取先行先试。为了促进粤港澳大湾区贸易收支便利化,国家外汇管理局广东省分局根据国家外汇管理局统一部署,已在辖内粤港澳大湾区开展货物贸易外汇收支便利化首批试点,支持审慎合规的银行在为信用优良企业办理贸易收支时,实施更加便利的措施,重点在优化贸易外汇收支单证审核、贸易外汇收入无须经过待核查账户、取消特殊退汇业务登记手续、简化进口报关核验四个方面进行试点。

(二) 粤港澳共同打造大湾区国际金融枢纽

深化粤港澳大湾区金融合作,打造以香港为中心,广州、深圳、澳门为副中心的粤港澳大湾区金融圈,将粤港澳大湾区建设成连通中国与世界金融市场、具有较强竞争力和全球影响力的国际金融枢纽,为中国参与和引领金融全球化提供重要平台。

1. 强化粤港澳大湾区金融合作的组织领导、顶层设计和政策保障。中国人民银行在"粤港澳大湾区发展领导小组"的框架下,推动组建由国家金融监督管理部门、广东省、香港、澳门参与的粤港澳大湾区金融专项工作小组,协同有序推进粤港澳大湾区金融合作。中国人民银行赋予驻粤分支机构在一定额度内管理资金跨境自由流动、在粤港澳大湾区开展跨境业务创新的权限。同时,加强粤港澳大湾区金融合作的政策衔接,主要是粤港澳大湾区金融开放创新政策与自贸试验区深化金融改革开放政策的衔接,粤港澳大湾区金融开放创新政策与产业发展导向、科技合作创新、对外贸易平衡发展等政策的衔接,实现粤港澳大湾区金融开放与区域经济高质量发展的有效联动、相互促进。

2. 强化粤港澳三地金融市场互联互通。加快推进金融基础设施互联互通,推进粤港澳大湾区区域内清算系统建设、打造金融IC卡

"一卡通"示范区、实现香港电子支票的跨境托收。鼓励三地互设金融分支机构及开展金融业务合作创新；适当放松港澳金融机构进入广东自贸试验区的准入门槛；共同成立大型金融控股公司。

3. 打造跨境金融合作平台。制定相关优惠和激励政策，鼓励粤港澳合作设立金融机构或新型经济金融组织，培育与人民币国际地位相适应的跨国银行集团。利用香港国际金融中心吸引更多的国际性金融科技公司落户粤港澳大湾区。在粤港澳大湾区建成统一的跨境支付平台，培育粤港澳大湾区内本外币跨境支付第三方支付机构。建立品种丰富的金融资产跨境交易平台，打造华人跨境资产配置的财富管理平台。

4. 共同推进人民币国际化。粤港澳三地共同致力于推动人民币"走出去"，不仅利用境外人民币融资，募集离岸市场人民币资金用于支持内地基础设施建设和新兴产业发展，同时也积极发展境外项目贷款，以人民币"走出去"支持企业"走出去"。支持粤港澳机构（银行机构除外）合作设立人民币海外投贷基金，为企业"走出去"开展投资、并购提供投融资服务。落实国家"周边大通道"和"一带一路"建设等重大战略，共同推动人民币走向非洲、欧洲以及美洲，建立更多的人民币离岸中心。

5. 改革外汇管理体制。推动跨境人民币双向投融资。深入开展跨境人民币结算试点，推动人民币通过个人渠道的跨境双向流动。探索建立离岸人民币在岸结算交易中心。建议在广东自贸区内实行区内人民币自由兑换，资金自由进出。

（三）以进一步扩大开放加速广州区域金融中心建设

在新一轮金融开放背景下，广州积极谋划，以进一步扩大开放加速广州区域金融中心建设。2018年8月30日，广州市金融工作局印发《关于广州扩大金融对外开放 提高金融国际化水平的实施意见》（以下简称"《实施意见》"），系国内首个出台金融扩大开放专项政策的城市。《实施意见》明确十项主要任务：一是支持广州市绿色金融改革创新试验区和广东自贸区南沙新区片区，在人民币跨境业务、绿色金融试点等领域开展先行先试；二是发挥CEPA补充协议和有关规定降低港资澳资金融机构准入门槛，支持设立合资证券、基金公司；三是按照国家扩大开放进程，大幅放宽外资准入限制及外资股比，放宽外资金融业机构经营范围；四是支持外资金融机构深度参与广州经济和社会发展，鼓励跨境投融资；五是支持外资金融机构批筹工作，为企业申筹提供便利支持；六是加强服务外资金融机构，建立协调机制，支持外资金融机构、中外合资金融机构在金融功能区购地建楼；七是加大优惠政策支持力度，提高政策的配套性和可操作性；八是营造优质金融营商，简化行政手续和资料，优化办事流程，打造高效的金融法治环境，创造与国际接轨的金融企业营运环境；九是加强服务外资金融机构人才建议，为外资金融机构高层次人才在子女教育、住房、工作生活等方面创造条件；十是推动金融国际交流合作，建立专题推介宣传机制，加大金融招商引资力度，打造国际金融交流对话平台。下一步，广州金融业对外开放将在以下方面进一步发力。

一是积极推动金融运行制度与国际规范对接。广东积极学习国外金融市场中优秀的管理经验，尊重国际惯例，进一步提高金融行业的管理国际化水平，促进金融行业由内到外的国际化发展。加大国际金融人才培养力度，构建金融开发专业团队。

二是大力构建开放型金融市场。广东积极构建开放型股权交易、产权交易、期货交易市场等；争取试点放松外汇管制，以及放宽对人民币自由兑换的限制，建立一个以人民币交易为主要交易货币的跨区域、跨国界的广州外汇拆借市场。

三是积极拓宽金融外资引进渠道。利用国家、广东省在港澳以及其他国家地区设有的金融机构分支以及外资银行合作伙伴，及时获取金融信息，了解外资流动情况以及外资跨境投资的动态情况。积极鼓励国内银行以及其他金融机构在海外地区设立分支。借助政府以及相关财政部门的政策支持，利用良好的国内政策环境，扩大广州金融机构向境外延伸发展。

四是积极打造各类区域性金融交易平台。结合广州优势，积极打造区域性银行保险中心、区域性私人财富管理中心、人民币资产交易中心、区域性支付结算中心以及区域性商品期货交易中心。

五是积极探索金融开放新机制。广东以金融开放新机制支持货物贸易和投资便利化。针对外资企业实行准入前国民待遇加负面清单管理模式，对内资企业投资项目试行清单管理。为穗港合资企业、合作企业提供资金技术支持，提高行业整体实力以及行业内、行业间的资源配置效率。

(四) 强化金融创新提升深圳金融业全球地位

1. 深港合作共建全球性金融中心。广东发挥毗邻香港国际金融中心的区位优势以及前海打造国家金融开放试验区先行先试的政策优势，以粤港澳大湾区建设和前海开发开放为契机，深化深港金融合作，扩大对国际先进金融中心城市的开放与合作，不断提升深圳金融中心的国际化水平和在全球金融体系中的影响力，共建全球性金融中心。

2. 努力营造开放、包容、法制的金融开放发展环境。广东推动贸易与投资自由化和便利化、外汇市场管理、资本项目可兑换等政策完善和体制机制改革，争取更多的金融创新试点在深圳率先实施。进一步优化金融发展环境，加快形成良好的金融法治环境，着力提升金融信息化水平，积极探索综合监管、功能监管，有效维护区域金融安全稳定。

3. 大力支持深圳证券交易市场不断做强。广东以促进多层次市场健康发展为主线，推动形成特色更加鲜明的市场体系；大力推进创业板改革，优化多层次市场体系。提高深交所国际化水平，建设跨境资本服务平台，深化深港市场合作，探索"一带一路"沿线企业和金融机构跨境投融资。

4. 建设具有全球影响力的金融科技创新中心。广东筹划建设深圳金融科技城，推动包括金融、科技等未来服务业在深圳的集聚发展，打造全球高端金融产业综合体和金融综合生态圈。着力打造金融科技产业集群。聚集知名金融科技上市公司在深圳设立总部和分支机构，培育金融科技加速器和孵化器，打造金融科技蜂巢，建设金融科技产业集聚区。

5. 积极探索和推广对外开放可供复制经验。广东积极将前海优秀金融创新案例发布的成功经验复制和扩大到深圳全市范围，及时发布深圳市在扩大金融业对外开放，深化深港、粤港合作，探索资本项目可兑换、人民币国际化，促进科技金融、绿色金融发展以及金融支持创新创业等方面的改革创新成果，为广东乃至全国的金融业对外开放提供更多更好的可供复制的经验。

（五）以中国（广东）自由贸易试验区为引领推动金融业对外开放

在金融领域率先扩大对外开放，为全面开放积累可复制经验，建设金融业对外开放试验示范窗口，是广东自贸试验区新时期的必然担当。

1. 三大自贸片区金融业错位开放发展。按照《中国（广东）自由贸易试验区总体方案》，结合各地金融业基础，广东自贸区南沙新区片区重点发展科技金融、航运金融以及面向珠三角的产业金融；广东自贸区深圳前海蛇口片区着重探索深港资本市场合作、保险创新和跨境人民币业务，探索资本项目对外开放和人民币国际化的新路径；广东自贸区珠海横琴新区片区重点发展股权投资基金、跨境人民币业务、多币种离岸交易市场等业务。

2. 推动跨境人民币业务创新发展。广东推动人民币作为广东自贸区与港澳地区及国外跨境贸易和投资计价、结算的主要货币。支持符合条件的港澳金融机构在广东自贸区以人民币进行新设、增资或参股广东自贸区内金融机构等直接投资活动；允许广东自贸区证券公司、基金管理公司、期货公司、保险公司等非银行金融机构开展与港澳地区跨境人民币业务。

3. 推动适应粤港澳服务贸易自由化的金融创新。广东完善金融业负面清单准入模式，简化金融机构准入方式，推动广东自贸区金融服务业对外进一步开放。探索广东自贸区内金融企业开展金融综合化经营。降低港澳资保险公司进入广东自贸区的门槛。大力支持商业银行在广东自贸区内设立机构开展外币离岸业务。允许外资股权投资管理机构、外资创业投资管理机构在广东自贸区发起管理人民币股权投资和创业投资基金。积极推进境内期货交易所在广东自贸区内的海关特殊监管区域设立大宗商品期货保税交割仓库，支持港澳地区企业参与商品期货交易。

4. 推动自贸投融资便利化。广东积极有序落实《中国人民银行关于金融支持中国（广东）自由贸易试验区建设的指导意见》。推动建立与广东自贸区改革开放相适应的账户管理体系，促进跨境贸易和投融资结算便利化。探索通过自由贸易账户和其他风险可控的方式，开展跨境投融资创新业务。进一步拓展跨境人民币双向融资，优化外商投资股权投资（QFLP）和合格境内投资者境外投资（QDIE）试点，拓宽跨境双向投资渠道，扩大试点规模。简化直接投资外汇登记，外汇资本金实施意愿结汇。鼓励资产证券化业务发展，积极探索在广东自贸区内开展多币种的房地产投资信托业务。

5. 进一步明确广东自贸区金融对外开放方向。2018年5月4日，国务院印发《进一步深化中国（广东）自由贸易试验区改革开放方案》，支持符合条件的中外资金融机构深化股权和业务合作，积极引进各类国内外总部机构和大型企业集团设立结算中心，继续研究设立以碳排放为首个交易品种的创新型期货交易所，大力发展海外投资保险、出口信用保险、货物运输保险、工程建设保险等业务，建设广东区域性股权市场，适时引进港澳及国际投资机构参与交易，大力发展金融科技，加快区块链大数据技术的研究和应用，进一步提升跨境投资贸易金融服务水平，以及鼓励金融与科技融合创新发展的新举措。

（六）大力构建完备、高质量的金融组织体系

1. 积极吸引金融企业总部落户广东。广东积极引导各类金融机构落户广东，做大做强金融机构总部和地区总部；争取国家级金融机构将二总部、与金融市场相关的管理总部和运营机构放在广东，不断增强金融业的集聚力和辐射力。支持有条件的金融企业跨地区并购和市场化重组，实现金融资源优化整合和外溢发展。鼓励金融企业开展综合化经营，支持金融类控股（或集团）公司集聚发展。培育引进创新型金融机构，鼓励大型金融企业总部设立独立运作、有利于提升广东金融创新能力的全国性产品研发中心、创新实验

室等。

2. 大力引进、培育特色金融服务提供商。广东着力发展财富管理业务，为境内外居民提供资产管理、理财规划、投资咨询等多样化金融理财服务。大力发展航运金融，做大做强汽车金融。开展科技金融结合试点。推动银行、证券、保险机构与创业投资企业、风险投资企业、股权投资企业开展战略合作。推进民营银行、社区银行建设，支持大型制造业企业设立企业集团财务公司。

3. 规范发展新兴金融业态。广东积极发展融资租赁业务。支持符合条件的商业银行、租赁公司和大型制造企业设立金融租赁公司。支持设立担保集团公司，鼓励发展第三方支付业务。积极引进股权投资企业和股权投资管理企业总部。稳步开展外商投资股权投资试点和合格境内投资者境外投资试点，积极探索外资股权投资企业在资本金结汇、投资、基金管理等方面的新模式。大力发展保理业务，开展面向国内外客户的保理业务。

（七）打造交易活跃、服务完善的金融市场体系

1. 进一步完善资本市场功能。广东积极支持逐步扩大和深化粤港两地证券市场合作。继续推进香港交易所人民币计价股票的发行和交易，拓宽离岸人民币资金的投资渠道。积极探索香港离岸债券在粤再融资，进一步巩固香港离岸债券市场地位。探索金融资产及金融衍生产品交易市场建设。支持企业以发行短期融资券、企业债、公司债、可转债等方式，扩大融资渠道，增加融资规模。积极研究并适时推出以人民币汇率、利率、债券和银行贷款等为基础的金融衍生品。积极发展商品期货交易市场。积极争取设立广州创新型期货交易所。发挥区域性股权市场功能，积极扶持广东股权交易中心股份有限公司和深圳前海股权交易中心有限公司进一步做强做大。进一步构建、整合区域性产权交易市场。

2. 积极发展货币交易市场。广东积极打造货币资产交易中心。建立区域票据交易市场。大力推动形成区域性支付结算中心。积极构建基础设施完备、工具创新领先、服务组织密集、监督管理有效的现代支付体系，形成服务全国、连通港澳、与国际支付体系对接的南方支付结算中心。推进支持金融清算机构发展并落户广州。

3. 积极培育发展外汇交易市场。广东加快发展外汇交易市场，引导各类金融机构借助外汇交易中心在粤的市场平台，在银行间市场开展票据、债券交易，在银行间外汇市场开展即期、远期和掉期外汇交易。探索开展小币种外汇交易，培育区域货币兑换中心。

4. 积极发展金融相关中介服务业。广东大力发展会计、法律、信用服务等服务机构。鼓励发展金融数据处理、金融软件开发、客户服务等服务外包。支持各类金融行业协会发展，形成支撑国际金融城发展的高端中介服务业体系和行业自律组织体系。培育具有全国影响力的金融财经媒体，引进国内外知名的金融信息服务机构，打造具有国际先进水平的综合性金融资讯平台。

（八）进一步优化金融开放发展环境

广东省、各市在现有财政扶持政策、人才政策等基础上，进一步优化环境，推动金融业开放发展。

1. 加大财政扶持发展力度。加大财政扶持力度，广东省、市、区三级设立金融发展专项资金，充分发挥专项资金的引导、促进作用，对金融企业落户、金融企业增资、金融创新、金融科技及其他方面分别根据不同的标准予以奖励，激励金融业创新发展。

2. 营造良好的人才发展环境。出台、优化金融人才专项政策，加大金融人才引进、培育力度，加强金融专业研究机构和智库建设。推进实施外国人才出入境、工作、在华停居留便利化政策，完善外国人才签证制度，优化外国人来华工作许可和居留许可办理模式。优化金融人才流动政策，鼓励和吸引港澳地区青年金融人才在大湾区内地城市工作、实习，增加选派内地优秀金融人才到港澳地区金融监管部门、中资金融机构交流以及挂职、任职，促进内地与港澳地区金融人才双向流动。

3. 大力加强法治化环境建设。广东抓法治创新，不断提升粤港澳大湾区、广东自贸区等法治建设优势，提高广东核心竞争力。重点以最高人民法院第一巡回法庭、广州知识产权法院、深圳知识产权法院、深圳金融法庭等为依托，深化综合司法改革，特别是在知识产权和金融审判方面，在借鉴香港法治建设经验、加强涉外涉港澳法律适用方面进行探索。充分发挥各地先行先试主动性，在广东自贸区等探索建立与之相适应的金融规则和指引体系。建立符合国际惯例的纠纷仲裁和调解机制。推动成立知识产权快速维权援助中心。

4. 搭建完善内外双向交流体系，加强与国际金融中心的对外交流。广东积极加强广州、深圳与纽约、伦敦、法兰克福、苏黎世、东京、新加坡等全球主要国际金融中心的交流合作，探索创新交流合作机制，研究在全球主要金融中心城市设立代表处的可行性，推动交流合作的日常化、常规化。在国家有关部门的支持下，广东研究吸引国际多边金融机构及其分支机构入驻广州、深圳等中心城市，加强广东金融以及广州、深圳金融中心建设的海外宣传和推介。加强面向东南亚与港澳台的对外交流，积极举办高质量金融论坛。进一步扶持壮大中国（广州）国际金融交易·博览会、中国（深圳）国际金融博览会等具有较大影响力的交流平台提升影响力。

(九) 坚决防范和化解金融风险

广东构建金融宏观审慎管理体系，建立金融监管协调机制，完善跨行业、跨市场的金融风险监测评估机制，加强对重大风险的识别和系统性金融风险的防范。完善地方金融风险监测、预警和处置机制，有效利用现代金融科技手段完善地方金融风险监测防控平台。基于"金融风险监测预警系统"和"金融监管信息系统"等，依托大数据、人工智能、区块链、云计算等前沿技术，组建"灵鲲金融安全大数据平台"，实现对深圳全市25万余家新兴金融企业风险实时监测、精准预警。成立广州金融风险监测防控中心，覆盖省内21个地市和"7+4"类地方金融业态，实现对全省金融风险监测。

广东探索建立本外币一体化管理机制。综合利用金融机构及企业主体的本外币数据信息，对企业、个人跨境收支进行全面监测、评价并实施分类管理。根据宏观审慎管理需要，加强对跨境资金流动、套利金融交易的监测和管理。做好反洗钱、反恐怖融资工作，防范非法资金跨境、跨区流动，完善粤港澳反洗钱和反恐怖融资监管合作和信息共享机制。探索在广东自贸区建立粤港澳金融消费者权益保护协作机制。

第十二章　广东金融环境优化

广东高度重视金融环境建设与优化,全方位开展金融风险防控,推进监管科技在金融风险防控领域里的应用,构筑地方金融风险防控全省"一张网";加强金融法治环境建设,加快金融审判与金融仲裁的信息智能化,在全国率先启动"云上仲裁",打造国内首个"电子证据固化+在线公正保全+网络裁判服务"网络仲裁平台;打造以"银证保"传统金融行业协会为主,融资租赁、商业保理、小额贷款、互联网金融等类金融行业协会为辅的金融行业自律格局,引导金融行业加强自律;不断加强金融文化环境建设。编撰出版岭南金融发展历史研究开创性著作《岭南金融史》,建成华南首个综合性金融博物馆"岭南金融博物馆",深化挖掘岭南金融文化底蕴,促进金融强省建设。

第一节　金融风险防控举措与成效

一　改革开放初期广东的金融风险防控举措

(一)通货膨胀

1979—1980年,全国宏观经济开始迅猛增长、投资规模猛增,进口盲目扩大,财政支出强劲,导致外资、财政出现严重赤字,物价持续上涨,通货膨胀问题日渐凸显。广东情况更为严重。1980

年，广东省通货膨胀率达到8.5%，高于全国2.5个百分点，同年12月，国务院发布《关于严格控制物价、整顿议价的通知》，要求广东省开始执行压缩基本建设投资、收缩银根、控制物价等措施。1982年1月，国务院发布《关于坚决稳定市场物价的通知》，对进一步调整经济、稳定市场进行规定，提出"只能降低，不许提高"的要求，经过整顿，截至1982年12月底，广东省物价水平基本符合"有升有降，大体平衡"的要求。广东省通货膨胀得到一定抑制，1982年通货膨胀率仅高于全国0.4个百分点，1983年则低于全国平均水平。随着对外贸易导致的外汇收入急剧增加，大比例占用信贷资金，加之供给与需求在总量上的失衡，广东省于1985年、1987年再度出现超过其他省市地区10%以上的通货膨胀（见表12.1）。[①]

表12.1　　　　　1980—1987年广东与全国通货膨胀率对比　　　　（单位：%）

	1980	1981	1982	1983	1984	1985	1986	1987
全国	6	2.4	1.9	1.5	2.8	8.8	6.0	7.3
广东	8.5	9.3	2.3	0.7	1.2	13.6	4.8	11.7
广东比全国	2.5	6.9	0.4	-0.8	-1.6	4.8	-1.2	4.4

资料来源：杨昌俊、郑栋才：《广东经济增长速度问题探讨》，《南方经济》1988年第6期。

1988年，中央决定实施价格"并轨"，开放价格管制，取消"双轨制"，零售物价指数创造了中华人民共和国成立40年以来最高纪录，达到18.80%。通货膨胀、货币贬值降低了民众对货币购买力的信心，随之而来的物价"飞涨"、抢购风潮成为当时社会面

[①] 张元元：《谈谈输入性通货膨胀——通货膨胀原因探索之一》，《南方经济》1983年第3期。

临的重要问题。柴米油盐和日常生活用品成了抢手货，出现全家轮班排队买米并一次性购买100斤，以及用盆购买油盐酱醋等调料、一次性购买可供使用多年的肥皂等情况。在银行储蓄存款方面，也出现了挤兑风潮，不仅挤兑活期存款，未到期的定期存款也被挤兑。[1] 1989年11月，中共第十三届五中全会通过《中共中央关于进一步治理整顿和深化改革的决定》，提出要逐步降低通货膨胀率，扭转货币超经济发行的状况，努力实现财政收支平衡等目标，广东省人民政府（以下简称"省政府"）严格执行该项决定，并进行为期三年的整顿工作。

20世纪90年代初期，全国经济进入高速增长快车道，出现"四热""四高""四紧""一乱"现象，即房地产热、开发区热、集资热、股票热；高投资膨胀、高工业增长、高货币发行和信贷投放、高物价上涨；交通运输紧张、能源紧张、重要原材料紧张、资金紧张；经济秩序特别是金融秩序混乱。1994年，全国社会商品零售物价总指数较上年增加21.70%，是改革开放以来的最高涨幅。由于广东省当年遭受了百年一遇的水灾，物价涨幅排在全国第24位，处于中下水平。

1993年6月24日，中共中央、国务院下发《关于当前经济情况和加强宏观调控的意见》，提出严格控制货币发行、稳定金融形势等16条加强和改善宏观调控的措施。省政府以这16条措施为基础，落实各级政府控制价格目标责任制，改革流通价格管理体制，整顿流通价格秩序；加大价格管理制度，强化收费管理；加大价格监督检查的力度、频度、广度；加快价格立法步伐，截至1995年

---

[1] 杨飞：《曾经的抢购风潮，你还记得吗？》，《法制与社会》2011年第10期。

陆续颁布实施了13项价格法规规章；推行明码标价制度，制止借实施税制、汇率并轨之机乱涨价；严格控制物价，在大规模引进、合理运用外资的同时，加强金融风险事件的防控。① 经过整治，广东到1996年基本实现全省经济发展的"软着陆"。

（二）外汇热

1979年，中央批准广东外汇管理实行特殊政策和灵活措施，在全国实行外汇留成制度的情况下，广东自1980年起实行外汇向中央包干的管理办法。② 1980年4月，为防止外币在国内流通和套汇、套购物资，国务院授权中国银行发行外汇兑换券，以人民币为面额，分50元、10元、5元、1元、5角、1角六种，广东邻近港澳，全省每年发行和回笼的外汇兑换券约占全国的60%，其中深圳市是广东发行和流通外汇兑换券最多的地区。1982年，因外汇兑换券能购买市场紧俏商品，比等值人民币更具价值，有单位、个人、利用其炒汇、套汇和套购紧缺商品，大量外汇兑换券涌入深圳用作抢购紧俏商品。1983年，国内取消外汇兑换券呼声渐高。③ 1985年，国务院颁布《关于加强外汇管理的决定》，国家外汇管理局公布《违反外汇管理处罚实行条例》，据此外汇管理局广东分局开展全省外汇大检查，共查出违法外汇金额5.58亿美元。1987—1991年，国务院发出《关于开展外汇检查的通知》，国家外汇局广东分局检查全省共检查出违法外汇金额1.89亿美元，同时重点检查全省41家公司外汇收支情况，查实有违法行为的公司22个，查出违法金额

---

① 苏哲：《广东抑制通货膨胀的措施》，《广东经济》1995年第3期。
② 广东省地方史志编纂委员会：《广东省·金融志》，广东人民出版社1999年版，第517页。
③ 《广东省志》编纂委员会：《广东省志（1979—2000）·银行·证券·保险卷》，方志出版社2014年版，第284页。

4280.4万美元和360万港元；共查出非法外汇买卖等违法案件66宗，涉及违法金额4984万美元。1992—1993年，广东省出现非法经营外汇期货交易活动和利用场内交易场外补差形式调剂外汇，甚至不通过调剂市场直接买卖外汇的情况，国家外汇局广东分局组织力量进行重点清查和处理。① 1994年，中国人民银行颁布《关于外汇兑换券停止流通和限期兑换的公告》，1995年起，外汇兑换券停止流通。②

（三）炒股热

1988年4月11日，深发展股票首次在深圳经济特区证券公司挂牌，拉开了深圳股票交易的序幕。"深市老五股"③ 在柜台交易的探索阶段出现了不正常情况，尽管从1990年5月起，深圳股市实行"涨跌停板"制度，同年7月1日起征收证券交易印花税，但暴涨的股市没有得到遏制，并催生出黑市交易。以深发展为例，面值为1元，1990年11月涨到120元，在黑市上涨到240元。④ 股价接连飙涨，彻底激发了市场投资热情，在一定程度上带来了更多混乱。⑤ 几家证券机构门前人流涌动，柜台业务繁忙，证券从业人员超负荷

---

① 《广东省志》编纂委员会：《广东省志（1979—2000）·银行·证券·保险卷》，方志出版社2014年版，第294—295页。

② 《广东省志》编纂委员会：《广东省志（1979—2000）·银行·证券·保险卷》，方志出版社2014年版，第284页。

③ "深市老五股"是指1990年深圳证券交易所成立前发行并进行柜台交易的股票，包括深发展（000001）、深万科（000002）、深金田（000003）、深安达（000004）、深原野（000005）。

④ 禹国刚、赵善荣、保民：《禹国刚重写中国股市历史》，海天出版社2015年版，第2页。

⑤ 马骥远、罗俊杰：《1988那个春天"股票"进入了深圳人的生活》，《晶报》2018年4月17日第A17版。

运转,柜台交易暴露市场分散、价格不统一、股市不透明、内幕交易盛行、个别证券商场外非法交易者勾结等系列问题。[①] 1990年12月1日,深圳证券交易所开始营业,要求"深市老五股"全部拆细成一股一块钱的标准股价,并把标准股票在深圳证券登记公司集中登记、集中托管,标志着证券市场朝着规范化、制度化方向发展。[②] 同时中国人民银行深圳分行不断批准增设营业部,截至1991年,深圳证券机构增加到16家18个网点。

二 金融危机影响下广东的风险化解措施

(一) 亚洲金融危机

20世纪80年代以来,香港及东亚地区低附加值的出口加工工业大规模向珠三角转移,广东省与香港变成了"前店后厂"的关系。1997年7月,亚洲金融危机因泰铢贬值而全面爆发,由于港币实行联系汇率制度,相当于港币对周边货币持续升值,直接影响了香港的贸易和出口,股市大跌、楼市崩盘。1997年9月30日至10月23日,恒生指数从15049点跌至9767点,跌幅高达35%,红筹股跌幅惨烈。截至1998年8月14日,恒生指数下跌59%,红筹指数下跌86%。同时房地产价格陡降一半以上,香港红筹企业资产急剧"缩水",降幅高达80%—90%,众多企业难以避免"资不抵债"的命运。

香港"后厂"的广东也面临着巨大金融风险。1997年下半年,

[①] 禹国刚、赵善荣、保民:《禹国刚重写中国股市历史》,海天出版社2015年版,第2页。

[②] 禹国刚、赵善荣、保民:《禹国刚重写中国股市历史》,海天出版社2015年版,第6页。

深圳宝安73家出口加工企业订单较上半年下降4.6%，价格下降5.3%；1998年第一季度江门对泰国、印度尼西亚的出口减少35.4%和11.2%；深圳、东莞92家主要面向东南亚出口的企业订单平均减少30.0%，对日本出口减少20.0%；广州对东南亚、韩国的出口减少25.0%和78.0%，出口的减少，导致外来直接投资减少。1997年，广东实际利用外资只有2.2%的增长，深圳为-1.9%的增长，1998年东莞外资新项目比上年同期下降50%。广东省GDP增长速度从1993年的22.3%下降到1997年的10.6%。[1] 这段时期，大多数香港及外资银行均暂停对中资企业发放新的贷款。1997年底，香港三级金融机构对内地非银行客户所持债权折合为709亿港元，1998年跌至509亿港元，下跌28.2%；1999年8月再跌至432亿元。[2] 受金融危机和外贸的影响，1997—1998年，广东湛江、茂名、汕头、汕尾农金会陆续出现支付危机。当时，全国各地的国投从个人贷款到外债，从证券营业部到委托发行的企业债券全线告急，诱发了大规模银行挤提，一定程度上爆发了金融系统性风险。1997年，中国人民银行下发《关于城市信用社动用存款准备金有关事宜的通知》，这是新中国历史上唯一一次通过动用存款准备金来应对挤兑的情况。广东情况更为严重，银行机构平均资本充足率不到4.5%，部分城商行资本充足率不到2.5%，支付危机不断蔓延。

亚洲金融危机是引爆广东金融系统性风险的导火索，1998—2004年是广东集中处置系统性金融风险的阶段。1998年，广东省

---

[1] 王小强：《广东化解金融危机十年回首》，2008年4月2日，经济观察网，http://www.eeo.com.cn/gdhjjrwjsnhs/。

[2] 广东省地方史志编纂委员会：《粤港澳关系志·金融志》，广东人民出版社2004年版，第199页。

成立"化解金融危机五人领导小组",将广东国际信托投资公司(以下简称"广东国投")和粤海企业集团(以下简称"粤海集团")两大"金融龙头"作为工作重点之一。其中,广东国投是1989年国务院规定有资格公开发债的十家窗口公司之一,其前身为广东省华侨投资公司,扩大业务范围后更名为广东信托投资公司,经中国人民银行批准为国营金融企业,最后经国家外汇管理局批准经营外汇业务后改名为广东国际信托投资公司;粤海集团于1987年实现港股借壳上市,1994年选为恒生指数成分股,期间拆分成为粤海建业、粤海制革、粤海啤酒和广南集团等,是一家拥有五家上市公司的实业集团。广东省以两者为基本盘,在第六个五年计划(1981—1985年)、第七个五年计划(1986—1990年)、第八个五年计划(1991—1995年)期间分别吸引外资25.8亿美元、94.4亿美元、406亿美元,位居全国第一。金融危机爆发后,广东国投出现经营危机,90%发放贷款已经逾期,80%的股本投资所在公司破产或"正处于困难中",494家境内外申报人申报467亿元债权负债。1993年5月至1997年5月期间,广东国投以委托投资、项目入股等方式向社会公众开展高息(高于正常利息20%—40%)吸收公众存款业务。1998年10月,中国人民银行决定关闭广东国投,经过3个月的清算,广东国投资不抵债,负债361.65亿元。[①] 1998年,粤海集团旗下的南粤公司告急并面临偿还7000万美元商业票据的交叉违约风险。通过彻底的审计核查后发现粤海集团总资产287.56亿港元,总负债489.86亿港元,资不抵债达202.3亿港元。由于资不抵债程度过大,为尽快、高效地控制金融风险,广东省政府做出了广东国投破产、粤海集团重组的决定。

---

① 欧阳卫民主编:《岭南金融史》,中国金融出版社2015年版,第840页。

为减轻破产影响，广东省采取先行政关闭、后申请破产的做法，并聘请毕马威华振会计师事务所担任广东国投清算组顾问。1999年1月，广东省高级人民法院裁定广东国投依法宣告破产。对于自然人客户，省政府投入资金，通过中国银行支付自然人的存款，广东国投旗下九家证券银行由广发证券托管；对于其他债权人，通过法院依法指导清算组开展财产清算工作，依法拍卖破产财产，提高债权清偿率。2003年2月，历经四年，广东国投破产案完成破产程序，广东国投及其三个全资子公司广东国际租赁公司、广信企业发展公司、广东国际深圳公司的破产清偿率分别为12.52%、28%、11.5%、19.48%。同年，国务院转发商务部等部门《关于改革内地驻港澳地区"窗口公司"管理模式意见的通知》，宣布取消"窗口公司"称谓，至此由省市政府代为偿债的非正式制度结束。随后，广东国投开始长达十余年的清算工作。2017年，广东国投旗下子公司广信房产的所有投资权益及债权以551亿元正式拍卖给万科。2021年2月2日，广东省高级人民法院裁定全面终结该案破产程序，标志着广东国投破产案最终收官。广东国投事件的落幕代表政府的诚信、广东的诚信，并向世界昭示了中国的金融机构也是可以破产的。粤海集团的重组则经历了艰难谈判，最终达成了在"共同承担经济损失"的前提下，东深供水工程（香港最大的淡水提供方）等优质资产注入粤海集团。2000年12月，省政府与占银行债权98%的债权银行和占债券99%的债券持有人签署了粤海集团重组的最终协定。2001年，粤海集团实现税前利润超过5亿港元，截至2017年，粤海集团总资产达868亿元，税前利润71亿港元，资产负债率为36.88%。广东国投破产和粤海集团重组是广东省坚持依照国际惯例、改变窗口公司信用状况、推行市场化法制化观念的重要标志,对金融机构业务处理原则问题以及及时整顿金融风险状况具有重要参考意义。①

"化解金融危机五人领导小组"另一个工作重点是处理中小金融机构支付问题。1999年12月至2000年1月,广东省向中央借款350亿元,同时中国人民银行向广州分行增拨70亿元再贷款额度,专项用于解决中国人民银行自办地方金融机构的遗留问题。2000年3月,广州、惠州、汕尾、韶关、潮州、湛江等17家市属国投全部停业整顿;同年10月,广东省对147家城市信用合作社1063个分支机构,16家国投及14家办事处,国投下属48家证券营业部、843家农金会实施停业整顿;东莞国投、深圳国投、粤财信托获得"规范保留",而广东省属华侨信托投资公司资不抵债30亿元,省政府注资20亿元人民币和国际债权人免息削债30%之后,退还居民存款,摘去金融牌照,改组成为实业公司。至此,支付危机得到解决,由亚洲金融危机带来的金融风险全面化解。②

(二) 2008年国际金融危机

2008年,由美国次贷危机引发的金融风暴席卷全球,世界经济增速由3%下降至2%,广东省作为外贸强省受到较大冲击。2008年11月,广东进出口增速首次出现负增长,达到-12.2%,2009年1月更是达到-31.1%。从2008年11月起,广东进出口增速均低于全国增速,下滑速度快于全国水平,其中加工贸易下滑幅度超

---

① 王小强:《广东化解金融危机十年回首》,经济观察网——广东化解金融危机十年回首,2008年4月2日,http://www.eeo.com.cn/gdhjjr-wjsnhs/。

② 王小强:《广东化解金融危机十年回首》,经济观察网——广东化解金融危机十年回首,2008年4月2日,http://www.eeo.com.cn/gdhjjr-wjsnhs/。

过一般贸易，来料加工先于进料加工进入负增长，省内金融环境态势堪忧。①

为应对国际金融危机的影响，广东省把全力保增长、保民生、保稳定作为全省的中心工作。2008年11月，省政府下发《关于进一步加大投资力度扩大内需促进经济平稳较快发展的若干意见》，出台刺激经济发展的十六条措施，包括加快铁路、公路等重大设施建设，安排交通重点项目投资约1050亿元，推进港珠澳大桥项目的前期工作；加快现代服务业项目建设，安排重点项目投资200亿元；加大对企业的扶持力度，帮扶有竞争力和成长性的劳动密集型企业解决困难，推动企业转型升级；努力促进出口稳定增长，推进加工贸易转型升级，支持扩大内销；推进产业和劳动力"双转移"；加大金融对经济增长的支持力度，加强银企合作，鼓励企业创新增信方式，提高融资能力等。2009年2月，广东省进出口下滑速度低于全国水平，出口下滑幅度与进口下滑幅度基本持平，显现回稳迹象，外来冲击带来的金融风险得到初步控制。

为进一步化解金融危机带来的消极影响，广东省把推进中小企业的转型升级发展作为另一突破口。2008年，全省认真贯彻落实当年1月1日实施的《广东省促进中小企业发展条例》，并于当年12月出台《广东省促进中小企业平稳健康发展的意见》，以缓解中小企业经营困难，同时把发展以中小企业为主体的民营经济列为《广东省市厅级党政领导班子和领导干部落实科学发展观评价指标体系及考核评价办法（试行）》的重要内容，并先后出台《广东省民营经济工作考核暂行办法》《广东省民营经济工作考核评分标准》《关

---

① 蔡春林、陈万灵：《金融危机对我国沿海外贸强省的冲击及对策分析》，《对外经贸实务》2009年第5期。

于促进民营经济政策落实等七个行动方案》,从政策落实、技术创新、产业集群、市场开拓、企业融资、人才服务、信息化七个方面,务实解决阻碍中小企业发展重点难点问题。2008—2012 年,广东省各地市通过加大资金扶持力度切实保障中小企业健康发展。[①] 由此,广东通过对"广东制造"转型升级实现全省产业结构的优化与梯度转移,增强了风险抵御能力。

三 互联网高速发展下广东的金融风险防范制度建设

自 2010 年起,随着大数据、云计算、移动互联网等信息技术的迅速发展,其在金融领域里的应用越来越广泛,几乎触及金融业的所有领域。而新技术与金融的融合在带来创新的同时也带来风险,一些金融业态逐步偏离正轨,风险隐患主要集中在 P2P 网络借贷领域。2016 年以后,广东省按照国家统一部署,开展了互联网金融风险专项整治工作。此外,广东省还针对农村金融、普惠金融、小额贷款、融资担保等出台了规范意见,包括《广东省人民政府办公厅关于深化广东省农村信用社联合社改革的实施意见》《广东省人民政府办公厅关于深化农村金融改革建设普惠金融体系的意见》《关于支持中小微企业融资的若干意见》《广东省人民政府关于创新完善中小微企业投融资机制的若干意见》《广东省人民政府办公厅关于印发〈广东省推进普惠金融发展实施方案(2016—2020 年)〉的通知》《关于开展小额贷款公司试点工作的实施意见》《关于促进小额贷款公司平稳较快发展的意见》《广东省小额贷款公司法人股东借款操作指引(试行)》《广东省〈融资性担保公司管理暂行办法〉

---

① 刘泉红、臧跃茹、俞建国:《化解危机影响下中小企业困境的相关思考》,《成都发展改革研究》2009 年第 1 期。

实施细则》《广东省人民政府印发关于促进广东省融资担保行业加快发展实施方案的通知》等，从具体行业落实风险防范。广东各地市也积极响应，2018年广州市金融工作局发布《广州市决胜防控金融风险攻坚战三年行动计划（2018—2020年）》（简称"行动计划"）的通知，该行动计划在全国率先提出在市属金融机构、大中型类金融机构、重要金融平台和功能区等设立首席风险官，充实风险管理力量，搭建起连接监管部门与企业的风险管理链条，筑牢金融风险防控的第一道防线。2020年5月20日，广州市地方金融监督管理局出台《广州市普惠贷款风险补偿机制管理办法》，对符合条件的银行不良贷款本金损失给予一定的补偿，降低其经营风险。

四 监管科技在广东金融风险防控领域里的应用

（一）广东省地方金融风险监测防控中心

为有效应对复杂严峻的金融风险防控形势，实现对金融风险事项进行多维度监测和防控，2017年6月，广东省政府依托广州商品清算中心股份有限公司（以下简称"广州商品清算中心"）建设广东省地方金融风险监测防控中心，充分运用大数据、云计算、人工智能等金融监管科技、集成信息监测与资金监控于一体的创新监管模式，实现预警、监测、分析与辅助定性、协同处置四个金融风险防控功能。同年8月25日，广州市金融工作局正式授牌广州商品清算中心为广州金融风险监测防控中心。广东省地方金融风险监测防控中心通过建成非法金融活动主动识别、风险监测预警、金融广告监测、舆情监测、非现场监管等17个平台、4项专利、17项软件著作权，打造广东省金融风险防控的金鹰系统，共对接全省约1400万个各类市场经营主体，对27万多家地方金融企业进行实时监测和风险评级,率先建立对金融风险"主动早发现—监测预警—处置化解—持续监测"的全链条闭环。根据"7+4"类地方金融业态的业务特征分别建设监测预警模型,并对接工商、司法、法院、公安、信访等部门,根据网络舆情、投诉信息等数据实现白名单企业的动态评级和及时预警。金鹰系统从广州市开始推广应用,与佛山、东莞、湛江、韶关、河源、汕尾等21个地市完成签约对接,2018年底实现了全省布局。

(二) 广东省金融广告监测中心

2018年3月,为落实党中央、国务院和第五次全国金融工作会议关于防控金融风险的决策部署以及国家工商总局等十一部门关于整治违法虚假广告的工作安排,有效治理金融产品违法违规广告行为,中国人民银行广州分行确定依托广州商品清算中心建设并运营广东省金融广告监测中心。广东省金融广告监测中心旨在以功能完备、持续有效、服务监管支撑实体经济发展为原则,通过建立金融广告准入、监测、预警及处理机制,实现对金融行业线上线下各类金融广告的全面实时监测,及时掌握金融广告总体态势,准确锁定违法违规广告,发现金融风险,为相关监管部门提供有力证据,由此形成创新的金融广告监管模式,填补国内金融广告监测工作的空白区域。挂牌当月,广东省金融广告监测中心累计监测到150968条信息数据,经判定疑似违法违规金融广告宣传信息共计47条,疑似违法违规广告主体覆盖10个行业范围,主要集中于P2P、银行和投资咨询、投资管理类行业。[1]

---

[1] 证券时报客户端:《广东省金融广告监测中心正式挂牌》,2018年3月15日,https://baijiahao.baidu.com/s?id=15949930553681117607&wfr=spider&for=pc。

(三) 深圳金融风险防控实战预警系统

2018年5月，经深圳市人民政府批准，深圳市公安局依托"AI+新警务"大数据，引入"腾讯金融风险态势感知系统"数据研发深圳金融风险防控实战预警系统。深圳金融风险防控实战预警系统以人员背景、企业背景、违规行为等8个维度26项相关指标为参数，实时进行融合分析，每项指标形成分值后再量化为风险指数，系统通过对风险指数的分级设置，自动产生"红、橙、黄"三色预警，实现深圳公安经侦部门针对金融风险问题的高效监控，同时由深圳市腾讯计算机系统有限公司（简称"腾讯公司"）通过网站及App应用将风险提示传达给用户的方式提高群众识别风险、抵制不法分子诱惑的能力。[①] 截至2018年7月，深圳金融风险防控实战预警系统提醒超过200万网上用户，成功拦截访问超过900万次。[②]

(四) 深圳市金融风险监测预警平台

自2016年8月起，深圳市人民政府金融工作办公室应中国共产党第十九次全国代表大会提出的深化金融体制改革要求，立项开发建设深圳市金融风险监测预警平台，运用人工智能等技术构建包括金融风险监测预警系统、非法集资核心建模系统、舆情信息采集系统等七个子系统，实现对涉众金融风险的"打早打小"。依托平台建设"人""资金""业务"为主线的风险预警模型，并通过合规性、收益率偏离、投诉举报、涉众传播、特征词命中五个维度构建

[①] 深圳市公安局：《守护您妥妥的幸福，我们一直在努力》，2018年5月11日，深圳市政府在线，http://www.sz.gov.cn/。

[②] 伊宵鸿、方文强：《与高智商犯罪斗智斗勇》，新浪网，2018年7月18日，https://k.sina.cn/article_1913382117_720be4e502000fm8x.html?subch=onews。

"海豚指数",指数取值越高说明金融风险趋势越大,大于60分时平台发出风险提示,建议约谈整改;大于80分时平台发出高风险预警,建议移交线索,联合公安机关等部门进行处置。2018年,深圳市24.4万家类金融企业已纳入监测范围,每日更新数据量达50000万条,实现动态监测预警高危风险企业,并通过协同机制给予精准打击。①

(五)深圳市地方金融监管信息系统

为解决新兴金融业态无监管系统、无监管数据、风险底数不清的问题,2017年深圳市人民政府金融工作办公室开发建设深圳市地方金融监管信息系统(以下简称"监管信息系统"),对深圳市P2P网贷、小额贷款公司等新兴金融业态进行非现场监督,推动地方金融治理由被动向主动监管模式转变,切实维护区域金融稳定。监管信息系统重点打造七个子系统,通过备案登记、监管督导、数据报送、数据储备、风险预警、企业评级、协同处置等功能,实现对地方金融业态的日常监督及一企一界面的全息画像。监管信息系统从信用风险、操作风险、管理风险、经营风险四个维度构建P2P网贷蜂巢COMB指数风险模型,形成14张基础报表,266项基础指标,45项一级衍生指标、24项二级衍生指标;从资本充足、资产质量、公司治理、盈利状况、流动性五类风险指标以及服务实体经济、社会责任两类附加指标七个维度构建小额贷款公司CAMEL+RR监管评级体系形成12张基础报表,60项定量指标和33项定性指标;从信用风险、合规风险、管理风险、经营风险四个维度构建交易场所FORCE指数进行风险评价,形成17张基础报表、28项一级指标和

---

① 深圳市人民政府金融工作办公室:《深圳市金融风险监测预警平台》,2018年11月16日,http://jr.sz.gov.cn/sjrb/ztzl/jryj/index.html。

43项二级指标，将辖内交易场所分为金融资产、区域股权、商品、其他四类，由此构建并完善地方金融监管系统的数据体系。此外，地方金融监管信息系统采用区块链技术，利用VP、NVP节点的分布式管理及PBFT共识机制和CA智能合约确保监管数据的实时报送、不可篡改，实现利用RegTech技术对新兴金融广覆盖、多维度、穿透式的智能监管。①

（六）灵鲲金融安全大数据平台

2017年7月2日，深圳市人民政府金融工作办公室在自主开发深圳市金融监测预警平台、深圳市地方金融监管信息系统两个核心监管科技系统的基础上，与腾讯公司深化合作，借助腾讯公司旗下腾讯安全团队经验，共同搭建灵鲲金融安全大数据平台。灵鲲金融安全大数据平台基于社交、舆情、网站、APP、企业信息等互联网全量的实时信息流数据，针对金融风险平台进行精确感知与规模预估，它的上线标志着深圳市地方金融风险监测预警体系进一步完善，实现了对非法集资和涉众金融风险"打早打小"、及时阻止，保护广大人民群众的财产安全，维护深圳的金融和社会稳定。②

（七）广州市金融工作局与"蚂蚁金服"合作协议的签署

2018年5月，广州市金融工作局与蚂蚁金服签署了《共同推进金融风险防控及金融科技创新合作协议》，蚂蚁金服旗下的智能监管科技系统蚁盾风险大脑为广州市金融监管工作提供技术支撑，共

---

① 深圳市地方金融监督管理局：《深圳市金融风险监测预警平台》，深圳市地方金融监督管理局，2018年11月16日，http://jr.sz.gov.cn/sjrb/zt-zl/jryj/index.html。

② 《深圳市金融办与腾讯建立灵鲲金融安全大数据平台上线》，中国新闻网产经中心，2018年7月3日，https://baijiahao.baidu.com/s?id=1604938781356728340&wfr=spider&for=pc。

同建设金融科技创新实验室，突破制约地方监管工作的技术瓶颈，在算法、模型、人工智能技术等方面进行有效补充。

五 广东金融风险防控专项整治工作

（一）初期稽核清理整治工作

20世纪80年代末，广东开展金融风险监管行动，推动广东地方金融体系快速发展。广东域内银行、城市信用合作社、信托投资公司等金融机构数量大幅增加，现有制度与从业人员素质未能跟上行业发展节奏，导致金融风险不断增加，地方乱办金融现象愈演愈烈。1987—1990年间，广东金融防控工作重点在于开展各类稽查、清理工作，以抑制金融机构增长过快的态势。1987年，广东各级金融监管部门先后开展了全面稽核、专项稽核、稽核调查、年终报表分析等工作。[①] 1988年，坚持增设金融机构必须和经济发展相适应，从严审批金融机构，使"全民办金融"的热潮得到降温。[②] 1989年，中国人民银行广州分行撤销全省珠海、汕头经济特区以外的23家融资公司，对证券公司进行清理，同时对全省74家信托投资机构和100家城市信用合作社进行摸底。[③] 1990年，广东省（除广州、深圳外）原有的112家金融性公司保留34家，合并26家，撤销52家，全面禁止农村信用合作社进城增设机构和专业银行到乡镇设置机构。[④]

1993年以后，全省金融风险防控工作重点转变为对金融秩序的

---

① 广东年鉴编纂委员会：《广东年鉴1988》，广东人民出版社1988年版。
② 广东年鉴编纂委员会：《广东年鉴1989》，广东人民出版社1989年版。
③ 广东年鉴编纂委员会：《广东年鉴1990》，广东人民出版社1990年版。
④ 广东年鉴编纂委员会：《广东年鉴1991》，广东人民出版社1991年版。

整顿。1993年7月起，全省各级金融监管部门开展整顿金融秩序的工作，全面清理和整顿乱集资、乱融资、乱拆借、乱贷款、乱提利率，超越业务范围经营，非法设立金融机构和非法经营金融业务等行为。①

1994年，中国人民银行广州分行发布关于《广东省越权批准设立金融机构的清理方案》，对133家各类越权批设的金融机构进行清理，撤销101家，撤并一批未经中国人民银行批准设立的储蓄机构；并对社会上出现的乱集资、非法设立金融机构和非金融机构非法经营金融业务的行为进行严肃查处。② 1995年，中国人民银行广州分行共组织1300个稽核小组，对1680家金融机构开展证券回购、信贷资金来源与运用等稽核活动，配合国务院外汇检查组对全省银行外汇业务进行全面检查，规范外汇指定银行的经营行为；对全省九家金融机构擅自设立机构、随意扩大业务范围、越权提供信用担保等违规行为进行严肃查处；同年，制定《广东省金融机构账外经营问题处理办法》等六个金融监管办法。③ 1996年，广东省金融系统立案查处2000元以上的经济案件124宗，涉及金额8673.3万元，金融系统"三防一保"（防诈骗、防盗窃、防抢劫、保障银行资金）安全措施进一步落实。④ 1997年，中国人民银行广州分行与各支行建立金融监管工作报告制度以规范非现场监管，同时完善会计控制责任制等10多项规章制度，对有不规范经营行为的金融机构进行整改，撤并管理混乱、资产质量差、违规经营严重的分、支机构和营

---

① 广东年鉴编纂委员会：《广东年鉴1994》，广东年鉴社1994年版。
② 广东年鉴编纂委员会：《广东年鉴1995》，广东年鉴社1995年版。
③ 广东年鉴编纂委员会：《广东年鉴1996》，广东年鉴社1996年版。
④ 广东年鉴编纂委员会：《广东年鉴1997》，广东年鉴社1997年版。

业网点250多个。① 1998年，全省金融机构建立不良贷款监测和欠款欠息大户、非善意贷款大户内部通报制度，试行"信贷管理系统"制度，各金融机构之间互通信息，建立农村信用合作社系统内调剂资金管理办法，确保支付，维护信誉。②

2000年以后，金融监管部门开始对广东省内金融机构贷款五级分类的准确性、可疑类贷款损失情况和损失类贷款形成原因、国有银行"小金库"清理、农村信用合作社支农贷款和债权投资、邮政储蓄违规揽储、金融机构内控制度等方面进行现场检查，对部分外资银行和信托公司进行全面检查，③对城市商业银行和农村信用社经营状况进行动态监管和风险预警，以适应加入世贸组织后新形势下的金融风险状况。④ 2004年，中国证券监督管理委员会广东监管局（简称"广东证监局"）对辖区内高风险证券公司采取特别监管措施，完成南方证券广州分公司和辖内11家证券营业部的行政接管工作，并妥善处置*ST南华退市的风险，同时加强证券信访、稽查工作。⑤ 2005—2007年，其积极推进辖区内的摸底核查、保证金独立存管、违规业务清查三项工作，完成广东证券、民安证券两家证券公司的关闭清算工作，及时处理对大鹏证券等八家被处置券商在广州的证券营业部的风险问题，对有重大违规的新太科技进行立案调查，控制证券市场潜在风险。⑥

---

① 广东年鉴编纂委员会：《广东年鉴1998》，广东年鉴社1998年版。
② 广东年鉴编纂委员会：《广东年鉴1999》，广东年鉴社1999年版。
③ 广东年鉴编纂委员会：《广东年鉴2004》，广东年鉴社2004年版。
④ 广东年鉴编纂委员会：《广东年鉴2003》，广东年鉴社2003年版。
⑤ 广东年鉴编纂委员会：《广东年鉴2005》，广东年鉴社2005年版。
⑥ 广东年鉴编纂委员会：《广东年鉴2006》，广东年鉴社2006年版。

（二）"两个加强、两个遏制"专项检查及回头看工作

2015年，根据国务院的安排部署，中国保险监督管理委员会下发《关于开展保险机构"两个加强、两个遏制"专项检查的通知》，中国保险监督管理委员会广东监管局（以下简称"广东保监局"）落实专项检查工作部署，并组织开展法规制度系列培训，提高监管干部依法监管能力。按照中国保险监督管理委员会的专项检查工作要求，广东保监局及各级相关部门从加强内部管控和外部监管两方面入手，从遏制违规经营和遏制违法犯罪的视角出发，严厉打击各项违法违规行为，强化企业内部管控责任，有效净化市场环境，规范了市场秩序。2016年，广东保监局围绕"两两"检查中发现的问题、中央巡视反馈的问题、审计发现的问题和公安司法等立案查处的案件四部分落实检查、问责和制度，对辖内26家保险机构和九家保险专业中介机构进行督导，并前往佛山、肇庆、东莞等地市督导基层保险机构，推进公司自查进度，细化整改措施。

（三）互联网金融风险专项整治

2016年5月，为贯彻落实《国务院办公厅关于印发互联网金融风险专项整治工作实施方案的通知》和全国互联网金融风险专项整治工作部署动员电视电话会议要求，广东省政府办公厅制定《广东省互联网金融风险专项整治工作实施方案》，同年6月至8月，广东省人民政府金融工作办公室（以下简称"省金融办"）联合多部门针对方案中提到的六个高风险领域出台系列专项整治工作实施方案，并予以实施。其对P2P网络借贷采取多方数据汇总、逐一对比、网上核验、现场实地检查等多种形式，发动各地市、区、镇、街道等多层力量全面排查，成功查处"e速贷"等非法吸收公众存款案件。对股权众筹平台发布虚假标的、自筹、"明股实债"、变相

乱集资、虚假陈述和误导性宣传等行为依法进行分类处理。针对通过互联网开展资产管理及跨界从事金融业务的行为进行"穿透式"监督管理,穿透业务实质认定业务属性,从而执行相应的管理规定。对同一集团内取得多项金融业务资质,但存在违反关联交易等相关业务规范的行为进行依法处置,要求集团建立"防火墙"制度,遵循关联交易等方面的监管规定,切实防范风险交叉传染。中国人民银行广州分行针对非银行支付机构挪用、占用客户备付金以及客户备付金账户未开立在中国人民银行或符合要求的商业银行的行为进行整治,防止支付机构以"吃利差"为主要盈利模式。对非银行支付机构连接多家银行系统、变相开展跨行清算业务、未通过中国人民银行跨行清算系统或具有合法资质的清算机构开展跨行支付业务、无证经营支付业务,如对个人POS机收付款、发行多用途预付卡等行为进行整治。对互联网金融领域广告等行为,加强广告监测监管,制定金融广告发布的市场准入清单,对自设网站发布的广告进行重点整治,排查整治以投资理财名义从事金融活动行为。对互联网保险,对非保险机构开展互联网保险业务的摸底排查工作,对违规机构进行集中整治。同时规范互联网"众筹买房"、校园网贷等行为,严禁各类机构开展"首付贷"性质业务。2018年11月6日,广州市公布第一批23家退出P2P网络借贷机构名单。同年12月19日,互联网金融风险专项整治工作领导小组办公室、网贷风险专项整治工作领导小组办公室联合下发《关于做好网贷机构分类处置和风险防范工作的意见》,首次明确提出"坚持以机构退出为主要工作方向,除部分严格合规的在营机构外,其余机构能退尽退,应关尽关,加大整治工作的力度和速度",奠定了中国P2P网络借贷清退转型的主基调,广东省开始全面推进省内P2P网络借贷清退工作。2019年5月6日，深圳市也公布第一批71家网络借贷机构退出名单。截至2020年末，全省共清退707家P2P网络借贷机构。①

（四）非法集资风险专项工作

随着互联网高速发展，以非法集资为代表的涉众型经济犯罪活动愈演愈烈，严重扰乱金融秩序。2015年10月，国务院发布《关于进一步做好防范和处置非法集资工作的意见》，要求加大防范预警、案件处置、宣传教育等工作力度，逐步建立防打结合、打早打小、综合施策、标本兼治的综合治理长效机制，并明确规定省级人民政府是防范和处置非法集资的第一责任人。同年，广东省开展打击非法集资专项行动，全省公安机关共破获非法集资案件519宗，刑事拘留2006人，逮捕1445人，期间出现大量典型案件，如万众财富、习派投资、掌上品等。2016年1月，省政府印发贯彻落实《国务院关于进一步做好防范和处置非法集资工作的意见》工作方案的通知，进一步明确责任，加强防范和处置非法集资工作。方案出台以后，各监管部门非法集资监测预警能力不断提升，开展各类非法集资风险专项排查活动，为"千木灵芝"等重大非法集资案件的查处提供关键线索和支持。② 2017年，省金融办发布《关于〈非法集资举报奖励办法〉的实施细则》，调动群众举报积极性。2020年4月22日，广东省又对该细则进行修订，进一步优化奖励方式及标准。2018年，中国银行保险监督管理委员会广东监管局（简称

---

① 广州市地方金融监督管理局：《2021广州金融发展形势与展望》，广州出版社2021年版，第4页。
② 中国银行业监督管理委员会广东监管局：《广东银行业监管与发展报告（2016）》，第66页。

"广东银保监局")推动非法集资监测预警信息化,建立银行非法集资监测预警系统,对账户短期突发频繁交易、分散转入批量转出、集中开户等异常特征进行实时监测,实现自动监测为主,人工识别为辅的24小时监测预警功能。① 2021年,随着《防范和处置非法集资条例》的发布实施,广东省防范和处置非法集资工作已逐步实现规范化、常态化。

(五)专区"双录""三三四十"专项治理

2015年1月,中国银行业监督管理委员会广东监管局(以下简称"广东银监局")出台《关于开展银行理财和代销产品销售录音录像工作的意见》,要求对银行网点高风险理财产品和其他代销产品的销售专区实施"双录",即银行网点自有理财产品和代销产品销售过程同步录音录像。自2016年起,广东全辖银行网点全面实现"双录",截至2017年末,共派出检察人员731人,检查工作量2086.5人/天,检查机构网点数合计825个,共发出事实确认书428份,2017年广东银监局受理理财及代销类信访投诉量同比下降23%。②

2017年,广东银监局按照中国银行业监督管理委员会(以下简称"中国银监会")部署,深入开展"三三四十"专项治理工作,即"三违反""三套利""四不当""十乱象",针对违反金融法律、违反监管规则、违反内部规章,监管套利、空转套利、关联套利,

---

① 中国银行保险监督管理委员会广东监管局:《广东银保监局大力推动非法集资监测预警信息化》,中国银行保险监督管理委员会广东监管局官网——监管动态,2019年1月16日,http://www.cbirc.gov.cn/branch/guangdong/view/pages/common/ItemDetail.html?docId=206999&itemId=1543&generaltype=0。

② 中国银行业监督管理委员会广东监管局:《广东银行业监管与发展报告(2016)》,第72页。

不当创新、不当交易、不当激励、不当收费等行为以及股权和对外投资、机构及高管、规章制度、业务、产品、人员行为、行业廉洁风险、监管履职、内外勾结违法、涉及非法金融活动10个方面的乱象进行深入检查，严格处罚多家机构和人员，并督促银行将违法人员移送司法机关。至2018年1月，广东省（除深圳）银行业贷款增速为12.55%，资产增速为8.47%，同业理财、同业负债和同业投资均下降近10%，表外业务有序回归表内，多家银行主动缩表。辖内银行业合规、审慎经营意识得到增强，经营行为趋于理性规范。

六 广东防范金融风险宣传教育工作

金融风险防控工作离不开社会各界共同努力。深入开展宣传教育、加强宣传引导、提高社会公众风险识别能力是防范金融风险的第一道防线。广东金融机构及相关部门高度重视防范金融风险的宣教工作，特别是在2010年以后，相关工作得到全面展开，其中以"金融知识进万家"宣传服务月活动、"送金融知识进校园"活动、防范和处置非法集资宣教工作和宣传月活动等影响较大。

"金融知识进万家"宣传服务月活动是由中国银监会统筹组织、全国银行业金融机构共同参与的公益性金融知识普及活动，从2013年开始举办，至2019年已连续举办7年。期间，广东银监局根据活动总体要求，采用统一部署与分散活动相结合、必选动作与自选动作相结合、定点宣传与动态宣传相结合的方式在广东省内开展，得到各驻粤银行积极响应。2013年，多家商业银行等通过向客户发送短信、发放宣传资料、投放公益广告、设立消费者权益咨询台、组织学习、开展竞赛等方式提升消费者风险识别能力。① 到2014年，广东银监局辖内参与活动银行营业网点达24856个，户外集中宣传点8819个，发放宣传材料746万份。② 2015年，活动通过网点、户外、互动三种形式开展，③ 2016年则与互联网金融风险专项整治、校园不良网贷风险防范和教育、推进专区销售和"双录"、防范打击电信网络诈骗犯罪这四项工作相结合，参与员工约18万人，受众客户5645万人，集中宣教1.3万次，短信宣传390万条，微博宣传1.4万条，微信宣传70万条，资料宣传1235万份。④ 2017年，广东银监局继续开展辖内的宣传服务月工作，累计组织活动9370场，参与网点14913个，出动宣传人员逾10万人，发放宣传材料555万份，宣传短信580万余条，微信83万余条，媒体投放宣传片5万多次，各类媒体报道近8000次。⑤ 2018年，活动以"提升金融素养 争做金融好网民"为主题，面向广东金融消费者并重点针对网民开展金融知识普及活动。2019年，活动则重点关注重疾险、信用卡等问题，并制作专题微视频和图文，提升活动的群众参与率。⑥

---

① 中国银行业监督管理委员会广东监管局：《广东银行业监管与发展报告（2013）》，第62页。

② 中国银行业监督管理委员会广东监管局：《广东银行业监管与发展报告（2014）》，第91—92页。

③ 中国银行业监督管理委员会广东监管局：《广东银行业监管与发展报告（2015）》，第83—85页。

④ 中国银行业监督管理委员会广东监管局：《广东银行业监管与发展报告（2016）》，第91—93页。

⑤ 中国银行业监督管理委员会广东监管局：《广东银行业监管与发展报告（2017）》，第103—108页。

⑥ 中国银行保险监督管理委员会广东监管局：《广东银保监局积极开展"金融知识普及月 金融知识进万家 争做理性投资者 争做金融好网民"活动》，中国银行保险监督管理委员会广东监管局官网——监管动态，2019年10月23日。

2016年，校园网贷风险事件开始频发，校园金融诈骗乱象层见叠出。为教育引导在校学生增强金融风险防范意识和金融安全意识，提升自我保护能力，同年11月9日，共青团中央学校部、中国教育部思想政治工作司、中央金融团工委联合启动2016年"送金融知识进校园"活动。2017年1月，中国银监会、中国共产主义青年团中央委员会、中国教育部联合发布《关于开展送金融知识进校园活动的通知》，在全国范围内深入开展相关宣传教育活动。2016年，广东银监局联合广东省教育厅等相关部门开展"送金融知识进校园"活动，组织辖内8202家银行网点和1556所高校、普通高中和中职学校开展对口宣教。[①] 2017年，共42家银行业金融机构、6627个银行机构网点和82家普通高校参加，累计开展活动3956次，覆盖146所高校，参与员工共计27994人，受众人数超过167万人，发放宣传资料134万余份，开展主题讲座1292次，各类媒体报道152次。[②] 2018—2020年，"送金融知识进校园"活动得到更深入的推广，活动覆盖面扩展到幼儿园，金融知识的普及更具有针对性。

2015年12月23日，广东省公安厅、广东省工商局、广东省金融办联合主办"广东省防范打击非法集资宣传活动"，现场采取播放警示视频、派发宣传资料、开展现场咨询等方式为群众答疑解惑，号召广大群众"拒绝高息诱惑，远离非法集资"。2016年5月，广东省非法集资领导小组发布《广东省当前及今后一段时期防范和

[①] 中国银行业监督管理委员会广东监管局：《广东银行业监管与发展报告（2016）》，第92—93页。

[②] 中国银行业监督管理委员会广东监管局：《广东银行业监管与发展报告（2017）》，第106页。

处置非法集资宣传教育工作及宣传月活动方案》，将防范和处置非法集资宣传教育工作列为全年性工作，并设定5月为非法集资宣传月，要求将金融政策法规解读、金融知识普及宣传、非法集资案例剖析列入宣传重点内容；同年11月，2016年度广东省防范和处置非法集资工作培训班在广州举行，对基层一线的处理非法集资工作人员进行培训，全省21个地市均有参训。2017—2020年，广东省非法集资领导小组连续四年针对防范和处置非法集资宣传月活动出台活动方案，在全省集中开展多层次、立体化、广覆盖的防范和打击非法集资宣传教育，在全社会形成抵制非法集资的浓厚氛围，防范和处置非法集资宣传月活动品牌效益凸显。

七 广东自由贸易试验区金融风险防控

2015年4月21日，中国（广东）自由贸易试验区（包括广州南沙新区片区、深圳前海蛇口片区、珠海横琴新区片区，简称"广东自贸区"）正式成立，在投资准入、货物贸易便利化等政策先行先试的同时，金融风险防控形势严峻。

（一）广东自贸区广州南沙新区片区金融风险防控

广东自贸区广州南沙新区片区从制度建设入手，出台系列防范金融风险的措施。截至2018年，其已制定发布《南沙区涉众金融领域社会矛盾专项治理工作方案》《南沙区金融领域扫恶打黑专项斗争工作方案》《广州南沙开发区（自贸区南沙片区）、南沙区对非法集资举报奖励的办法》等，理顺部门间的协同联动工作机制，以应对金融突发紧急情况的应对措施。广东自贸区南沙片区积极利用科技手段开展金融风险监测，截至2018年底，共有30318家企业被纳入广东省地方金融风险监测防控平台进行网络舆情监控，范围覆盖广东自贸区南沙片区"7+4+1"个业态。同时,南沙经济技术开发区金融工作局于2017年3月委托广州金融业协会开展广东自贸区南沙片区金融风险监控体系的研究,并搭建金融风险预警软件系统,实现群众举报与风险任务的智能流转,节约监管成本,提高监管效率,2019年5月,该系统已上线试运行。此外,广东自贸区南沙片区以镇(街)为主要宣传阵地,协调区内金融机构网点和各职能部门积极部署"重点穿透"的民众宣传教育工作,推动宣教工作"进村组、进社区、进机关、进学校、进工厂",提高区群众金融风险防范和责任自担意识。

(二)广东自贸区深圳前海蛇口片区金融风险防控

广东自贸区深圳前海蛇口片区从体制机制建设入手,2016年3月,前海蛇口自贸片区管委会率先成立"金融安全协调办公室",增加"负责协调深圳'一行三局'[①]和市区有关部门,加强对前海金融风险防范和监管"职能,协调各金融监管部门和金融主管部门形成监管协同机制和联动模式,建立起"纵到底、横到边"的金融风险防控体系;[②]同时,前海管理局自主设计的前海金融风险防控方案,并于当年8月与中国证券监督管理委员会深圳监管局(以下简称"深圳证监局")签署《私募基金监督合作备忘录》,强化私募基金风险监督协作机制;[③]同年,广东自贸区前海片区发挥市场

[①] 深圳"一行三局"指中国人民银行深圳市中心支行、中国银行业监督管理委员会深圳监管局、中国证券监督管理委员会深圳监管局、中国保险监督管理委员会深圳监管局。

[②] 深圳金融发展报告编委会:《深圳金融发展报告(2016)》,广东经济出版社2017年版,第177页。

[③] 深圳金融发展报告编委会:《深圳金融发展报告(2016)》,广东经济出版社2017年版,第178页。

机构和行业协会力量，借助顺丰速运、第一网贷、金信网银等第三方机构力量创新工作载体，通过速运寄件、大数据画像、风险模型刻画和等级评定等方式厘清金融风险排查重点，推动区内国资和上市公司、行业龙头、网贷企业组成前海互金联盟，开展高标准行业自律，以强化金融企业风险防控主体责任。[①] 2017年，广东自贸区前海片区重点开展P2P网络借贷信息中介机构的现场检查工作以及网贷机构的整改验收，对区内私募平台、股票配资企业和现金贷等企业开展摸底排查和集中整治，切实摸清风险底数。[②] 在科技监管方面，广东自贸区前海片区建立前海企业信用画像系统，归集工商注册、税务、社保、公安等多维度数据，并于2016年实现对前海五万余家金融及类金融企业的全覆盖。[③] 2017年4月6日，上线前海私募基金信息服务平台探索通过整合政府监管数据、私募机构数据和网络舆情数据，构建大数据风控模式，从而促进金融创新、政府监管、市场自律的良性互动。2017年末，国家互联网金融风险分析技术平台——前海金融监控系统正式上线，进一步实现全方位的风险监测与防控。

（三）广东自贸区珠海横琴新区片区金融风险防控

广东自贸区珠海横琴新区片区金融风险防控工作主要从2017年逐步组织开展。2017年以来，广东自贸区横琴片区建立非法集资、互联网金融、各类交易场所的滚动排查机制，关注非法集资案件的

[①] 深圳金融发展报告编委会：《深圳金融发展报告（2016）》，广东经济出版社2017年版，第178页。

[②] 深圳金融发展报告编委会：《深圳金融发展报告（2017）》，广东经济出版社2018年版，第190—191页。

[③] 深圳金融发展报告编委会：《深圳金融发展报告（2016）》，广东经济出版社2017年版，第178页。

发展动态，加强互联网金融风险动态监测，开展虚拟货币交易场所和代币发行清理整治工作，处置涉金融领域的各项风险。建立防控金融风险长效机制，落实行业主管责任，消除监管盲区与监管空白。严把企业登记注册准入关，定期开展隐患排查。建立常态化宣传机制，引导群众理性投资。

第二节 金融法治环境建设[①]

一 广东金融政策法规出台情况

20世纪80年代，广东针对逐步复苏的经济环境及金融业态，从业务指导思想、信贷资金管理、专业银行及其他金融机构的关系、中国人民银行广州分行自身建设四个角度提出实现金融业政策的"四个转变"，逐步改进完善信贷资金管理体制，全面推行同城票据交换和清算，为金融业后期的高速发展提供政策保障。[②] 20世纪90年代，为应对亚洲金融危机中显现出来的金融业务合法性、合规性问题，广东针对外汇业务、金融业务处理规范等出台系列创新举措，大规模整顿期货市场，改革农村信用合作社、城市信用合作社，依法依规发展、整改多种形式金融机构，逐步完善金融法治环境建设。

21世纪初，面对经济环境与金融业态转型升级的压力，广东将工作重点集中在资本市场、保险行业规范发展等问题，相继出台

[①] 参见刘士平、张纯、陈月秀等著《华南金融研究书系：地方金融法治发展与创新——广东金融法治发展报告（2016）》，中国金融出版社2016年版。

[②] 金维城：《加快广东金融体制改革步伐》，《南方金融》1987年第1期。

《关于大力发展广东资本市场的实施意见》《关于加快广东省产权市场建设的意见》《关于加快广东保险业发展的若干意见》《关于大力推进广东省保险业改革发展的意见》等政策。2008年12月，中国国家发展和改革委员会发布《珠江三角洲地区改革发展规划纲要（2008—2020年）》（以下简称"《珠三角规划纲要》"），赋予广东省建设金融改革创新综合试验区的战略任务，《珠三角规划纲要》针对金融业明确提出要"支持广州市、深圳市建设区域金融中心，构建多层次的资本市场体系和多样化、比较完善的金融综合服务体系。支持符合条件的优质企业上市融资，扩大直接融资比重。培育具有国际竞争力的金融控股集团，尽快在深圳证券交易所推出创业板、完善代办股份转让系统，支持建设广东金融高新技术服务区。大力发展金融后台服务产业，建设辐射亚太地区的现代金融产业后援服务基地"。为贯彻落实《珠三角规划纲要》要求，广东省相继出台《中共广东省委 广东省人民政府关于贯彻实施〈珠江三角洲地区改革发展规划纲要（2008—2020年）〉的决定》《广东省实施珠江三角洲地区改革发展规划纲要保障条例》《实施〈珠江三角洲地区改革发展规划纲要（2008—2020年）〉实现"四年大发展"工作方案》《广东省人民政府办公厅印发实施珠三角改革发展规划纲要2011年2012年重点工作任务的通知》《实施〈珠江三角洲地区改革发展规划纲要（2008—2020年）〉评估考核办法》《广东省实施〈珠江三角洲地区改革发展规划纲要（2008—2020年）〉督查办法（试行）》等文件确保相关工作的顺利推进。广东各地市也积极响应，其中广州、深圳两市出台了相应配套措施。

至2011年，广东金融实现跨越式发展，逐步成为国民经济支柱产业之一。同年12月，《广东省金融改革发展"十二五"规划》出台，从宏观角度对2011—2015年广东金融的发展提出总体目标。2014—2016年，广东省又分别出台《关于深化金融改革 完善金融市场体系的意见》《关于金融服务创新驱动发展的若干意见》两项政策，进一步加快广东金融改革创新的步伐。2015年4月20日，国务院印发《中国（广东）自由贸易试验区总体方案》，同年12月9日，中国人民银行出台《关于金融支持广东自贸区建设的指导意见》，支持广东构建与自贸试验区跨境贸易和投资便利化相适应的金融服务体系，广东金融依托自由贸易试验区在跨境人民币结算、航运金融、融资租赁等领域有了新发展。2018年5月4日，国务院印发《进一步深化中国（广东）自由贸易试验区改革开放方案》的通知，对广东自由贸易试验区金融创新发展和监管体制提出要求。2019年2月18日，中共中央、国务院印发《粤港澳大湾区发展规划纲要》，对广东省内九市以及香港、澳门提出新的城市定位和发展方向，至此粤港澳大湾区上升为国家战略。2020年5月，为推动粤港澳大湾区建设发展，中国人民银行、中国银保监会、中国证监会、国家外汇局联合发布《关于金融支持粤港澳大湾区建设的意见》，要求进一步推进金融开放创新，深化内地与港澳金融合作，加大金融支持粤港澳大湾区建设力度。随后广东省配套出台《关于贯彻落实金融支持粤港澳大湾区建设意见的实施方案》，广东省九市也先后出台行动方案，贯彻落实金融支持粤港澳大湾区建设任务要求。

落实到微观角度来看，2010年以后，广东省金融政策的出台则主要集中在融资担保、小额贷款、互联网金融等高速普及的金融业态以及小微金融、普惠金融、绿色金融、跨境金融等特色金融领域。至2020年，广东省已形成较为完善的金融行业法规制度和规范体系，全省金融业步入新常态（见表12.2）。

表 12.2　　　　　2010—2021 年广东省部分金融政策法规一览

涉及领域	出台时间	文件名
融资担保	2010 年 9 月	《广东省〈融资性担保公司管理暂行办法〉实施细则》
	2010 年 9 月	《广东省融资性担保公司规范整顿方案》
	2017 年 8 月	《广东省融资担保"政银担"风险分担合作方案（试行）》
小额贷款	2009 年 1 月	《关于开展小额贷款公司试点工作的实施意见》
	2009 年 1 月	《广东省小额贷款公司管理办法（试行）》
	2011 年 9 月	《关于促进小额贷款公司平稳较快发展的意见》
	2012 年 1 月	《关于贯彻落实促进小额贷款公司平稳较快发展意见的通知》
	2013 年 1 月	《广东省小额贷款公司风险补偿专项资金使用管理办法（试行）》
	2015 年 2 月	《关于小额贷款公司利用未分配利润发放贷款的试行办法》
	2016 年 3 月	《广东省小额贷款公司减少注册资本和解散工作指引（试行）》
	2016 年 3 月	《广东省小额贷款公司利用资本市场融资管理工作指引（试行）》
	2016 年 12 月	《广东省人民政府金融工作办公室关于进一步促进小额贷款公司规范发展的意见》
	2020 年 2 月	《广东省小额贷款公司法人股东借款操作指引（试行）》
互联网金融	2015 年 7 月	《广东省开展互联网股权众筹试点工作方案》
	2015 年 11 月	《建设广东"互联网＋"众创金融示范区工作方案》
	2016 年 5 月	《广东省互联网金融风险专项整治工作实施方案》
	2016 年 6 月	《广东省互联网保险风险专项整治工作实施方案》
	2016 年 6 月	《广东省 P2P 网络借贷风险专项整治工作实施方案》
	2016 年 7 月	《广东省股权众筹风险专项整治工作实施方案》
	2016 年 7 月	《广东省通过互联网开展资产管理及跨界从事金融业务风险专项整治工作实施方案》
	2016 年 7 月	《广东省房地产开发企业和房地产中介机构从事互联网金融业务风险专项整治工作实施方案》
	2016 年 8 月	《开展互联网金融广告及以投资理财名义从事金融活动风险专项整治工作实施方案》
	2018 年 2 月	《关于进一步做好全省网络借贷信息中介机构整改验收有关事项的通知》
	2018 年 2 月	《关于贯彻落实网络借贷信息中介机构业务活动管理暂行办法的通知》

续表

涉及领域	出台时间	文件名
中小微企业融资	2012年2月	《关于支持中小微企业融资的若干意见》
	2015年7月	《关于创新完善中小微企业投融资机制的若干意见》
	2015年7月	《广东省支持小微企业稳定发展的若干政策措施》
	2019年7月	《广东省支持中小企业融资的若干政策措施》
普惠金融	2015年3月	《广东省人民政府办公厅关于深化农村金融改革建设普惠金融体系的意见》
	2016年12月	《广东省推进普惠金融发展实施方案（2016—2020年）》
绿色金融	2017年12月	《广东省绿色金融改革创新工作领导小组工作制度》
	2018年5月	《广东省广州市建设绿色金融改革创新试验区实施细则》
跨境金融	2021年9月	《粤港澳大湾区"跨境理财通"业务试点实施细则》
	2021年10月	《广东省开展合格境内有限合伙人境外投资试点工作暂行办法》

资料来源：广东省地方金融监督管理局。

二 广东金融审判的发展情况

（一）广东省金融审判情况

广东地处改革开放前沿，是金融大省，金融交易活跃，金融产品创新层出不穷；也是金融案件大省，案件数量多，增长幅度大，特别是2010年以后，广东省金融案件数量上升态势明显、涉案金额大、专业性强、新型案件不断出现（见表12.3）。

表12.3　　　　2012—2019年广东地区法院一审金融案件受理、
审结、诉讼标的额一览　　　　（单位：件，元）

年份	受理金融类案件	审结金融类案	诉讼标的数额
2012	100546	96754	68189254919.00
2013	112766	108451	76711949907.00
2014	135353	128678	139781656275.36
2015	174863	156857	218440557663.10

续表

年份	受理金融类案件	审结金融类案	诉讼标的数额
2016	194151	189042	262571341451.36
2017	216305	221505	258518693840.61
2018	286631	284008	279531294011.22
2019（第一季度）	167384	56742	73755676619.26

资料来源：广东省高级人民法院。

注：统计案由包括票据质权纠纷、债券质权纠纷、基金份额质权纠纷、借款合同纠纷、金融借款合同纠纷、企业借贷纠纷、民间借贷纠纷、小额借款合同纠纷、金融不良债权转让合同纠纷、金融不良债权追偿纠纷、进出口押汇纠纷、储蓄存款合同纠纷、银行卡纠纷、借记卡纠纷、信用卡纠纷、委托理财合同纠纷、金融委托理财合同纠纷、民间委托理财合同纠纷、银行结算合同纠纷、证券纠纷、证券权利确认纠纷、股票权利确认纠纷、证券投资基金权利确认纠纷、证券交易合同纠纷、股票交易纠纷、公司债券交易纠纷、证券投资基金交易纠纷、金融衍生品种交易纠纷、证券承销合同纠纷、证券投资咨询纠纷、证券回购合同纠纷、公司债券回购合同纠纷、证券交易代理合同纠纷、证券认购纠纷、证券返还纠纷、证券欺诈责任纠纷、证券虚假陈述责任纠纷、欺诈客户责任纠纷、证券托管纠纷、证券登记、存管、结算纠纷、融资融券交易纠纷、期货交易纠纷、期货经纪合同纠纷、期货强行平仓纠纷、期货交易代理合同纠纷、期货欺诈责任纠纷、信托纠纷、民事信托纠纷、营业信托纠纷、保险纠纷、财产保险合同纠纷、财产损失保险合同纠纷、责任保险合同纠纷、信用保险合同纠纷、保证保险合同纠纷、保险人代位求偿权纠纷、再保险合同纠纷、保险经纪合同纠纷、保险代理合同纠纷、进出口信用保险合同纠纷、保险费纠纷、票据纠纷、票据付款请求权纠纷、票据追索权纠纷、票据交付请求权纠纷、票据返还请求权纠纷、票据损害责任纠纷、票据利益返还请求权纠纷、票据保证纠纷、信用证纠纷、委托开立信用证纠纷、信用证开证纠纷、信用证欺诈纠纷、信用证融资纠纷。

2011年以前，广东没有构建针对金融审判的专业化模式，全省涉及金融案件的审理没有单独的审判庭或者合议庭，一般交由民事审判庭受理。2011年，广东省高级人民法院结合金融案件的特点，经过调查研究，提出以单独设立金融审判庭和在商事审判庭中设立金融审判合议庭两种方式，构建广东金融审判专业化模式。2012年4月，广东高院民二庭设立金融审判合议庭，专门负责金融纠纷案件审判的调研和指导工作,但办理的案件不限于金融纠纷。截至2019年12月,广东(不含深圳)一个共有四个法院成立金融审判庭,其中中级法院一个(广州市中级人民法院金融审判庭)、基层法院三个(越秀区人民法院金融审判庭、天河区人民法院金融审判庭、黄埔区人民法院金融审判庭);有13个法院成立金融合议庭,其中高级人民法院1个、中级人民法院5个、基层人民法院7个。

(二)广州金融审判的发展情况

改革开放以来,随着金融活动的不断深入开展,广州市金融纠纷案件逐年增多,到2000年,广州市、区两级人民法院当年受理金融类案件已超5000件。2001—2013年,案件数量更是有了大幅度的增加,2013年受理金融类案件数量已达到22609件(见表12.4)。

表12.4　2001—2013年广州市区两级人民法院金融案件受理、审结、存案一览　　(单位:件)

年份	受理金融类案件	审结金融类案件	存案数量
2001	8056	5073	2983
2002	10834	8109	5708
2003	11061	8856	7913
2004	12650	10928	9635
2005	11097	8849	11883
2006	10866	8577	14172
2007	12789	9586	17375
2008	10907	8538	19807
2009	10618	7923	22502
2010	10383	8568	24317
2011	10065	8039	26343
2012	19393	17147	28589
2013	22609	20129	28069

资料来源:广州市中级人民法院。

2013年3月,广州市中级人民法院金融审判庭正式揭牌,主要负责审理国内一、二审涉银行及非银行金融机构的合同、期货、信托、保险及其他金融衍生产品等纠纷案件,票据、证券纠纷案件以及民间借贷纠纷案件,审批基层法院上述案件延长审限的申请。广州市中级人民法院金融审判庭的成立为金融机构和金融消费者提供高效便捷的纠纷解决途径,为金融创新和监管提供有力的司法引导和支持,对进一步推进公开、透明、法制化的金融市场环境建设意义重大。广州市中级人民法院(以下简称"广州中院")金融审判庭成立当年收案2487件,完成1138件结案,法官人均结案113.8件。[①] 2014年,广州中院全年共收案2982件、结案2266件,人均结案达377.7件。同年,广州中院出台《加强金融案审判执行工作服务广州市金融生态环境建设实施细则》,切实提高金融审判的专业化水平。[②] 2015年,广州中院金融审判庭收案数量有所下降,全年共收案2538件、结案3138件。[③] 2016年,广州中院收案数量进一步下降至1786件、结案1603件,主要是由于证券虚假陈述责任纠纷系列案收案数量较2015年大幅减少;除证券虚假陈述责任纠纷系列案外,收案数同比增加680件,增长68.54%;结案数同比增加248件,增长20.13%。[④] 2017年,广州中院共受理金融案件3381件,其中金融庭收案1672件,对外分流案件1709件。2018

[①] 广州市人民政府金融工作办公室:《2014广州金融白皮书——金融发展形势与展望》,广州出版社2014年版,第243页。

[②] 广州市人民政府金融工作办公室:《2015广州金融白皮书——金融发展形势与展望》,广州出版社2015年版,第224页。

[③] 广州市金融工作局:《2016广州金融白皮书——金融发展形势与展望》,广州出版社2016年版,第245页。

[④] 广州市金融工作局:《2017广州金融白皮书——金融发展形势与展望》,广州出版社2017年版,第253页。

年，广州中院共受理金融案件4087件，其中，金融庭收案2146件（包含证券虚假陈述责任纠纷案902件），对外分流案件1941件。2019年，广州中院受理金融案件2384件，审结2395件，存案254件。2020年，广州中院积极推动金融消费纠纷调处中心介入调解，选了146件金融纠纷案件展开诉中委托调解，成功调撤22件。

2013年5月，广州市越秀区机构编制委员会批复越秀区法院设立金融审判庭，专门负责审理借款、保险、信用卡、信用证、信托、证券、票据等金融纠纷案件。越秀区法院金融审判庭在金融街设立派驻点，方便为入驻民间金融街的金融机构及金融服务机构提供服务。2014年6月，广州市天河区人民法院设立金融审判庭（见表12.5）。2016年3月，合并后的黄埔区人民法院设立金融审判庭，专门审理金融类案件。至此，广州市共有三个区级法院设立了金融审判庭，区级法院的金融审判庭受理金融类案件数量也在不断增加。

表12.5　　　　2014—2019年广州各区法院金融审判庭金融

案件受理、审结、存案一览　　　　（单位：件）

各区人民法院金融审判庭	年份	受理金融类案件	审结金融类案件	存案数量
越秀区人民法院金融审判庭	2014（第三、四季度）	1200	1285	—
	2015	2844	2608	236
	2016	4946	5283	4534
	2017	6362	8608	2585
	2018	4885	5544	301
	2019	3781	3899	183

续表

各区人民法院金融审判庭	年份	受理金融类案件	审结金融类案件	存案数量
天河区人民法院金融审判庭	2014（第三、四季度）	2659	2191	2835
	2015	4242	3512	3626
	2016	4946	5283	4534
	2017	6362	8608	2585
	2018	9155	9148	2043
	2019	9166	9756	1731
黄埔区人民法院金融审判庭	2016（3月及第二、三、四季度）	742	582	27
	2017	764	818	223
	2018	1276	1219	223
	2019	1718	1686	288

资料来源：广州市中级人民法院。

到2017年，广州市、区两级人民法院全年受理民商事金融案件35381件、结案37263件，涉及标的金额348.86亿元，其中通过调解撤诉方式结案6804件；全年受理刑事金融案件590件、结案595件。此外，广州市中级人民法院建立专家陪审团数据库，并与广东工业大学计算机学院合作研发"一表导入、批量生成"的股权交易损失计算系统，实现股权交易损失计算精细化、批量化。① 2018年，广州市、区两级人民法院全年受理民商事金融案件71263件、结案72534件，同比分别上升59.30%、57.73%，其中通过调解撤诉方式结案10998件。②

2018年9月28日，广州互联网法院挂牌成立，成为当时全国

---

① 广州市金融工作局：《2018广州金融白皮书——金融发展形势与展望》，广州出版社2018年版，第226页。

② 广州市地方金融监督管理局：《2019广州金融白皮书——金融发展形势与展望》，广州出版社2019年版，第219页。

三家互联网法院之一,选址广州海珠区。挂牌前一日,广东省高级人民法院发布《关于广州互联网法院案件管辖的规定》,明确广州互联网法院集中管辖广州市辖区内应当由基层人民法院受理的11类一审案件,其中涉及互联网金融纠纷为签订、履行行为均在互联网上完成的金融借款合同纠纷、小额借款合同纠纷(不包含P2P网络借贷平台)。2018年,广州互联网法院共收到立案申请1834件,结案927件。① 2019年1—10月,广州互联网法院共收到立案申请42792件,结案30054件;② 其中网络金融借款合同纠纷案件占立案跟结案案件近一半。2019年8月10日,广州互联网法院与广州市地方金融监督管理局(以下简称"广州市金融监管局")、广州市越秀区人民政府共同主办的数字金融协同治理中心揭牌并上线"类案批量智审系统",该系统是全国首个针对互联网金融纠纷的全流程在线批量审理系统,全程覆盖存证调证、催告、和解、调解、申请立案、立案审查、送达、证据交换、庭审、宣判、执行等诉讼环节,实现全程在线快速、批量、智能办理。③

(三) 其他地市金融审判庭建设情况

2017年12月,深圳市中级人民法院金融法庭在前海正式揭牌。

---

① 广州互联网法院:《2018年9-12月各类型案件收结统计表》,广州互联网法院官网,2019年1月4日,https://www.gzinternetcourt.gov.cn/#/articleDetail? id = 54041099f1064bed84d19e0085d11614&titleType = advancedSearch&type = JudicialBusiness&apiType = convincing。

② 广州互联网法院:《2019年1-10月各类型案件收结统计表》,广州互联网法院官网,2019年11月5日,https://www.gzinternetcourt.gov.cn/#/articleDetail? id = c921120ea2be4122bf021a8f450e8ccd&titleType = advancedSearch&type = JudicialBusiness&apiType = convincing。

③ 广东省地方金融监督管理局:《穗上线首个互联网金融纠纷在线审理系统》,广东金融网——金融咨询,2019年8月13日,http://gdjr.gd.gov.cn/gdjr/jrzx/dfjr/content/post_2870752.html。

深圳市中级人民法院金融法庭的设立有利于加强金融审判机制专业化，进一步提升金融审判质效，充分发挥司法裁判对金融市场的指引和规制作用。2018年，该院受理各类民商事金融案件2145宗，其中一审1462宗，二审683宗，涉及金融借款、银行卡、证券、期货、保险、担保、票据等领域，涉案标的金额207亿元；审结各类金融案件1632宗，有效维护各方当事人的合法权益。随着互联网科技的发展，互联网技术在深圳金融审判工作中的应用逐步加深。2017年6月，深圳福田区法院促进信息技术与金融审判深度融合，以搭建与互联网时代相适应的现代化司法审判体系为目标，推行"互联网＋金融审判""巨鲸"智平台上线运行，在全国率先实现金融类案件从立案、审判到执行全流程在线办理，在创新司法审判体系和司法服务体系方面取得突破。2018年3月，深圳福田区法院进一步成立全国首个互联网和金融审判庭，配备三个审判团队，其中两个速裁团队和一个普通团队，共九名法官，为互联网金融产业的发展提供司法保障和服务支撑。

此外，广东其他地市也针对金融案件设立专门的审判部门。东莞市中级人民法院、惠州市中级人民法院以及中山两级法院设立金融审判合议庭，佛山市中级人民法院结合保险案件多的情况设立保险案件合议庭。此外，部分法院由民二庭以外的业务庭专门负责审理金融案件，并同时负责审理其他民事案件，如东莞市第一人民法院、佛山市南海法院。2010年3月，东莞市第一人民法院辖区内所有金融案件交由松山湖法庭集中立案、审理、执行，2015—2017年间该庭共受理金融类诉讼案件11074件，标的金额共计171亿多元。2013年2月，佛山市禅城法院将内设审判机构民三庭的职能转换为专司辖区内各类金融纠纷案件的金融专业审判部门，至2018年10

月底该院审结各类金融案件2.3万件,解决诉讼标的金额404亿元。

三 广东金融仲裁的发展与推广

(一)广州仲裁委员会与广州金融仲裁院

1995年8月,广州仲裁委员会依据《中华人民共和国仲裁法》的规定组建,遵循独立、高效的仲裁原则,以仲裁方式公正、及时地解决平等主体的自然人、法人和其他组织之间发生的民商事合同纠纷及其他财产权益纠纷。2015年9月更名为中国广州仲裁委员会,案件受理范围包括买卖合同纠纷、借款合同纠纷、合伙合作纠纷、建设工程合同纠纷、房地产开发纠纷、房屋买卖纠纷、租赁纠纷、融资纠纷、承揽纠纷、融资租赁纠纷、承揽合同纠纷、技术合同纠纷、金融证券纠纷、保险合同纠纷、保管合同纠纷等。2007年1月,广州仲裁委员会出台《广州仲裁委员会金融仲裁规则》,鼓励金融当事人调解结案。2015年3月,广州仲裁委员会启动网络仲裁并正式上线律师服务平台;同年10月,《中国广州仲裁委员会网络仲裁规则》以及配套的《中国广州仲裁委员会网贷纠纷网络仲裁专门规则》《中国广州仲裁委员会小额网购纠纷网络仲裁专门规则》《中国广州仲裁委员会信用卡纠纷网络仲裁专门规则》相继出台。2017年9月,由广州仲裁委员会牵头发起的中国互联网仲裁联盟在广州成立,该联盟发布《中国互联网仲裁联盟临时仲裁与机构仲裁对接规则》,适用于来自境外在广东自贸区内需要实施商事仲裁的企业。

2011年7月,广州仲裁委员会与中央驻粤金融监管部门共同决定,以广州仲裁委员会为平台,成立中国广州金融仲裁院,受理金融纠纷类型包括存款、贷款合同争议;票据、信用证、银行卡等支付结算争议；股票、债券、基金等证券交易或服务争议；期货、外汇、黄金交易争议；保险合同争议；信托投资争议；金融租赁争议；其他金融衍生产品交易或服务争议；民间借贷争议；担保、典当争议以及互联网金融业务争议等。2013年，进驻广州民间金融街，设置金融仲裁专窗。2014年，专门成立金融组，负责银行借贷案件的办理。2015年，为顺应互联网的发展，广州金融仲裁院对《广州仲裁委员会金融仲裁规则》进行修订，重新明确金融争议范围。截至2017年12月31日，金融专业仲裁员队伍达1000余人，涵盖银行、保险、证券、期货等多个金融领域，实现了金融仲裁的"专家断案"。

2001—2018年，广州仲裁委员会受理的金融仲裁案件数量、争议标的额总体呈增加趋势。特别是自2011年广州金融仲裁院成立以后，金融仲裁案件受理数量及金融案件总标的额增幅显著。2020年受新冠疫情影响，案件数量呈现大幅增长，且部分类型案件的标的金额较大。其中，保险、证券、基金、期货类金融案件共160宗，总标的金额约22亿元，超过传统金融案件标的总金额的1/5。同时，案件类型由传统的银行、保险向不良资产交易、债权债务转让、基金定增、证券期货、保理信托、贵金属等领域扩张（见表12.6、表12.7）。

表12.6　　2001—2011年广州仲裁委金融仲裁案件受理情况　　（单位：家,%)

年份	受理金融案件数量	调解金融案件数量	选择仲裁的金融机构数量	金融案件占其他案件的比重
2001—2003	78	8	5	4%
2004—2006	90	10	10	3%
2007—2009	166	15	12	4%
2010—2011	185	20	20	10%

资料来源：广州仲裁委员会。

表 12.7　　　　2012—2020 年广州仲裁委金融仲裁案件受理情况

（单位：件，亿元）

年份	受理金融案件数量	金融案件总标的额
2012	197	10.4
2013	540	27.82
2014	1133	78.40
2015	3589	125.00
2016	5666	160.56
2017	6233	171.00
2018	6436	198.00
2019	3722	113.00
2020	10987	107.40

资料来源：广州仲裁委员会（金融仲裁院），其中 2019 年数据与 2012—2018 年数据的统计方法不一致，本表仅列举展示 2019 年数据，不作纵向比较。

（二）深圳仲裁委员会与深圳金融仲裁院

广东省仲裁最早起步于深圳。1983 年，深圳国际仲裁院成立，是全国第一个通过立法方式确立法人治理模式的仲裁机构。根据《深圳经济特区前海深港现代服务业合作区条例》《深圳国际仲裁院管理规定（试行）》引入国际商事仲裁制度，实行以理事会为核心的决策、执行和监督的管理模式，保证仲裁机构运作和仲裁庭办案的独立性。1984 年，深圳国际仲裁院在中国率先聘请境外仲裁员，1989 年开创全国第一个内地仲裁裁决依照联合国《承认及执行外国仲裁裁决公约》获得境外法院强制执行的先例。

1995 年 8 月，深圳按照《中华人民共和国仲裁法》组建常设民商事仲裁机构——深圳仲裁委员会。2010 年，深圳仲裁委员会特设金融仲裁院，专门解决金融争议案件。截至 2018 年底，深圳金融仲裁院在册金融仲裁员达 820 人，共受理金融案件 3430 件，标的额

74.7亿元，对推进深圳金融事业健康发展、加强金融生态建设、建立区域性金融中心良好的法制环境具有不可替代的促进作用。

2017年1月，深圳仲裁委在全国率先启动"云上仲裁"，打造国内首个集"电子证据固化＋在线公正保全＋网络裁判服务"于一体，适用于网络贷款案件、网络买卖纠纷案件、在线服务纠纷案件等新型仲裁案件的网络仲裁平台，同时出台《深圳仲裁委员会网络仲裁规则》以规范网络仲裁程序。[①] 同年12月，原深圳国际仲裁院与原深圳仲裁委员会合并成立新的深圳仲裁委员会。根据2020年2月26日启用的《深圳国际仲裁院仲裁员名册》，共有933名仲裁员，覆盖77个国家和地区，境外仲裁员有385名，占比超过41%，仲裁员结构国际化程度为全国最高。

（三）其他仲裁委员会

1996年10月，韶关仲裁委员会正式挂牌，截至2018年12月31日，共有仲裁员101名，累计受理金融类案件7宗，占所有案件比重为0.23%，总标的额为62550212.78元。

汕头仲裁委员会于1996年获批设立，是汕潮揭地区唯一一家民商事仲裁机构。2017年，汕头仲裁委员会修改完善《汕头仲裁委员会仲裁规则》，将金融仲裁单列一章，对金融类案件作出特别规定。2018年，其联合中国人民银行汕头中心支行成立"汕头金融消费纠纷仲裁中心"，将民商事仲裁引入金融消费纠纷予以化解。截至2019年初，仲裁员队伍中共有58名擅长金融专业领域的仲裁员。

1996年，江门市人民政府依法组建江门仲裁委员会，截至2018

[①] 法制日报：《国内首创网上仲裁中心"云上仲裁"落户深圳前海》，汉中仲裁委员会——法治文化，2016年3月16日，http://www.hzzcwyh.cn/hzzcwwz/fzwh/201603/t20160316_318282.shtml。

年底，共受理金融案件37件，占全部案件的1.99%，总标的额36548.89万元，其中调解结案17件。

1999年，珠海仲裁委员会组建成立，又名珠海国际仲裁院，是全国第一家建立以理事会为核心，实行决策、执行、监督分立并有效衔接的常设仲裁机构。2016年12月29日，珠海国际仲裁院联合横琴新区金融服务局、横琴新区金融行业协会合作设立横琴金融争议解决中心，主要调解和仲裁境内外的金融主体之间、金融消费者与金融机构之间因各类金融合同关系而发生商事纠纷的案件。

此外，广东省其他地区还设有珠海仲裁委员会、佛山仲裁委员会、东莞仲裁委员会、惠州仲裁委员会、肇庆仲裁委员会、清远仲裁委员会等。

（四）粤港澳大湾区仲裁联盟

2018年9月，由广州仲裁委员会等广东省9家仲裁机构与香港、澳门特别行政区两家仲裁机构共同倡议发起成立的粤港澳大湾区仲裁联盟正式运行，其秘书处设在中国南沙国际仲裁中心。粤港澳大湾区仲裁联盟以国际商事仲裁平台的方式运作。平台以开放为特征，根据世界任何仲裁机构的仲裁规则，凡是在仲裁地拥有仲裁员资质的人员经认证均可被选择为仲裁员，双方当事人根据其熟知的法律环境可选择内地或香港、澳门地区的庭审模式，强化了解决多元法律背景纠纷的优势。粤港澳大湾区仲裁联盟以互联网仲裁云平台作为技术支撑，大力推行互联网仲裁模式，不仅有利于解决跨境电子商务、跨境资本流动等新型争议，更能助力联盟跨越时间和地域的障碍，有效提升聚合法律服务资源的能力和水平。

四 广东金融法治宣传教育工作

改革开放以来，中国立法步伐加快，大批新的法律法规密集出台，开展法制宣传教育逐渐成为社会各界的共识。1985年11月，中共中央、国务院批转了中宣部、司法部《关于向全体公民基本普及法律常识的五年规划》；同月，第六届全国人大常委会第十三次会议通过了《关于在公民中基本普及法律常识的决议》。自此，中国于1986年开始全国范围的普及法律常识和开展法制宣传教育工作，并以五年为单位持续推广。"一五"普法为1986—1990年，主要针对"十法一条例"[1] 开展普及教育；"二五"普法为1991—1995年，以宪法为核心、专业法为重点进行宣传；"三五"普法为1996—2000年，正值中国加入世界贸易组织，着重抓好社会主义市场经济法律知识的普及；"四五"普法为2001—2005年，重点宣传社会主义市场经济相关的法律法规；"五五"普法为2006—2010年，开展"法律六进"活动和法治城市、法治县（市、区）创建活动；"六五"普法为2011—2015年，突出学习宣传宪法、深入学习宣传社会主义法治理念、中国特色社会主义法律体系和国家基本法律、深入学习宣传促进经济发展、保障和改善民生、社会管理的法律法规、加强反腐倡廉法制宣传教育、积极推进社会主义法治文化建设；"七五"普法为2016—2020年，深入学习宣传习近平总书记关于全面依法治国的重要论述，突出学习宣传宪法，深入宣传中国特色社会主义法律体系、党内法规。2020年5月28日，第十三届全国人民代表大会第三次会议审议《中华人民共和国民法典》（简称"《民法典》"）后，重点开展《民法典》相关内容的宣传教育培训。

---

[1] "十法一条例"指《宪法》《民族区域自治法》《刑法》《刑事诉讼法》《民法通则》《民事诉讼法（试行）》《婚姻法》《继承法》《经济合同法》《兵役法》以及《治安管理处罚条例》。

广东省金融法治宣教工作以全国普法工作为总基调，由省内各金融监管部门及有关部门针对不同时期普法工作重点，结合自身工作情况开展系列金融普法工作。如广东证监局自成立以来，积极落实国家普法工作，通过开展巡回演讲、举办证券期货公司及上市公司高管培训班、剖析典型案例以及制作播放专题宣传片等多种方式，广泛深入地开展系列法制宣传和普及教育活动；广东保监局于"六五"普法期间成立普法工作领导小组并制定《广东保监局"六五"普法规划》，结合广东保险行业和地域的特点，提出加强保险普法宣传教育"五个坚持"工作原则，即坚持服务群众、坚持分类指导提高实效、坚持学用并举、普治并举等；广东省地方金融监督管理局制定《民法典》普法责任清单，向省市各级地方金融监管部门开展《民法典》相关内容宣传培训工作，增强全省地方金融系统干部运用法治思维、法治方法解决实际问题的能力，同时向省内融资租赁公司、商业保理公司和相关企业广泛、深入开展《民法典》相关内容宣传教育工作，提升企业管理人员法律素养，提高企业自觉依法诚信经营的意识。

同时，广东各地市政府及金融监管部门也组织开展了形式多样的金融普法活动，特别是"七五"普法时期，金融普法活动得到进一步推广。2016年12月，广州市与中国金融博物馆联合举办展览活动，回顾百年的金融风险演变，重点落在关注法治基础上的金融创新，切实增强群众的金融法治观念。2017年8月，东莞市开展为期一个月的展览活动，引导社会公众增强风险辨析能力和法律常识，自觉抵制高息诱惑和非法集资。2018年2月，茂名市举办"民生与法治"普法宣传系列活动，通过非法集资案例点评向市民群众讲解非法集资常见手段、类型及危害，通过对法理、法律知识讲解提高市民对金融消费者权益保护等相关法律法规的认识；同年7月，中国人民银行肇庆市中心支行、德庆县政府联合筹建的广东省金融法治宣传教育基地在肇庆市德庆县德庆学宫正式揭牌成立，借助壁画、雕塑、实物模型以及电子书、多媒体等展示手段和表现形式，打造独具地方特色的金融法治宣传教育基地；同年8月，江门市金融局与新会区共同建造的法治文化广场落成，内设防范非法集资宣传专栏、法治典故、法治问答等多元化法治文化景区。

第三节 金融行业自律工作

一 广东金融行业自律组织建设

（一）广东省级金融行业协会

行业协会是行业自律的重要力量，广东金融行业协会主要包括广东银行同业公会、广东证券期货业协会、广东省保险行业协会、广东省保险中介行业协会、广东省融资租赁协会、广东省商业保理协会、广东省融资担保业协会等。

广东银行同业公会成立于2000年4月6日，是在广东省民政厅登记注册的非营利性社会团体法人，其活动接受广东银监局（现广东银保监局）的指导和监督，并接受广东省社会组织管理局的监督管理。2017年，广东银行同业公会荣获"5A级（AAAAA）社会组织"称号。截至2020年12月，广东银行同业公会共有114家会员单位。根据行业特性及工作需要，广东银行同业公会设立票据专业委员会、法律事务工作委员会、银团贷款工作委员会、个人银行业务协调委员会、银行卡专业委员会、外资银行工作委员会、声誉风险管理委员会、银行业消费者权益保护委员会、金融科技工作委员会、培训委员会、普惠金融专业委员会。

广东证券业协会于1994年7月2日成立。1996年6月,广东证券业协会具体业务、日常工作归口广东省证券监督管理委员会(以下简称"广东证监会")管理;1998年,广东证监会归中国证监会直接管理之后,广东证券业协会的日常工作由中国证监会广州证管办管理和指导,业务上接受中国证券业协会和广东省民政厅的指导。[①] 2007年,在广东证券业协会第四届会员大会第一次会议上,广东证券业协会修改章程并更名为"广东证券期货业协会"。协会常设发展委员会、自律监察委员会、教育培训委员会、期货委员会、证券期货纠纷调解委员会等五个专业机构。截至2020年12月,协会共有会员1331家。

广东省保险行业协会于2003年10月成立,前身是1995年成立的广州保险业公会,是广东省(不含深圳市)商业保险机构和市、区保险行业协会自愿结成的保险行业自律性、非营利性的社会团体法人,接受广东省民政厅的监督管理及广东保监局(现广东银保监局)、省政府有关职能部门的业务指导。协会基本职能是以"服务"为核心,以"自律、维权、协调、交流、宣传"为基本点。协会下设产险、寿险、健康险、法律、宣传、信息技术等10个专业委员会。截至2019年7月,协会共有会员单位128家,其中财产保险会员公司49家,人寿保险会员公司58家,地市保险行业协会21家。

广东省保险中介行业协会于2010年6月经广东省民政厅核准正式成立,是广东省(不含深圳市)商业性保险中介机构自愿结成的非营利性行业自律组织,接受广东省民政厅的监督管理及广东保监

---

① 《广东省志》编纂委员会:《广东省志(1979—2000)·银行·证券·保险卷》,方志出版社2014年版,第379页。

局（现广东银保监局）的业务指导。协会下设保险代理专业委员会、保险经纪专业委员会、保险公估专业委员会、金融企业保险代理专业委员会、互联网保险中介专业委员会五个专业委员会。根据《广东省保险中介行业协会第三届会员单位名单》，协会共有会员单位354家。

广东省融资租赁协会是由广东省内各类租赁机构自愿发起组建、社会相关经济组织自愿参加的全省性、专业性、非营利性的社会团体，于2015年9月在广东省民政厅完成登记并正式成立，接受登记管理机关的监督管理和省政府相关职能部门的业务指导。

广东省商业保理协会于2015年1月31日登记成立，是由具有法人资格的商业保理机构及相关经济组织自愿发起组建的行业性、联合性、非营利性的社会团体。协会是全国首家成立的省级商业保理协会，也是全国会员数最多的商业保理行业组织。

此外，广东省小额贷款公司协会成立于2012年1月17日，由广东省行政区域内的小额贷款公司及小额贷款行业相关经济组织自愿组成，是经广东省民政厅批准并登记注册的非营利性社会团体法人。广东互联网金融协会于2014年5月由广东省民政厅批准成立，是全国首家省级互联网金融行业自律组织。广东省民间金融协会于2015年1月16日由广东省社会组织管理局批准成立，协会会员包括腾讯公司等广东省具有重要行业影响力的民营金融企业。

（二）广州、深圳地区的金融行业协会

广州、深圳作为广东地区的经济金融强市，自1990年起相继成立金融及类金融行业协会维护金融行业秩序，服务实体经济快速发展。其中，广州市成立唯一一家综合性金融行业协会及多个专业性金融行业协会，深圳市根据相关金融业态筹建多个金融专业性协会。

1. 广州地区。广州金融业协会是由广州地区金融机构、金融研究机构及相关企业、经济组织、社会团体等自愿结成的地方性、行业性、非营利性社会组织，于 2013 年 4 月 25 日经广州市民政局批复成立，是广州地区唯一的综合性金融行业协会。截至 2020 年 12 月，协会共有会员单位 104 家，涵盖银行、证券、期货、基金、保险、金融控股、资产管理、股权投资、小额贷款、融资担保、上市公司等各类金融或类金融机构。

表 12.8　　　　广州地区主要金融（类金融）行业协会

协会名称	成立时间
广州市金融服务促进会	2010 年 10 月 14 日
广州金融业协会	2013 年 4 月 25 日
广州私募基金协会（原广州股权投资行业协会）	2013 年 1 月 30 日
广州市融资担保行业协会	2013 年 4 月 23 日
广州市典当行业协会	2013 年 8 月 5 日
广州市科技金融促进会	2014 年 7 月 17 日
广州互联网金融协会	2015 年 4 月 10 日
广州市普惠金融协会	2016 年 11 月 16 日
广州市小额贷款行业协会	2017 年 9 月 20 日
广州市新三板企业协会	2018 年 6 月 1 日
广州金融人才协会	2018 年 12 月 3 日
广州市文化金融发展促进会	2019 年 11 月 21 日
广州市数字金融协会	2020 年 7 月 1 日
广州市绿色金融协会	2020 年 12 月 24 日

资料来源：广东社会组织信息网。

2. 深圳地区（参见表12.9）。（1）深圳市银行业协会。深圳市银行业协会是由深圳市银行业金融机构自愿组成的专业性、非营利性、行业自律性社会团体法人，成立于1998年5月，原名深圳市国内银行同业公会，2013年2月更名为"深圳市银行业协会"。协会接受深圳市社会团体登记机关的监督管理和深圳银监局的业务指导，下辖24个专业协调委员会，会员单位涵盖商业银行、开发性金融机构、政策性银行、非银行金融机构、团体会员等。（2）深圳市证券业协会。深圳市证券业协会前身是1990年8月31日成立的深圳市证券商联席会，联席会成员由深圳证券商组成。1993年10月，深圳证券商联席会向中国人民银行深圳市中心支行和深圳市证券管理办公室申请成立深圳证券商协会。1994年7月2日，深圳证券商协会在协会第一届会员大会上宣布正式成立。1997年，深圳证券商协会对管理体制进行调整和改革，并更名为深圳市证券业协会。同年10月，深圳市证券管理办公室及中国人民银行深圳市中心支行下发通知，要求凡经批准在深圳市开展证券业务的证券经营机构应加入深圳市证券业协会，参与自律性管理。1998年5月，深圳市证券管理办公室批复同意，凡经中国人民银行批准，注册地址在深圳的基金管理公司、外资证券机构深圳代表处以及经中国证监会批准获得证券投资咨询业务资格的深圳专业咨询机构可吸收为协会会员。[①]（3）深圳市保险同业公会。深圳市保险同业公会成立于1994年10月，是在深圳市依法登记注册的社会团体法人。1996年7月开始进入实体化运作。公会下设产险、车险、寿险个险、寿险团险、医疗理赔、法律事务、车险理赔、银行保险、产险信息、健康养老信用

[①]《广东省志》编纂委员会：《广东省志（1979—2000）·银行·证券·保险卷》，方志出版社2014年版，第379—380页。

险、意责险、寿险两核、反欺诈等 13 个专业技术委员会以及统计、信息两个专业工作小组。

表 12.9　　深圳地区主要金融（类金融）行业协会

协会名称	成立时间
深圳外资金融机构同业公会	1990 年 11 月 14 日
深圳市证券业协会	1994 年 5 月 13 日
深圳市保险同业公会	1994 年 10 月 5 日
深圳市银行业协会	1998 年 7 月 28 日
深圳市创业投资同业公会	2000 年 10 月 13 日
深圳市期货同业协会	2004 年 8 月 10 日
深圳市保险中介行业协会	2004 年 8 月 30 日
深圳市金融科技协会	2005 年 1 月 27 日
深圳市信用担保同业公会	2006 年 3 月 14 日
深圳市私募基金商会	2006 年 4 月 21 日
深圳市小额贷款行业协会	2010 年 6 月 24 日
深圳市金融服务外包协会	2010 年 12 月 24 日
深圳市典当协会	2011 年 1 月 31 日
深圳市投资基金同业公会	2013 年 3 月 15 日
深圳市科技金融促进会	2014 年 9 月 30 日
深圳市中小企业金融服务协会	2014 年 6 月 5 日
深圳市金融人才协会	2015 年 5 月 15 日
深圳市互联网金融协会	2015 年 6 月 3 日
深圳市融资租赁行业协会	2015 年 11 月 11 日
深圳市商业保理协会	2015 年 12 月 28 日
中小银行互联网金融（深圳）联盟	2017 年 8 月 31 日
深圳市前海金融同业公会	2017 年 12 月 6 日
深圳市供应链金融协会	2019 年 6 月 25 日
深圳私募基金业协会	2020 年 10 月 9 日
深圳市绿色金融协会	2021 年 8 月 24 日

资料来源：广东社会组织信息网。

(三) 广东其他地区的金融行业协会

自1995年起,广东其他19个地级市(广州、深圳除外)相继筹建银行、证券、保险等传统金融业态的行业协会(见表12.10)。其中19个地级市均成立了银行、保险行业协会,清远市于2004年6月最早(深圳除外)成立保险行业协会;江门、东莞、珠海等三个地级市成立了证券行业协会;江门、东莞、韶关、清远、佛山、肇庆、汕头、惠州八个地级市,根据所在地区金融创新和监管情况,成立了小额贷款、融资担保、互联网金融、私募基金、地方金融、科技金融等行业协会,东莞市于2014年6月成立珠三角首家市级互联网金融协会,佛山市于2012年5月成立广东省(深圳除外)首家地级市小额贷款行业协会。

表12.10　广东地区各地级市(广州、深圳除外)主要金融(类金融)行业协会

协会名称	成立时间
江门市证券业及上市公司协会	1995年7月6日
江门市银行同业公会	2000年11月28日
江门市保险行业协会	2004年7月21日
江门市地方金融行业协会	2013年12月30日
东莞市证券期货业协会	1997年8月27日
东莞市保险行业协会	2005年3月14日
东莞市银行业协会	2008年8月19日
东莞市互联网金融协会	2014年6月11日
东莞市松山湖科技金融促进会	2021年2月3日
中山证券业协会	1998年8月25日
中山市保险行业协会	2005年5月23日
中山市银行业协会	2009年3月25日
中山市地方金融协会	2014年4月11日
韶关市银行业公会	2001年5月29日
韶关市保险行业协会	2006年9月27日

续表

协会名称	成立时间
韶关市地方金融行业协会	2011年10月27日
清远市保险行业协会	2004年6月25日
清远市银行业协会	2006年11月16日
清远市地方金融行业协会	2012年7月12日
佛山市保险行业协会	2005年9月7日
佛山市银行业协会	2005年12月5日
佛山市证券期货协会	2009年3月31日
佛山市小额贷款行业协会	2012年5月10日
佛山市科技金融协会	2015年10月27日
佛山市地方金融促进会	2020年8月18日
珠海市保险行业协会	2005年12月5日
珠海证券期货业协会	2007年6月15日
珠海市银行业协会	2009年7月16日
梅州市保险行业协会	2006年9月28日
梅州银行业公会	2010年7月1日
肇庆市保险行业协会	2006年11月27日
肇庆市银行业协会	2007年3月20日
肇庆市地方金融行业协会	2012年11月30日
湛江市保险行业协会	2007年5月23日
湛江银行同业公会	2009年1月19日
湛江市科技金融协会	2016年10月27日
茂名银行同业公会	2007年8月21日
茂名市保险行业协会	2007年10月15日
汕头市保险行业协会	2007年11月25日
汕头市银行业协会	2011年12月16日
汕头市地方金融协会	2014年7月17日
惠州市银行业协会	2008年11月6日
惠州市保险行业协会	2010年3月24日
惠州市融资担保行业协会	2011年12月28日
惠州市私募基金业协会	2019年6月26日

续表

协会名称	成立时间
河源银行业公会	2008年11月12日
河源市保险行业协会	2009年11月18日
河源市地方金融协会	2021年11月2日
云浮市银行业协会	2009年3月5日
云浮市保险行业协会	2009年6月2日
阳江市银行业协会	2010年7月26日
阳江市保险行业协会	2011年2月30日
潮州市银行业协会	2010年9月2日
潮州市保险行业协会	2013年6月19日
潮州市地方金融协会	2015年8月4日
汕尾银行同业公会	2011年9月8日
汕尾市保险行业协会	2013年6月24日
揭阳市地方金融协会	2011年12月31日
揭阳市银行业协会	2011年12月12日
揭阳市保险行业协会	2013年4月28日

资料来源：广东社会组织信息网。

二 广东金融监管部门行业自律工作的开展

（一）广东金融监管部门行业自律工作

在广东银行同业公会、广东证券期货业协会、广东省保险行业协会等金融行业协会尚未筹建之前，中国人民银行广州分行、广东银监局、广东证监局、广东保监局等金融监管部门依托监管职能引导行业自律。21世纪初，随着广东省主要金融行业协会的相继设立，广东省金融监管部门通过指导行业协会业务开展来引导行业自律。

广东银监局、广东证监局、广东保监局每年定期召开辖区内银行业、证券期货业、保险业监督管理工作会议，总结分析金融行业的形势和主要风险，引导行业健康发展。广东银监局指导广东银行同业公会开展银行业文明规范服务相关评选工作，引导银行业规范自律。广东证监局（原广东证监会）根据中国证监会的授权，自1998年开始每年对辖区内1/2证券经营机构进行定期检查，检查内容主要包括客户保证金存管和余额、证券自营业务及计算机管理系统。广东证监局于2012年发布了《广东证监局证券期货市场诚信档案管理暂行办法》，推进辖区证券期货市场诚信体系建设，促进辖区资本市场健康发展。广东证监局于2019年联合深圳证券交易所及有关行业协会举办投资者保护系列宣传活动。2020年，其印发《关于开展辖区"5·15全国投资者保护宣传日"及防范非法证券期货活动宣传月有关活动的通知》，并编印《投资者保护宣传手册》，提升理性投资和风险防范意识。

此外，为有效治理金融产品违法违规广告行为，切实防控金融风险，广东省各金融监管部门共同签署《协同开展金融广告治理工作的合作备忘录》，率先建立多监管部门合作机制，共同制定金融广告的正面与负面清单，建立甄别机制，搭建金融广告监测平台，并由中国人民银行广州分行指导成立广东省金融广告监测中心，利用科技手段对金融广告进行自动化监测。

（二）广东各地级市金融监督管理局行业自律工作

1. 广州地区。广州市金融监管局开展的行业自律工作如下：（1）开展广州地区金融、类金融机构现场检查工作，规范企业经营行为。通过全面检查、专项现场检查、现场临时检查等方式重点检查广州市融资性担保公司、广州市小额贷款公司、广州市网络借贷信息中介机构、广州市股权类企业等机构，并制定与之相配套的现场检查细则。（2）制定行业规范发展的制度和办法，并经广州市人民政府办公厅印发实施,主要包括2020年印发实施的《广州市融资担保公司监督管理暂行办法》,2017年印发实施的《广州市风险投资市场规范发展管理办法》《广州市关于促进各类交易场所规范发展的暂行办法》,2015年印发实施的《关于促进广州股权投资市场规范发展的暂行办法(修订)》,2013年印发实施的《广州市小额贷款公司监督管理暂行办法》等。(3)开展行业整顿和合规自查工作,引导行业自律可持续发展。重点对广州市融资性担保公司进行整顿和规范,严格把控行业准入,并对重点事项变更、退市、风险等情况进行公告或警示;要求广州市网络借贷信息中介机构做好企业合规自查,并按照国家、广东省的要求,对行业进行整改。(4)牵头筹建并支持、引导广州金融业协会、广州股权投资行业协会、广州互联网金融协会、广州市新三板企业协会等行业协会发挥行业自律和服务作用。[①]

2. 深圳地区。深圳市金融监管局在地方金融监管与自律方面,重点开展以下工作:(1)探索制定《深圳市小额贷款公司运营守则(试行)》和《深圳市小额贷款公司运营指引(试行)》,并于2011年1月1日起正式实施,以约束小额贷款公司行为,推动小额贷款公司健康、规范发展。(2)2013年10月29日,上线深圳小额贷款公司监管信息平台,增强对深圳小额贷款行业的监管扶持。(3)每年组织深圳市银行业协会、证券业协会、期货业协会、保险同业公会、保险中介行业协会、小额贷款行业协会等金融行业协会负责人召开深圳市金融行业协会联席会议,加强金融行业协会间交流合作,规范深圳金融业发展。(4)筹建全国首个地方金融标准化委员

---

① 广州市地方金融监督管理局:广州市地方金融监督管理局官网工作动态,2019年4月16日,http://jrjgj.gz.gov.cn/gzdt/index.html。

会——深圳市金融标准化技术委员会,并于2016年12月9日正式揭牌运作。①

3. 广东其他地区。引导筹建金融行业协会并指导行业协会开展行业自律工作,是广东其他地区金融工作部门加强金融行业自律的主要举措。随着金融创新和金融新业态的不断出现,地方金融工作部门被赋予更多的监管职能,对小额贷款、融资担保等公司的准入审查以及日常检查监督,是新时期地方金融部门引导行业自律工作的重要举措。

三 广东金融行业协会自律活动的开展

(一)广东省级金融行业协会自律活动

广东银行同业公会、广东证券期货业协会、广东省保险行业协会是广东地区金融领域运作时间较长、会员数量庞大的传统行业协会,凭借会员优势,依法开展形式多样的行业自律活动。随着金融业态不断丰富,自2010年起,广东相继成立广东省小额贷款公司协会、广东互联网金融协会等类金融行业协会,并依托行业协会力量加强金融新业态的行业自律。

1. 广东银行同业公会开展的自律活动。2000—2020年,广东银行同业公会通过实施多项举措加强广东银行业自律:一是每年定期召开广东地区银行业协(公)会联席会议以及专业委员会成员会议,做实行业自律、维护行业权益、提高服务水平、强化协调职能;二是开展中间业务收费情况调查,协助广东银保监局纠正银行业不正当交易行为和治理商业贿赂;三是定期开展广东地区银行业

---

① 深圳市地方金融监督管理局:深圳市地方金融监督管理局官网——工作动态,2019年4月16日,http://jr.sz.gov.cn/sjrb/xxgk/gzdt/index.html。

文明规范服务星级网点及千、百佳单位达标评估工作,规范服务,加强自律;四是印发《加强行业自律,维护金融市场健康发展的指导意见》等银行业自律指导意见,强化银行业自律工作;① 五是组织各会员单位签订《广东银行业治理商业贿赂行为自律公约》《规范中间业务收费价格倡议书》等文件,约束银行业金融机构行为,并于2018年联合广东省内主要金融行业协会代表各自会员签署《广东省金融业务广告宣传行为自律公约》,在金融广告治理方面发挥行业自律作用。

2. 广东证券期货业协会开展的自律活动。广东证券期货业协会自成立以来,通过开展现场检查、打击非法证券活动、签署行业自律公约等方式加强广东证券期货业自律:一是根据中国期货业协会《关于开展期货公司投资者教育工作检查的通知》的有关要求,对广东辖区期货公司和异地期货公司辖区营业部的投资者教育工作进行非现场(电话、网站)和现场相结合的检查,并向中国期货业协会提交检查报告;二是在广东证监局打击非法证券活动领导小组的统一领导下,协助开展严厉打击网络非法证券活动的公益广告宣传;三是组织广东辖区证券期货公司等机构签署了《广东证券期货业治理商业贿赂自律公约》《广东辖区期货居间业务自律管理公约》等自律文件。

3. 广东省保险行业协会开展的自律活动。广东省保险行业协会通过签署行业自律公约、检查通报等方式加强广东保险行业自律。一是配合监管部门开展汽车流通企业、汽车维修企业代理保险业务整顿规范工作;二是定期召开专业委员会主任办公会议,广泛讨论

---

① 中国银行业协会:《广东银行同业公会印发〈加强行业自律,维护金融市场健康发展的指导意见〉》,中国银行业协会——各地协会,2011年3月24日。

规范保险行业健康有序发展的热点问题;三是引导广东保险销售从业人员通过综合信息管理平台进行信息清理工作。此外,为充分发挥行业自律组织功能作用,广东省保险行业协会与广东省保险中介行业协会于2017年发文要求各地市协会加强保险中介行业自律组织建设工作。

除银证保三大主要金融行业协会外,广东省小额贷款公司协会积极开展行业自律与诚信创建活动,于2013年研究制定《广东省小额贷款公司协会关于开展行业自律与诚信创建活动方案》,发动会员单位积极参加并监督落实;于2017年印发《广东省小额贷款公司协会违规信息库管理试行办法》,规范会员单位经营行为;2018年发布关于转发中国人民银行广州分行关于组织行业性自律组织会员单位签署《广东省金融业务广告宣传行为自律公约》的通知,自觉加入广东省金融业务广告宣传行为自律活动。广东互联网金融协会于2018年牵头联合广州互联网金融协会、东莞市互联网金融协会等单位成立广东省P2P网贷机构自律检查工作组,对广东省(不含深圳)P2P网络借贷信息中介机构开展自律检查。

(二)广州、深圳金融行业协会自律活动

广州、深圳地区的金融行业协会自成立以来,积极履行行业自律的职能,广州地区以广州金融业协会为主,引导金融行业自律发展;深圳地区以深圳市银行业协会、深圳市证券业协会、深圳市保险同业公会等三大传统金融行业协会为主,共同促进金融行业自律发展。

广州金融业协会在广州金融行业自律方面发挥着重要作用。2013—2020年间,其联合广州市房地产中介协会、广州互联网金融协会于2016年4月发布《关于停止首付贷及众筹购房等金融业务通知》，要求会员单位当日全面停止首付贷、众筹购房等金融业务，以促进互联网金融规范发展；2018年9月，联合广州市房地产租赁协会、广州市房地产中介协会、广州互联网金融协会发布广州住房租赁行业倡议书，防范住房租赁金融风险，营造健康市场环境；2019年，联合南方都市报、广东银行同业公会、广东保险行业协会等共同发起"315系列活动"，通过线上发放调查问卷、线下深度访谈、多角度多方位调查，推出行业报告、举办系列专题研讨会，保障金融消费者权益。自2014年起，配合广州市金融工作局开展小额贷款风险排查工作，促进小额贷款公司规范经营；协助广州市金融工作局制定《广州市促进民间融资健康发展的指导意见》，规范行业健康有序发展；组织开展广州金融服务之星评选活动，评选出最佳金融服务明星及最佳金融服务窗口，树立金融行业典型和模范。

此外，广州地区金融类专业协会在其专业领域积极发挥行业自律作用，其中广州互联网金融协会于2015年发布互联网金融服务规范自律公约，以规范互联网金融服务行业经营行为；于2018年7月、2019年11月发布《广州市网络借贷信息中介机构业务退出指引（试行）》《网贷中介机构良性退出投票系统相关规则（试行）》，促进广州市网络借贷行业规范发展。[1]

深圳市银行业协会从开展文明规范示范单位评选、组织签署行业公约等方面开展银行业自律工作。（1）按照中国银行业协会的统一部署，结合深圳市银行业特点，组织开展"中国银行业文明规范

---

[1] 广州互联网金融协会：《广州市网络借贷信息中介机构业务退出指引（试行）》，新浪财经，2018年7月30日，http：//finance.sina.com.cn/roll/2018-07-30/doc-ihhacrcc6196596.shtml。

服务千佳示范单位""中国银行业文明规范服务百佳示范单位""深圳市银行业文明规范示范单位"等系列活动,推动深圳银行业规范经营,提升金融服务水平。(2)印发行业自律公约、经营承诺书等文件,推进行业规范发展,其中,2012年组织会员签署《深圳银行业规范经营承诺书》,承诺杜绝不规范经营行为,严格遵守金融服务收费规定;2013年建立"行业从业人员"名单制度,加强从业人员信用记录管理,推动诚信体系建设;2016年印发《深圳市银行业协会自律公约》《深圳市银行业协会自律惩戒管理办法》等制度文件,规范协会会员行为及日常管理流程。[①]

深圳市证券业协会开展的行业自律活动主要包括:(1)组织会员签署《深圳地区证券营业部诚信与自律公约》和《深圳地区证券营业部总经理诚信与自律承诺书》,维护深圳证券市场秩序和行业共同利益,共同抵制行业内不正当竞争;开展证券营业部客户服务与证券交易佣金自律管理现场检查,督促会员认真履行诚信与自律公约。(2)设立深圳"资本圈"证券、基金行业"年度经营成就奖",引导行业健康发展,并建立"会员单位数据报送系统"和"深圳地区证券营业部经营信息数据库",为相关监管部门和会员单位提供必要的行业统计信息。(3)推出"深圳资本圈企业责任指数",并于2011年起每年编著出版《深圳资本圈企业社会责任报告》,建立证券基金业社会责任评价体系。[②]

深圳市保险同业公会通过制定公约制度、加强诚信管理、设立

[①] 根据深圳金融发展报告编委会编《深圳金融发展报告》(2007—2017)整理。

[②] 根据深圳金融发展报告编委会编《深圳金融发展报告》(2007—2017)整理。

专业技术委员会等举措开展保险行业自律工作：（1）2009—2017年间，相继推出《产险营销员规范管理规定》《深圳市保险营销员品质管理规定》《深圳市保险同业公会营销员品质管理委员会工作规则》《深圳车险现场销售行为可回溯管理实施细则》《深圳车险保险收付管理指引》等公约制度，规范保险相关业务的开展。（2）加强诚信管理，联合有关行业协会制定《深圳人身保险销售从业人员诚信管理暂行办法》《深圳市保险"关注类人员"名单管理办法》《深圳市商业银行保险销售从业人员执业管理暂行办法》，并于2015年、2017年相继上线行业诚信管理平台和寿险从业人员信息管理平台。（3）设立产险、车险、车险理赔、寿险个险、营销员品质管理等专业技术委员会，在自律方案实施和自律跟踪检查方面发挥群体智慧，促进自律工作顺利开展。[1]

此外，深圳市小额贷款行业协会通过风险警示函、会员自查自纠、走访会员单位等形式和举措做好深圳市小额贷款行业自律规范工作，并协助深圳市地方监督管理局开展《关于促进深圳市小额贷款公司健康、规范发展的若干意见（草案）》的征求意见工作，以促进行业的健康有序发展。深圳市保险中介行业协会于2012年制定发布全国首个互联网保险业务服务标准——《深圳市保险代理、经纪机构互联网保险业务服务标准》，完善保险中介行业自律机制。[2]

（三）广东其他地区金融行业协会自律活动

广东其他地区金融行业协会主要通过组织会员签署诚信自律承

---

[1] 根据深圳金融发展报告编委会编《深圳金融发展报告》（2007—2017）整理。

[2] 深圳金融发展报告编委会：《深圳金融发展报告（2012）》，人民出版社2013年版，第249页。

诺书、开展自查自纠、举办行业自律宣讲等方式推动金融行业的自律发展。其中，东莞市互联网金融协会联合东莞市金融消费权益保护协会举办涉金融业务广告宣传自律规范宣讲会，规范互联网金融企业的金融广告宣传行为，促进行业健康平稳发展；佛山市金融消费权益保护协会、佛山市银行业协会、佛山市证券期货协会、佛山市保险行业协会联合签署《关于加强金融广告行业自律管理的合作备忘录》。

四 广东金融机构行业自律活动的开展

改革开放以来，广东金融机构积极参与广东省、各地级市金融监管部门和金融行业协会定期组织的行业自律活动，并通过举办内部培训、建立完善经营管理体系等方式规范经营行为，促进行业自律。

（一）广东金融机构自律活动的开展

广东金融机构自律活动开展主体是银行、证券、保险等传统金融机构，小额贷款、融资担保、商业保理等类金融机构则根据机构发展需要不定期开展自律活动。

1. 银行机构开展的自律活动。招商银行股份有限公司、平安银行股份有限公司、广发银行股份有限公司、广东南粤银行股份有限公司、广东省农村信用合作社、广州农村商业银行股份有限公司等广东本土银行代表，通过加强内部规范管理来实现内部自律。其中，招商银行股份有限公司成立内控规范专项工作小组，并编辑《招商银行内部控制手册》，于每年年底在总行和分行开展内控评价工作；平安银行股份有限公司组建千人内控主任队伍，强化网点内控合规能力；广州农村商业银行股份有限公司开展风险防控百日整治行动，全面梳理各项业务流程并完善内控机制。

2. 证券机构开展的自律活动。广发证券股份有限公司、万联证券股份有限公司、广州证券股份有限公司、东莞证券有限责任公司、广发期货有限公司、易方达基金管理有限公司等广东本土证券期货业代表，通过完善内部管理、建设合规机制来实现内部自律。其中，广发证券股份有限公司制定《广发证券合规管理制度》等规章制度，实现合规建设的规范化和制度化，并建立"董事会（风险管理委员会）——经营管理层（合规总监）——合规部门——各部门、各分支机构合规人员"的四级合规管理组织体系，以及由合规部门、稽核部门、风险管理部门联合组成的风控体系。

3. 保险机构开展的自律活动。众诚汽车保险股份有限公司、安联财产保险（中国）有限公司（简称"安联财险"）、复星联合健康保险股份有限公司、珠江人寿保险股份有限公司、横琴人寿保险有限公司等广东本土保险公司代表，通过不断完善内部制度实现内部自律。其中，安联财险通过培训宣导，提升公司员工和销售从业人员的合规意识，并不断完善内控制度，逐步建立健全防范和处置非法集资长效机制，促进公司健康平稳发展。

（二）广东金融控股集团自律活动的开展

广东省辖区内的金融控股集团主要以广州金融控股集团有限公司、广州越秀金融控股集团股份有限公司、东莞金融控股集团有限公司等为代表。

广州金融控股集团有限公司原名广州国际控股集团有限公司，于2013年12月更名，业务范围涵盖银行、证券、信托、期货、基金、保险、股权投资、资产管理、典当、小额贷款、小额再贷款、融资租赁、再担保、商业保理、互联网金融、股权交易、金融资产交易、商品交易清算、航运金融等主要金融领域。2014—2020年，广州金融控股集团组织集团公司和控股公司开展"金控大讲堂"系列培训，以及"法律知识""风控制度""金融机构集团化治理及所属机构风险管控""合规与风险管理""强化风险防范，落实审计整改"等专题培训，通过培训加强内部制度建设和规范管理，推进集团自律工作，同时还指导立根融资租赁有限公司等控股公司建立风险管理相关制度，加强人员配备和队伍建设，推进风险管理体系建设。

广州越秀金融控股集团股份有限公司原名广州越秀金融投资集团有限公司，于2014年7月更名，2016年8月成为国内首个地方金控上市平台，拥有越秀租赁、广州资产、越秀产业基金、广州担保、越秀小额贷款、越秀金融科技等金融业务平台。2014—2020年，广州越秀金融控股集团股份有限公司和旗下金融业务平台开展公司规范管理和自律工作，主要包括聘请毕马威公司作为外部顾问，全面开展风险管理体系建设项目；举办公司治理专题培训和纪律教育月专题培训，梳理上市公司治理及规范运作的知识体系。

东莞金融控股集团有限公司成立于2016年1月，持有包括东莞信托、东莞证券、东莞银行、华联期货等在内的东莞银行、证券、信托、期货等法人金融机构类型股权，业务结构为长期投资、短期投资和经营性物业投资。2016—2020年，东莞金融控股集团依托控股公司的优势，全面建设风险管理体系，完善公司风险管理和自律工作。

第四节　金融文化建设发展

一　广东金融文化机构建设

（一）广东省级金融文化机构

从改革开放至21世纪初，广东省各类金融学会是广东金融文化建设的主要力量，学会以银行、企业为依托，拥有大量会员并聚集有志于金融科研的专业和业余研究人员，推动广东省金融理论研究和现实问题研究，截至2020年12月，正常运作的广东省级金融学会主要有广东金融学会、广东保险学会、广东农村金融学会、广东城市金融学会、广东省钱币学会等，其中广东金融学会成立最早、辐射面最广、拥有会员最多。"十二五"时期以来，广东不断深化金融文化建设，相继成立广东—诺丁汉高级金融研究院（以下简称"广诺研究院"）、广东南方金融创新研究院（以下简称"南方金融研究院"）等金融研究机构提升理论研究水平，组建广州金交会投资管理有限公司（以下简称"广州金交会公司"）举办中国（广州）国际金融交易·博览会（以下简称"广州金交会"）和"金羊奖"评选等活动，规划建设岭南金融博物馆展示金融历史、弘扬优秀金融文化和传播金融知识。

1. 广东金融学会。广东金融学会成立于1950年，是从事金融科研活动的群众性学术组织。成立五年后，因各种原因而停止活动。1980年3月恢复活动，召开代表大会并产生第二届理事会，选出49名理事。广东金融学会为中国金融学会和广东省社会科学学会联合会（现为广东省社会科学界联合会）团体会员。学会主管单位是中国人民银行广州分行，1999年变更为人民银行广州分行。广东金融学会成立较早，未办社团登记手续，于1989年经广东省民政厅批准补办登记注册。[①] 该学会是《南方金融》学术支持单位之一，《南方金融》是集理论性、实用性、政策性于一体的金融学术期刊，2021年入选CSSCI扩展版来源期刊，连续九次入选"全国中文核心

---

① 《广东省志》编纂委员会：《广东省志（1979—2000）·银行·证券·保险卷》，方志出版社2014年版，第357页。

期刊",多次被评为"复印报刊资料"重要转载来源期刊,2018年被评为"中国人文社会科学综合评价 AMI 核心期刊"和"广东省优秀期刊"。

2. 广东保险学会。广东保险学会经原广东省社会科学学会联合会同意于1985年4月成立,是研究保险科学的群众性学术团体。学会主办会刊《广东保险》(双月刊),开辟栏目主要有保险论坛、经验交流、调查报告、业务研究、问题讨论、案例分析、保险站园地、世界保险之窗等;1996—1997年期间短暂停刊,1998年恢复出版,并把栏目设置调整为本刊专稿、保险论坛、业务研究、经验交流、法律保障、市场调查、案例分析、营销园地、防灾防损、保险世界等。①

3. 广东农村金融学会。广东农村金融学会于1980年3月在广州成立,是研究国内外农村金融科学的群众性学术团体,创办会刊《广东农村金融研究》。②

4. 广东城市金融学会。广东城市金融学会于1988年成立,是中国工商银行广东省分行进行金融理论研究的群众性学术团体组织,1986年创办内部会刊《广东城市金融调研》,不定期出版,共出13期,1989年12月停刊;1990年创办内部月刊《南方城市金融》,1995年12月停刊;1996年创办内部刊物《金融研究论文集》,共出13期,1999年6月停刊。③

---

① 《广东省志》编纂委员会:《广东省志(1979—2000)·银行·证券·保险卷》,方志出版社2014年版,第559页。
② 《广东省志》编纂委员会:《广东省志(1979—2000)·银行·证券·保险卷》,方志出版社2014年版,第357页。
③ 《广东省志》编纂委员会:《广东省志(1979—2000)·银行·证券·保险卷》,方志出版社2014年版,第358页。

5. 广东省钱币学会。广东省钱币学会于1983年3月23日在广州成立,是广东省历史货币工作者、研究者和收藏者研究货币的群众性学术团体,是中国钱币学会的团体会员。1986年,广东省钱币学会编辑出版《首届年会钱币论文集》,1987年3月创办会刊《广东钱币通讯》,为不定期发行的内部刊物。①

6. 广东—诺丁汉高级金融研究院。广诺研究院是由广东金融学院、英国诺丁汉大学共同发起成立的中外合作机构,于2014年8月落户广东金融高新技术服务区,并于2015年5月正式揭牌运营。广诺研究院设立理事会和管理委员会,其中理事会是行使研究院管理权力的最高决策机构,下设综合部、研究咨询部、教学培训部、交流合作部等四个部门。广诺研究院拥有具备国际化视野和熟悉中国金融业态的学术、产业专家及师资队伍,旨在打造成为高端金融培训基地、新型国际化金融智库、高层次金融人才培养平台。

7. 广东南方金融创新研究院。南方金融研究院成立于2014年11月12日,是经广东省地方金融监督管理局认定的广东三大民间金融智库之一,核心业务包括课题研究、专业培训、咨询指导、调研评估、论坛沙龙、会展服务等。南方金融研究院的研究团队由经济金融决策咨询研究专家组成,包括国内外宏观经济金融政策研究人员,金融机构、企事业单位等微观经济主体的高层管理人员,以及高校、研究机构等理论研究人才,并设立客座研究员、访问学者、特聘专家等多类型研究岗位。南方金融研究院根据职能设立院务部、秘书处、专家顾问委员会、信息研究中心、活动策划部门等。

8. 广东省金融文化研究会。广东省金融文化研究会成立于2019

---

① 欧阳卫民主编:《岭南金融史》,中国金融出版社2015年版,第127页。

年5月，是由广东金融学院、暨南大学、深圳大学、广州大学、广东技术师范大学、中国人民财产保险股份有限公司广东省分公司、广州证券股份有限公司、东莞农村商业银行股份有限公司以及南方金融研究院等九家单位共同发起，集聚广东金融机构、高校及专家学者的金融人才培养和金融文化交流平台。广东省金融文化研究会以推进广东金融文化研究发展、助力广东金融经济竞争力提升作为主要职责，着力发挥理论建设、政策咨询、智库服务、品牌打造、行业引领、交流宣传等职能作用。

9. 其他机构。（1）广州金交会投资管理有限公司。广州金交会公司成立于2013年，主要服务于广东省地方金融监督管理局（以下简称"省金融监管局"）、中国（广州）国际金融交易·博览会组委会办公室，是广州金交会的承办执行单位。自2013年成立以来，广州金交会公司创办了金融图书"金羊奖"、金融消费权益保护、"金交会杯"体育竞赛、金融节、海报动画大赛等品牌活动。（2）岭南金融博物馆。岭南金融博物馆是华南地区首个综合性金融博物馆，坐落于广州市越秀区庐江书院，自2011年起规划建设，于2018年12月17日正式开馆。岭南金融博物馆被划分为货币、银行、传统金融、证券、保险、对外金融和广州金融七大展区，共有15间大小不一的展厅。截至2020年12月，博物馆藏品约为1.8万件（套），展出展品500件（套），藏品上限最早可追溯至南越王先祖政权建制之时，宏观展现与岭南金融有关的重要史实、事件、人物及相关文物，在展示金融历史、弘扬优秀金融文化、传播金融知识等方面发挥重要作用。（3）广东大观博物馆·佛山岭南金融博物馆。广东大观博物馆·佛山岭南金融博物馆是经广东省文物局正式备案、省民政厅和市民政局注册登记的非国有博物馆，于2018年1

月13日正式对外开放。该博物馆坐落于广东省佛山市南海灯湖西路28号，总建筑面积3700平方米，馆藏文物12000多件，其中一级文物150件，二级文物33件，三级文物18件，涵盖古代青铜器、青铜镜、陶器、瓷器、古钞等门类，其中青铜镜以藏品数量之多、精品之集聚位居国际博物馆前列。

（二）广州、深圳地区的金融文化机构

1. 广州地区。广州地区金融文化机构主要包括：（1）国际金融论坛（IFF）。国际金融论坛是非营利、非官方的独立国际组织，于2017年6月1日落户广州。国际金融论坛发起于北京，由中国、美国、欧盟、联合国等20多个国家（地区）及相关国际组织的领袖于2003年10月共同发起成立，是全球金融领域高级别常设对话交流和研究机构。作为中国与新兴经济体的国际金融外交及战略智库平台，国际金融论坛发挥"非官方G20"的功能与作用，被誉为全球金融领域的"F20"。（2）亚洲金融智库。亚洲金融智库成立于2018年11月20日，是广州市、广州开发区与亚洲金融合作协会共同打造的国际性高端金融智库，是亚洲金融合作协会的分支机构，由来自亚洲、欧洲、美洲、大洋洲和非洲五大洲的27个国家或地区的80家金融机构的首席经济学家或研究部门主管组成，其中境内专家47人，境外专家33人，智库以"面向市场、问题导向、深度观察、智慧方案"为定位，形成每周首席观点、每月专家问答、年度智库报告等中英文产品，举办季度论坛、智库年会等高端金融论坛，不断在国际金融舞台发出亚洲声音。（3）广州国际金融研究院。广州国际金融研究院于2015年4月3日经广州市编制部门批复成立，由广州市金融工作局与广州大学共建共管，与广州大学金融研究院合署办公。该研究院组建了实力强盛的专兼职研究队伍，设有金融政策研究所、金融统计研究所、金融工程研究所、产业金融研究所等研究机构，招收金融相关专业的博士后、博士生和硕士生。面向社会通过招标等方式组织设立"广州金融研究"系列课题（含战略性课题、重点课题、专项课题等类型），连年主办"风险管理与金融统计高端学术论坛"，编办决策咨询内刊《金融研究简报》《金融要请快报》《金融政策内参》和国际学术刊物（Quantitative Finance and Economics）。(4) 广州金羊金融研究院。广州金羊金融研究院是于2018年10月24日经广州市民政局批复成立的民办非企业单位，加挂"国家金融与发展实验室广州基地"牌子，合署办公。该研究院接受广州市地方金融监督管理局业务指导，业务范围主要包括金融研究、政策咨询、学术交流、业务培训，举办论坛、讲座，承接政府职能转移和购买服务等。(5) 广州绿色金融研究院。广州绿色金融研究院于2019年8月开始筹建，2020年7月8日正式成立，与广州金羊金融研究院合署办公，实行"两块牌子、一套人马"的运作模式。该研究院成立以来主要开展以绿色金融为主的学术研究、品牌打造、文化传播和交流合作等工作，包括承接广州市地方金融监督管理局《绿色金融创新发展的广州实践》项目，开展绿色金融系列研究，定期出版国际期刊《绿色金融》（季刊，每年4期）。广州绿色金融研究院致力于提升广州绿色金融研究水平，推动绿色金融更好地服务于广州经济高质量发展和粤港澳大湾区国际金融枢纽建设，打造广州本地绿色金融领域创新发展高端智库。(6) 广州货币金融博物馆。广州货币金融博物馆于1995年9月建立，2001年经广东省文化厅批准正式挂牌运作。博物馆现有实物藏品1.3万枚，包括古今中外各历史时期的货币。博物馆坐落于广东金融学院图书馆社科馆5、6楼，占地面积达1600平方米，展线1000米，分设中国古代货币、民国时期货币、根据地货币、新中国货币、金银纪念币、粤港澳台货币、电子货币、金融票证、世界各国货币和货币反假十个展区，丰富的货币金融实物，真实反映货币金融发展的历程。（7）广州金融书店有限公司（简称"广州金融书店"）。广州金融书店是《广州市金融业发展第十二个五年规划》提出的建设项目，于2015年8月1日在广州中小微企业金融服务区正式开业。2016年11月，广州金融书店第一家分店——民间金融街店在民间金融街开业；2018年5月，广州金融书店第二家分店——绿色金融街店在广州绿色金融街开业；2020年下半年筹建广州金融书店南沙分店。截至2020年12月，书店出售金融经济、社会科学类书籍等4000多种、10000多册经典及最新书籍，有效传播金融文化知识，是广州金融文化建设的新型载体。

2. 深圳地区。深圳地区金融文化机构主要包括：（1）深圳经济特区金融学会。深圳经济特区金融学会成立于1985年7月，是中国金融学会和深圳市社会科学联合会的团体会员，业务指导单位为中国人民银行深圳市中心支行，学会会长由中国人民银行深圳市中心支行行长兼任，学会主要业务范围为组织学术研究和交流活动。自成立以来，学会举办了近百场大型金融学术研讨会、沙龙和专题分析会，并创办会刊《深圳金融》和深圳金融信息网站。截至2020年12月，学会共有团体会员单位111家，覆盖深圳银行、证券、保险及金融科研服务机构。（2）深圳高等金融研究院。深圳高等金融研究院是依托香港中文大学（深圳），于2017年1月经深圳市人民政府批准成立的金融研究机构。深圳高等研究院分别与普林斯顿大学、中国人民银行金融研究所等机构联合设立博士后培养项目，致力于建成颇具国际影响力的金融教育研究机构。研究院设有宏观金融稳定与创新研究中心、制度与资本市场研究中心、金融科技与社会金融研究中心、经济数据研究中心、湾区发展与中国经济研究中心等，主要职责包括培养创新拔尖人才、开展高水平研究、创建国际交流平台、承担金融智库功能、与金融机构等广泛合作等。

（三）广东其他地区的金融文化机构

继广东金融学会成立后，1981—2020年，梅州、汕头、珠海、韶关、佛山、茂名、阳江、东莞、湛江、汕尾、江门、潮州、惠州、揭阳、肇庆、河源等地相继成立金融学会，并把金融学会作为当地金融文化建设以及推动金融理论和学术研究的重要抓手（见表12.11）。

表12.11　　　　　广东（广州、深圳除外）主要金融学会

学会名称	成立时间
广东省梅州市农村金融学会	1989年1月18日
梅州市金融学会	2007年7月30日
汕头市金融学会	1999年10月25日
珠海市金融学会	1999年11月17日
韶关城市金融学会	2000年1月26日
韶关市农村金融学会	2000年3月1日
韶关金融学会	2012年10月15日
佛山市金融学会	2000年2月21日
茂名金融学会	2006年6月6日
阳江市金融学会	2009年9月25日
湛江市金融学会	2010年6月8日
汕尾金融学会	2010年10月21日
江门市金融学会	2012年5月11日
潮州金融学会	2012年9月13日
东莞市金融学会	2012年11月1日

续表

学会名称	成立时间
惠州市金融学会	2013年3月26日
揭阳金融学会	2013年7月1日
肇庆市金融学会	2014年5月15日
河源市金融学会	2017年10月31日

资料来源：广东社会组织信息网。

除金融学会外，部分地级市还成立促进当地金融决策、学术研究的金融研究机构，其中佛山于2014年11月组建佛山金融科技产业创新研究院，开展金融科技产业融合创新发展研究及决策咨询服务等系列工作；珠海横琴于2018年10月与吉林大学签署共建"横琴智慧金融研究院"的协议，建设高端金融智库。

二 广东金融论坛（研讨会）的组织开展

（一）广东省级金融论坛（研讨会）举办情况

广东由省政府及省级金融工作部门主导，形成一定规模的金融相关论坛主要有：2017年引进广东的中国风险投资论坛、创办于2012年的广州金交会系列论坛、创办于2015年的中国金融论坛——广金·千灯湖金融峰会等。

中国风险投资论坛由十届全国人大常委会副委员长成思危提议举办，前身是1999年4月和2000年4月在北京举办的中国风险投资研讨会。自2001年起，中国风险投资论坛于每年4月举办，在宏观制度（体制和机制上）、微观制度、实务操作等三个层次上研究中国风险投资发展的问题。截至2020年12月，中国风险投资论坛已成功举办21届，其中在中共广东省委、省政府的推动下，中国风险投资论坛自2017年起在广州、深圳两地轮流举办。

广州金交会系列论坛是广州金交会的核心内容，自2012年起每年固定于广州金交会期间举办，系列论坛分为主论坛和分论坛。每个论坛邀请国内外经济金融知名专家学者、企业领袖和财经媒体出席，围绕金融改革热点问题，凝聚众多金融专家思想精髓，探讨金融改革创新发展新途径。2020年，第九届广州金交会首次举办主题为"引金融活水，保市场主体"的金融产品交易专场活动，还举办了国有资本产融结合论坛、知识产权金融服务变革创新发展论坛、第五届全国金融业联合会联席会议、中国（广州）直播电商大会·带货节等论坛峰会活动。

中国金融论坛——广金·千灯湖金融峰会创办于2015年，由中国人民银行金融研究所、广东金融学院联合主办，论坛宗旨是"聚焦中国金融热点，引领中国金融创新，共谋金融跨界融合"，邀请了金融领域专家学者共同研究破解当前中国金融改革创新发展进程中面临的困境与难点，为中国及华南地区金融改革创新发展提供强大智力支持和营造良好舆论氛围。截至2020年12月，广金·千灯湖金融峰会已成功举办六届，成为中国政界、学界、金融界、实业界和媒体界的高端对话交流平台（见表12.12）。

表12.12　　　中国金融论坛——广金·千灯湖金融峰会举办情况

届数	论坛主题
第一届	中国互联网金融新趋势
第二届	谋划十三五金融发展推动金融业供给侧改革
第三届	金融新业态与粤港澳大湾区发展
第四届	金融开放与金融安全——助力粤港澳大湾区金融经济崛起
第五届	深化金融供给侧改革——提升粤港澳大湾区金融服务实体经济能力
第六届	新金融，新标杆，新气象

资料来源：广东—诺丁汉高级金融研究院官网。

（二）广州、深圳地区金融论坛（研讨会）举办情况

21世纪以来，广州、深圳结合各自地区金融特色每年定期或不定期举办系列金融论坛（研讨会、博览会）。

1. 广州地区。(1) 国际金融论坛（IFF）全球年会（以下简称"全球年会"）于2003年在北京首次举办，自2017年以来，随着国际金融论坛永久落户广州，第14—17届全球年会连续四届在广州举办，逐步成为广州吸引全球高端金融资源的重要平台，其中第17届全球年会于2020年11月21日举办，年会主题为"全面可持续发展：共商合作与危机应对"，设置开幕大会、政策对话、圆桌会议、专题峰会等十余场正式讨论，议题涉及新冠疫情后全球经济增长动力、新变局下的货币政策和财政政策、世界贸易组织改革与未来世界贸易体制、中美金融合作、"一带一路"绿色发展、金融科技创新产品和服务、绿色金融的创新与实践、粤港澳大湾区建设等。(2) 珠江金融论坛是广州市委、市政府为进一步优化广州金融生态环境、加快区域金融中心建设的一项重要举措，旨在探讨中国乃至全球金融领域的重大问题，促进金融改革创新和合作交流。珠江金融论坛于2011年12月举办第1期，至2020年12月，论坛已成功举办28期（见表12.13）。珠江金融论坛早期的主办单位为广州市政府或市政府金融部门，承办单位以广州地区金融系统单位为主；后逐渐演变、定型为由广州市政府指导、市政府金融部门主管、广州金融业协会主办、广州地区金融机构或相关组织承办的组织管理模式。珠江金融论坛已形成开展主题征文及评奖、约请高端演讲嘉宾、举办大型专题研讨、动员媒体广泛宣传、选编出版研讨成果等一整套成熟高效的举办规程，成为广州地区乃至中国南部影响力巨大的高端金融研讨平台。(3) 珠江资本讲堂创办于2017年，是广

州市金融工作局继广州科技金融路演中心、广州新三板企业路演中心后,为企业及金融资本专业服务机构搭建的对接交流新平台,每期珠江资本讲堂邀请资本市场专家、学者组成顶级讲师阵容,针对企业利用资本市场发展的热点话题进行授课交流。截至2019年12月,珠江资本讲堂成功举办23期,授课主题涵盖"资本市场做大做强""风投行业发展""新三板企业上市""私募基金管理政策培训""科技金融"等内容。2020年,珠江资本讲堂邀请知名专家连续举办三期区块链赋能金融专题培训,不断提升数字金融专业能力。

表12.13　　　　　　　　珠江金融论坛举办情况

期数	论坛主题	主办单位	承办单位	举办时间
1	汽车金融发展	广州市人民政府、广东银行同业公会	广州市金融办、广汽汇理汽车金融有限公司	2011年12月3日
2	世界经济与金融形势展望	广州市人民政府	广州市金融办	2012年1月17日
3	电子支付与电子商务	广州市人民政府金融工作办公室、广州市科技和信息化局	中国支付清算协会、中国电子商务协会、广东省网商协会、广州互联网协会	2012年5月25日
4	股权投资与转型升级	广州市人民政府金融工作办公室	广州股权交易中心	2012年8月9日
5	融资租赁发展	广州市人民政府金融工作办公室、中国外商投资企业协会租赁业委员会、广州越秀金融集团	广州越秀融资租赁有限公司	2012年8月10日
6	金融改革创新热点问题	广州市人民政府金融工作办公室、广州越秀集团有限公司	越秀地产股份有限公司、广州越秀金融投资集团有限公司	2012年9月26日

续表

期数	论坛主题	主办单位	承办单位	举办时间
7	经济形势与金融发展	广州市人民政府金融工作办公室	浦发银行广州分行	2012年12月18日
8	股权交易市场与企业成长发展	广州市人民政府金融工作办公室	广州股权交易中心	2012年12月21日
9	岭南货币金融史	广州市人民政府金融工作办公室	广州证券、广州金融业协会	2013年5月25日
10	互联网金融发展	广州市人民政府金融工作办公室、广州金融业协会	平安银行	2013年10月17日
11	小额贷款行业发展	广州市人民政府金融工作办公室、广州金融业协会	广州立根小额再贷款股份有限公司	2013年10月31日
12	金融控股公司发展	广州市人民政府金融工作办公室、广州金融业协会	广州金融控股集团有限公司	2013年12月31日
13	金融资产交易创新	广州金融业协会	广州金融资产交易中心	2014年4月18日
14	金融法制环境建设	广州金融业协会、广州仲裁委员会	广州金融仲裁院	2014年10月28日
15	民间金融创新发展	广州金融业协会	广州民间金融街管理有限公司	2015年1月29日
16	小微企业金融	广州金融业协会	广州中小微企业金融服务区管理有限公司	2015年8月1日
17	消费金融发展	广州金融业协会	中邮消费金融公司	2015年11月20日
18	自贸区金融创新	广州金融业协会	平安银行广州分行	2016年1月28日
19	财务公司发展	广州金融业协会	广州发展集团财务有限公司	2016年9月20日
20	全球金融中心发展	广州金融业协会	广州国际金融研究院	2017年5月26日
21	能源金融发展	广州金融业协会	广州供电局有限公司、广州南方投资集团有限公司	2017年7月28日

续表

期数	论坛主题	主办单位	承办单位	举办时间
22	金融支持健康产业发展	广州金融业协会	泰康之家投资有限公司	2017年10月20日
23	养老金融发展	广州金融业协会	幸福人寿保险股份有限公司	2017年12月27日
24	地方金融监管发展创新	广州金融业协会	广发银行广州分行	2018年10月11日
25	绿色金融创新发展	广州金融业协会	花都区金融局	2018年12月27日
26	国际视野中的巨灾保险	广州金融业协会	人保财险广东省分公司、平安财险广东分公司、太平洋财险广东分公司	2019年3月19日
27	普惠金融发展	广州金融业协会	广州银行	2019年11月8日
28	金融科技赋能实体经济发展	广州金融业协会	广州国际金融研究院	2020年12月30日

资料来源：珠江金融网。

2. 深圳地区。（1）中国（深圳）国际金融博览会系列论坛是中国（深圳）国际金融博览会（以下简称："深圳金博会"）的重要环节，自深圳金博会2007年首次举办以来，论坛每年固定在展会期间举办，通常围绕当届展会主题邀请相关领域专家进行主题分享，其中2020年第十四届深圳金博会举办系列专业论坛及推介会13场，内容主要涉及银行、证券、基金、期货的最新产品及服务推介，以及金融科技、商业保理、金融资产管理等行业的未来发展与机遇。（2）中国（深圳）私募基金高峰论坛是由深圳市私募基金协会于2007年创办，并于每年3月持续举办的私募基金行业盛会，是中国最早以私募基金命名的高峰论坛，也是全国唯一融合一、二级私募基金的高峰论坛。中国（深圳）私募基金高峰论坛在深圳市人民政府、深圳市地方金融监督管理局等单位的支持下，截至2020年12月，已成功举办14届，成为国内顶级私募基金管理人、政府部门、机构投资者和业界专家学者的年度盛会，对中国私募基金业的规范健康持续发展发挥着积极促进作用。

（三）广东其他地区金融论坛（研讨会）举办情况

相对比广州、深圳金融论坛（研讨会）的已成系列和极具规模，广东其他地区的金融论坛一般是结合当地金融热点问题不定期举办，以聚集金融各界力量探讨当地金融健康发展的思路和方向。

佛山市于2019年1月7日举办首届粤港澳大湾区金融发展论坛，邀请国务院发展研究中心、香港国际金融协会和国家及三地金融监管部门的专家学者共同为粤港澳大湾区未来金融发展建言献策。东莞市于2014年5月举办主题为"推动互联网金融创新助力实体经济发展"的2014中国（东莞）互联网金融高峰论坛，邀请国内知名研究机构专家学者以及全国知名财经媒体共同探讨转型时期的互联网创新传统制造业金融服务新模式。河源市于2017年9月举办"'互联网+普惠金融'主题论坛"，这是河源市首次举办"互联网+"与普惠金融"联姻"的峰会。汕头市于2018年12月举办"新时代·新跨越"金融服务民营经济高质量发展汕头论坛，落实党中央、国务院关于支持民营经济发展的重要战略部署，探讨加强金融对民营企业的服务力度。清远市于2020年1月举办"金融赋能·助力乡村振兴"2020年清远金融服务经济发展高峰论坛，探讨金融助力乡村振兴的新态势、新举措。

三 广东金融研究咨询的组织开展

广东作为中国改革开放的先行地区和前沿阵地，金融业随着改革开放而稳步发展。金融业的稳步发展有赖于金融研究咨询工作的推动，其中改革开放初始至 21 世纪初，金融研究工作的开展主体基本以金融监管部门与金融学会为主；21 世纪以来，随着金融研究院和行业协会的设立，金融研究咨询工作的主体进一步增加。

（一）广东省金融研究咨询工作开展情况

1. 依托金融行业协会（学会）开展的研究咨询活动。广东金融学会和其他各专业金融学会，自恢复活动或建立后，针对经济运行和金融活动出现的新情况、新问题及业务实际工作中的难点、热点，开展各种形式和各类专题的金融科学研究和学术交流活动。1980—1985 年，组织各种形式的金融学术活动 41 次，主要研讨内容包括货币理论和政策、储蓄理论、信贷资金管理与经济效益、银行体制改革、社会集资总量和特区、开发区金融等；1991—1995 年，围绕建立社会主义市场经济和新一轮金融体制改革，先后开展了关于深化金融体制改革、构建新的金融体系、正确履行中央银行职能、专业银行商业化改革、调整信贷结构、完善金融市场提高金融资产质量、加强金融监管等课题研讨活动；1996 年以后，广东金融业全面改革，形成多元化金融组织体系，围绕亚洲金融风暴、港澳回归和加入 WTO 后出现的新情况和新问题，组织各种形式的研讨会与座谈会，研讨课题主要包括粤港澳金融合作、东南亚一度出现的金融风险与防范化解、加入 WTO 后金融对策、建立和健全金融法制、建立金融同业自律、加强和改善金融监管、货币政策传导的理论、央行分支行如何提高货币政策执行能力、中小金融机构市场退出、广州地区金融中心地位等。①

广东保险学会自1987年成立以来，积极组织开展学术研讨会、经验交流会、专题报告会、征文评选比赛、专题调研考察等活动，为政府部门、监管机构和市场主体提供决策参考，开展的活动主要包括承接国家"七五"计划重点研究项目"保险业发展研究"的总课题、八个分课题及"粤港澳保险合作研究"等课题，举办"广东保险事业发展战略研讨会""1993年广东、珠海保险学会社会主义市场经济与保险理论研讨会""绿色保险发展"等研讨会，以及组织"农业保险征文活动""纪念广东复办国内保险业务十周年有奖征文""保险市场监管、业务发展、防范和化解风险"等系列主题征文评选活动。②

2. 依托金融研究院开展的研究咨询活动。广州国际金融研究院、广东南方金融创新研究院、广州金羊金融研究院等金融研究院是广东省（深圳市除外）承担金融研究咨询的主要力量。（1）广州国际金融研究院于2015—2020年期间先后承担国家社会科学基金重点项目三项，并承担多项国家社科基金一般项目和青年项目、国家自然科学基金项目、广东省社科规划（自然科学基金）项目等多种类型的科研课题，在金融基础理论、金融应用问题尤其是区域金融发展和地区金融决策等领域开展深入研究并取得系列研究成果；联合广州金融业协会组编华南金融研究书系，首批八本著作于2016

---

① 《广东省志》编纂委员会：《广东省志（1979—2000）·银行·证券·保险卷》，方志出版社2014年版，第359—361页。
② 《广东省志》编纂委员会：《广东省志（1979—2000）·银行·证券·保险卷》，方志出版社2014年版，第557—559页。

年12月在中国金融出版社正式出版，包括《新常态下的区域金融发展》《科技金融发展趋势与对策》《地方金融法治发展与创新》《资本合作与南亚机会》《人民币国际化进程监测》《金融风险指数构建与应用》《从财富评价到财富管理》《自由贸易区金融创新发展》。(2) 广东南方金融创新研究院作为广东社会组织类金融智库，拥有丰富的专家学者资源和数据资料，多次为广东省各级政府、金融监管部门、金融机构和其他相关单位提供深度观察和前瞻分析报告，撰写独到、详尽的财经文章及金融发展解决方案，其中接受国家部门委托课题4个，省级单位委托课题10余个。(3) 广州金羊金融研究院自成立以来，坚持以打造高端金融智库的建设理念为核心，努力提升研究成果与咨政质量，紧紧围绕战略规划、政策咨询、实证分析、理论创新等重要领域展开细致工作，并承接多项省级、省级以上重要课题，包括《金融创新支持民营经济发展研究》《广东金融十三五发展情况和十四五展望》《粤港澳大湾区金融发展指数研究》《粤东金融生态环境评估指标体系》等。

3. 设立广东金融决策专家顾问机制。2018年12月7日，省政府召开广东金融专家顾问委员会第一次会议，正式启动广东金融决策专家顾问机制，并聘请来自广东省内外金融领域知名专家学者担任首届广东金融专家顾问委员。此外，广东保险行业于2017年设立广东保险业咨询专家库，汇聚党建、法律、经济、科技、医学、建筑、新闻等领域的众多精英型专家。

4. 开展广东省优秀金融科研成果评选活动。广东省优秀金融科研成果评选活动由广东金融学会组织开展，至2020年12月已成功举办十一届，评选成果主要包括金融学术论文、金融研究报告和金融著作，评选活动有效推动广东省金融理论研究和调查研究工作的深入开展。

（二）广州、深圳地区金融研究咨询工作开展情况

1. 广州金融研究咨询工作的开展。1979—2005年，广州市金融研究工作主要依托广东省、广州市社会科学院以及广东省内高等院校实施开展；2005—2012年，广州市人民政府金融工作办公室挂牌运作以来，主要牵头组织开展广州市金融研究工作；2013年起，广州市金融工作局联合有关单位相继筹建广州金融业协会、广州国际金融研究院、广州金羊金融研究院等机构配合金融研究工作的开展。

广州国际金融研究院自挂牌运作以来逐步发展成为广东、广州金融研究咨询的主要力量。其与广州市金融工作局、与广州金融业协会等单位一道组织力量重点开展了《岭南金融史》的研究编纂工作，选调专业人员从事调查、论证、研究和编写，设立岭南金融史系列研究课题开展专项研究，召开珠江金融论坛专门研讨货币金融史暨岭南金融发展问题，六易其稿，于2015年10月由中国金融出版社出版。该书以及广州国际金融研究院等完成的相关课题研究成果，成为岭南金融博物馆建设的理论支撑。广州国际金融研究院在积极承担国家级、省部级等多渠道、多种类课题研究任务的同时，受广东省、广州市政府有关部门委托，设立"广州金融研究"系列课题研究平台，并与广东省哲学社会科学规划（工作）办公室合作设立广东省社会科学规划金融研究专项，组织省内外专家学者开展以广东、广州金融为主要对象的系列课题研究，为区域金融及国家金融改革发展提供理论依据和决策服务，取得了显著成效。

此外，广州市金融监管局、广州南沙区金融工作局等广州市、区金融工作部门以及广州银行等广州市属金融机构结合实际工作需要，委托广州市社会科学院、广州金羊金融研究院、广东南方金融创新研究院、广州绿色金融研究院、广东—诺丁汉高级金融研究院等研究机构开展系列金融课题研究工作，为金融决策提供参考（见表12.14、表12.15）。

表12.14　　　　广东部分金融研究机构2015—2020年
科研课题承担情况（节选）

课题来源	课题名称	承担单位	承担时间
国家级项目（国家社会科学基金、国家自然科学基金）	金融状况指数体系的构建与应用研究（重点项目）	广州国际金融研究院	2015年3月
	金融资源配置能力的统计测度研究（重点项目）	广州国际金融研究院	2015年6月
	双噪声扰动下随机Fisher – KPP方程的行波及动力学性质研究	广州国际金融研究院	2017年8月
	基于研发资本化的我国经济发展方式评级及新动能测度研究（重点项目）	广州国际金融研究院	2018年6月
	金融化行为与企业研发创新的挤出效应与动机研究	广州国际金融研究院	2019年7月
	非金融企业金融化的统计监测研究	广州国际金融研究院	2020年9月
	央行沟通能力指数的构建及应用研究	广州国际金融研究院	2020年9月
国家部委项目	金融资产价格跳跃性波动的风险测度与动态特征研究	广州国际金融研究院	2017年7月
	生态文明背景下绿色金融统计体系构建及应用研究	广州国际金融研究院	2016年12月
	工业产能过剩风险统计监测体系改进研究	广州国际金融研究院	2018年7月
	人民币汇率波动的统计监测研究	广州国际金融研究院	2017年9月
	我国交叉性金融业务统计问题研究	广州国际金融研究院	2018年9月
	金融创新支持民营经济发展研究	广州金羊金融研究院	2019年4月

续表

课题来源	课题名称	承担单位	承担时间
广东省规划项目（社科基金、自科基金）	新常态下产业结构转型的金融支持效率统计测度研究	广州国际金融研究院	2016年10月
	金融经济周期的形成机制及其模拟研究	广州国际金融研究院	2017年3月
	广东省新经济发展状况监测指标体系构建与应用研究	广州国际金融研究院	2017年12月
	虚拟金融资产价格波动的时变特征与风险度量研究	广州国际金融研究院	2018年5月
	金融支持珠三角地区战略新兴产业发展效率与对策建议	广州国际金融研究院	2018年12月
	粤港澳大湾区金融合作制度安排与法律保障研究	广州国际金融研究院	2018年12月
	广东区域系统性金融风险测度与防控研究	广州国际金融研究院	2018年12月
	基于网络舆情的金融资产价格波动影响机制与干预研究	广州国际金融研究院	2020年5月
广东省政府部门项目	广东金融产业发展评估及政策创新系列研究	广州国际金融研究院	2015年1月
	广东金融新业态发展研究	广州国际金融研究院	2015年3月
	互联网金融对我国货币政策和金融秩序的挑战及应对	广东南方金融创新研究院	2015年9月
	新常态下广州金融发展战略创新系列研究	广州国际金融研究院	2016年6月
广东省政府部门项目	广东股权债权融资创新发展及风险防范研究	广东南方金融创新研究院	2016年8月
	广州区域金融建设效果评价与对策研究	广州国际金融研究院	2016年12月
	开展创新创业金融街试点的终期评估	广东南方金融创新研究院	2017年9月

续表

课题来源	课题名称	承担单位	承担时间
广东省政府部门项目	新常态下广州金融改革发展政策创新研究	广州国际金融研究院	2017年11月
	广东省金融发展五年规划研究报告	广东南方金融创新研究院	2018年7月
	广东省地方金融监管实施问题研究	广东南方金融创新研究院	2018年7月
	广东省地方金融人才评价工作指引	广东南方金融创新研究院	2019年1月
	广东省中小企业融资成本问题研究	广东南方金融创新研究院	2019年5月
	"十四五"广东省经济发展动能转换和新动能培育研究	广东南方金融创新研究院	2019年7月
	粤港澳大湾区金融发展指数研究	广州金羊金融研究院	2019年12月
	广州在粤港澳大湾区国际金融枢纽建设中的定位研究	广州金羊金融研究院	2020年3月
	广东金融"十三五"发展情况和"十四五"展望	广州金羊金融研究院	2020年8月
	绿色金融创新发展的广州实践	广州绿色金融研究院	2020年12月
	广东金融生态评估指标与对策研究	广州金羊金融研究院	2020年12月
国际合作项目	Cross year series of cooperation projects in Quantitative Finance and Economics	广州国际金融研究院	2017年1月
	Research on The Belt and Road investment with green and sustainability	广州国际金融研究院	2020年12月

资料来源：广州国际金融研究院、广东南方金融创新研究院、广州金羊金融研究院、广州绿色金融研究院等机构网站。

表 12.15　　　　　　　广东金融研究平台 2015—2020 年
　　　　　　　　　　　科研课题立项情况（节选）

课题类型	课题名称	立项单位	立项时间
广东省哲学社会科学规划金融研究专项	我国货币政策走势对广东产业发展的影响分析及建议	广东省社科规划办	2018 年 12 月
	粤港澳大湾区金融合作制度安排与法律保障研究	广东省社科规划办	2018 年 12 月
	金融支持珠三角地区战略新兴产业发展效率与对策建议	广东省社科规划办	2018 年 12 月
	广东绿色金融改革创新试验区的制度创新与机制优化研究	广东省社科规划办	2018 年 12 月
	广东建设绿色金融改革创新试验区对策建议	广东省社科规划办	2018 年 12 月
	广东区域系统性金融风险测度与防控研究	广东省社科规划办	2018 年 12 月
	广东省系统性金融风险测度及应用研究	广东省社科规划办	2018 年 12 月
	广东金融法治水平评估与对策建议	广东省社科规划办	2018 年 12 月
	广东保险资金投资养老产业研究	广东省社科规划办	2018 年 12 月
广州市哲学社会科学"十三五"规划课题	加快广州航运金融中心建设研究	广州市社科规划办	2016 年 6 月
	广州互联网金融产业与传统金融业的竞合关系研究	广州市社科规划办	2016 年 6 月
	广州碳金融市场发展面临的困境及路径选择	广州市社科规划办	2016 年 6 月
	广州南沙自贸区金融创新与开放效应研究	广州市社科规划办	2016 年 6 月

续表

课题类型	课题名称	立项单位	立项时间
广州市哲学社会科学"十三五"规划课题	广州建设具有全国影响力的风投创投中心研究	广州市社科规划办	2017年5月
	广州市碳汇交易和绿色金融创新研究	广州市社科规划办	2017年5月
	广州市数字普惠金融发展的路径及对策研究	广州市社科规划办	2017年5月
	广州南沙新区航运金融创新体系研究	广州市社科规划办	2017年5月
广州市哲学社科规划广州区域金融政策重点研究基地专项	广州新型城镇化中政府投融资机制研究	广州市社科规划办	2016年6月
	"十三五"时期广州市深化区域经济（金融）合作研究	广州市社科规划办	2016年6月
	互联网金融诱导与农村金融创新的路径演变及风险控制——广州农村金融改革示范研究	广州市社科规划办	2016年6月
	互联网平台上的金融变异：形式还是本质	广州市社科规划办	2016年6月
	广州南沙自贸区与金融服务创新领域	广州市社科规划办	2016年6月
	广州市地方债产品创新和机制设计研究	广州市社科规划办	2016年6月
	利率市场化进程中广州商业银行资产负债管理研究	广州市社科规划办	2016年6月
	广州民间金融风险的成因与治理措施研究	广州市社科规划办	2016年6月
	利率市场化下广州市银行业转型与创新发展	广州市社科规划办	2016年6月
	广州自贸区资本账户开放先行先试研究	广州市社科规划办	2016年6月
	利率市场化条件下广州金融业竞争力评价	广州市社科规划办	2016年6月
	广东自由贸易试验区南沙新区片区信用体系建设与金融服务创新研究	广州市社科规划办	2016年6月
	广州市旅游业发展趋势、战略及其金融支持	广州市社科规划办	2016年6月

续表

课题类型	课题名称	立项单位	立项时间
广州市哲学社科规划广州区域金融政策重点研究基地专项	广州市互联网金融业发展的对策研究	广州市社科规划办	2016年6月
	"十三五"时期广州发展金融新业态和新型金融组织研究	广州市社科规划办	2016年6月
	谁是小微企业融资的主力军——广州市效诚小微企业融资渠道调查研究	广州市社科规划办	2016年6月
广州金融研究战略性课题	海上丝绸之路金融合作发展研究	广州国际金融研究院	2015年7月
	人民币国际化进程监测与路径创新研究	广州国际金融研究院	2015年7月
	珠江三角洲金融改革发展评估及对策研究	广州国际金融研究院	2015年7月
	以广东为重点的科技金融创新发展研究	广州国际金融研究院	2015年7月
	以广东为重点的区域金融风险监管研究	广州国际金融研究院	2015年7月
	以广东为重点的金融法治建设创新研究	广州国际金融研究院	2015年7月
	以广州为视角的区域财富管理中心建设研究	广州国际金融研究院	2015年7月
	广东自由贸易区金融政策创新发展研究	广州国际金融研究院	2015年7月
	以广东为重点的互联网金融创新发展研究	广州国际金融研究院	2015年12月
	以广州为视角的区域金融竞争力评价与对策研究	广州国际金融研究院	2015年12月
	以广东为重点的普惠金融创新发展研究	广州国际金融研究院	2016年11月
	以广东为重点的绿色金融创新发展研究	广州国际金融研究院	2016年11月

续表

课题类型	课题名称	立项单位	立项时间
广州市社会科学院设立的重大课题（重大专项、青年课题）中的金融课题	广州碳金融市场发展问题研究	广州市社会科学院	2015年2月
	广州城市建设和管理维护资金保障问题研究	广州市社会科学院	2016年1月
	广州扩大有效投资促进经济增长问题研究	广州市社会科学院	2017年1月
	广东金融业对外开放总体思路与实现路径研究	广州市社会科学院	2018年1月
	广东区域系统性金融风险监测模型研究	广州市社会科学院	2018年1月
	绿色金融制度框架与广州的战略路径研究	广州市社会科学院	2018年2月
	深化粤港澳金融合作背景下广州建设区域性私募股权交易市场研究	广州市社会科学院	2019年1月
	构建广州碳排放权期货市场研究	广州市社会科学院	2019年2月
	金融科技赋能广州供应链金融发展研究	广州市社会科学院	2020年1月
	广州全面优化营商环境获得信贷指标研究	广州市社会科学院	2020年2月
	广州全面优化营商环境财产登记指标研究	广州市社会科学院	2020年2月
	广州数据要素市场发展与数据交易平台建设研究	广州市社会科学院	2020年12月
	金融科技赋能广州再造金融发展新优势研究	广州市社会科学院	2020年12月

资料来源：广东省、广州市各类社会科学研究平台（机构）网站。

表 12.16　　　　　　　　　华南金融研究书系出版书目

书名	依托课题	组编单位	出版单位	出版时间
新常态下的区域金融发展——珠江三角洲金融改革发展报告（2016）	广州金融研究课题《珠江三角洲金融改革发展评估及对策研究》	广州国际金融研究院、广州金融业协会	中国金融出版社	2016年12月
科技金融发展趋势与对策——广东科技金融发展报告（2016）	广州金融研究课题《以广东为重点的科技金融创新发展研究》	广州国际金融研究院、广州金融业协会	中国金融出版社	2016年12月
地方金融法治发展与创新——广东金融法治发展报告（2016）	广州金融研究课题《以广东为重点的金融法治建设创新研究》	广州国际金融研究院、广州金融业协会	中国金融出版社	2016年12月
资本合作与南亚机会——海上丝绸之路金融合作发展报告（2016）	广州金融研究课题《海上丝绸之路金融合作发展研究》	广州国际金融研究院、广州金融业协会	中国金融出版社	2016年12月
人民币国际化进程监测——人民币国际化发展报告（2016）	广州金融研究课题《人民币国际化进程监测与路径创新研究》	广州国际金融研究院、广州金融业协会	中国金融出版社	2016年12月
金融风险指数构建与应用——区域金融风险监测分析报告（2016）	广州金融研究课题《以广东为重点的区域金融风险监管研究》	广州国际金融研究院、广州金融业协会	中国金融出版社	2016年12月
从财富评价到财富管理——区域金融财富监测分析报告（2016）	广州金融研究课题《以广州为视角的区域财富管理中心建设研究》	广州国际金融研究院、广州金融业协会	中国金融出版社	2016年12月
自由贸易区金融创新发展——广东自由贸易区金融发展报告（2016）	广州金融研究课题《广东自由贸易区金融政策创新发展研究》	广州国际金融研究院、广州金融业协会	中国金融出版社	2016年12月

资料来源：广州国际金融研究院。

表 12.17　　　　　　　　珠江金融论坛丛书出版书目

书名	对应珠江金融论坛届次	组编单位	出版单位	批次	出版时间
新金融问题探索	第1—9次及第11次	广州金融业协会、广州国际金融研究院	中国金融出版社	第一批	2014年12月
互联网金融探索	第10次	广州金融业协会、广州国际金融研究院	中国金融出版社	第一批	2014年12月
金融控股公司探索	第12次	广州金融业协会、广州国际金融研究院	中国金融出版社	第一批	2014年12月
金融资产交易创新探索	第13次	广州金融业协会、广州国际金融研究院	中国金融出版社	第二批	2015年12月
金融法制环境建设探索	第14次	广州金融业协会、广州国际金融研究院	中国金融出版社	第二批	2015年12月
民间金融创新发展探索	第15次	广州金融业协会、广州国际金融研究院	中国金融出版社	第二批	2015年12月
中小微企业金融探索	第16次	广州金融业协会、广州国际金融研究院	中国金融出版社	第二批	2015年12月
消费金融发展探索	第17次	广州金融业协会、广州国际金融研究院	中国金融出版社	第三批	2016年10月
自贸区金融创新探索	第18次	广州金融业协会、广州国际金融研究院	中国金融出版社	第三批	2016年10月
财务公司发展探索	第19次	广州金融业协会、广州国际金融研究院	中国金融出版社	第三批	2016年10月
全球金融中心发展探索	第20次	广州金融业协会	中国金融出版社	第四批	2020年12月
能源金融发展探索	第21次	广州金融业协会	中国金融出版社	第四批	2020年12月
金融支持健康产业发展探索	第22次	广州金融业协会	中国金融出版社	第四批	2020年12月
养老金融发展探索	第23次	广州金融业协会	中国金融出版社	第四批	2020年12月

资料来源：珠江金融网。

2. 深圳地区金融研究咨询工作的开展。深圳经济特区金融学会和深圳市社会科学院是深圳市开展金融研究咨询工作的主要力量。（1）深圳经济特区金融学会自成立以来每年组织重点金融科研课题申报评选，为深圳金融业积累了丰富的理论成果，有效推动金融科研的发展，是宣传特区金融改革和发展成就的重要窗口。其中，深圳经济特区金融学会2020年完成重点研究课题立项共51项，涵盖金融科技、金融改革创新、金融稳定、粤港澳大湾区、绿色金融、宏观经济、产业链转移等领域的内容。[1]（2）深圳市社会科学院是深圳市金融系统的重要研究力量之一，深圳改革开放和现代化建设中的重大理论与实践问题是其社科研究的主攻方向，金融作为深圳改革开放和现代化建设的重要环节，在金融研究方向取得丰硕成果，课题成果主要包括《深圳市建设碳金融中心研究》《深圳构建金融大格局战略研究》《加强"深港惠"紧密合作全面提升珠江口东岸整体竞争力研究》等。[2]

（三）广东其他地区金融研究咨询工作开展情况

广东各地市的金融学会、社会科学联合会是当地开展金融研究咨询工作的重要力量与平台。佛山、惠州等地金融学会定期围绕当地热点金融问题召开学术研讨会，其中，佛山市金融学会组织召开"降低银行不良资产、提高经营效益"研讨会；惠州市金融学会联合有关单位连续举办惠州金融行业高端研讨会，围绕惠州市实体经济发展和金融行业运行进行热点讨论。珠海、中山、清远等地的社

---

[1] 深圳经济特区金融学会：《深圳经济特区金融学会2020年度重点研究课题入围名单》，深圳金融信息网——学会动态，2020年12月15日，http://www.szjr.net/AboutUs/show/14168。

[2] 深圳市社会科学院：《深圳社科网规划课题》，深圳社科网——规划课题，2019年4月15日，http://www.szass.com/。

会科学联合会每年组织相关研究力量开展促进当地金融发展的系列研究课题。

除依托金融学会、社会科学联合会开展金融科研活动外，部分地区金融部门选择跨地域委托研究力量较强的队伍进行课题研究，其中广东诺丁汉高级金融研究院自2015年揭牌运作以来，先后接受佛山、东莞、汕头等市人民政府和金融监管部门的委托开展金融研究，形成《中国影子银行体系研究报告》《东莞建设金融强市总体规划（2016—2025年）》《小额贷款公司运营与小额再贷款研究报告》《佛山市政府决策咨询重点金融研究》《汕头特区农村信用联社重组改制方案研究报告》《东莞南城金融产业发展定位及规划》等研究成果。

四 广东金融教育培训的组织开展

（一）广东省金融教育培训活动

广东银保监局、广东证监局等金融监管机构以及广东银行同业公会、广东证券期货业协会等金融行业协会是广东金融教育培训活动组织开展的主力军，教育培训内容主要包括业务培训、金融知识与政策宣教等。

广东银保监局的前身是广东银监局和广东保监局，在金融监管体制改革前，广东银监局和广东保监局各自开展银行业和保险业的教育培训工作。广东银监局自2013年起，联合中国人民银行广州分行、广东证监局、广东保监局等单位连续六年开展"金融知识进万家"宣传服务月活动，联合驻穗银行业金融机构集中开展金融知识的宣传普及工作，帮助广东金融消费者更为深入、系统地了解金融基础知识，加强金融风险防范意识，提高经济生活质量，其中

2017年宣传服务月活动宣教活动场次、受众人数、发放宣传资料和宣传短（微）信数量均创新高；[①] 广东保监局除响应"金融知识进万家"宣传服务月号召，利用多种渠道广泛开展保险知识宣传活动外，还针对保险行业法规及理赔等领域开展多种形式的专题培训。

广东证监局积极建立广东地区基金行业投资者教育工作长效机制，自2010年起每年组织辖区内各基金管理公司、异地基金管理公司辖内分支机构，结合市场特点开展不同主题的"基金大讲堂"系列活动，并借助东方财富网加强活动宣传教育效果。此外，其还联合中国金融期货交易所、上海证券交易所、深圳证券交易所、广东证券业协会及相关证券期货公司等单位定期举办"3·15投资者教育系列活动"及"12·4"证券期货法制宣传活动，以及不定期举办投研专题培训班、金融产品业务培训班、国债期货培训班、"期货大讲堂"、碳交易专题等投资者教育系列活动，普及和弘扬理性投资理念，提高辖区内证券投资者投资能力和风险防范意识。[②]

广东银行同业公会、广东证券期货业协会、广东省保险行业协会等金融行业协会作为连接金融监管部门与金融机构的桥梁，积极配合金融监管部门开展金融行业宣传教育活动，并结合行业特色与会员单位需求组织开展系列业务培训。2000—2020年，广东银行同业公会积极举办"中资银行应对WTO问题""关于货币政策传导效应的研究""金融风险防范与商业银行经营管理""商业银行差异化竞争策略的选择"等系列报告会、"金融家论坛""商业银行经营管

---

① 中国银行业监督管理委员会广东监管局：《广东银行业监管与发展报告（2017）》，第104页。

② 中国证券监督管理委员会广东监管局：《广东证监局监管工作》，2019年4月15日。

理"等系列讲座①以及"资管新规下资产证券化投资策略""银行业人力资本转型""金融科技助力银行业发展"等专题系列培训班；广东证券业协会不定期组织广东地区证券公司、证券营业部负责人或部门干部开展《证券公司监督管理条例》等法规与业务培训；广东省保险行业协会开展涵盖团队管理类、专业销售类、演讲类、决策谈判类、综合类等专题培训课程，以及讲台魅力、情绪与压力管理、新媒体宣传等培训班。

此外，广东保险学会每年与广东省消费者委员会合作编印"3.15"保险系列宣传手册，在"广东消费网"开辟"保险"频道，建立"广东保险公众教育专栏"，开展"保险知识进校园"公益宣传活动；广东互联网金融协会组织开展公益培训系列活动，对互联网金融领域的热点问题进行宣讲，2016—2018年间，累计举办公益培训13场次。

（二）广州、深圳金融教育培训活动

广州、深圳金融系统的教育培训工作主要由当地金融监管部门、金融行业协会联合金融培训机构、辖区内金融机构等单位开展，包括金融知识、金融业务、金融政策培训、特定时期专题培训以及实地考察学习等。

改革开放后至21世纪初，在广州、深圳尚未组建独立的金融工作部门之前，两地金融系统开展的教育培训活动，主要是辖区内金融机构组织内部职工业务培训。自广州、深圳金融工作部门组建以来，为优化当地金融发展环境，深化金融系统队伍建设，穗深两地积极开展形式多样的教育培训活动。

---

① 《广东省志》编纂委员会：《广东省志（1979—2000）·银行·证券·保险卷》，方志出版社2014年版，第335页。

1. 广州。广州金融教育培训主导力量是广州市地方金融监督管理局,其设立初期组织开展的教育培训活动较为零散、未成系统,而随着广州金融的持续发展,金融教育培训工作逐步往系统性方向发展。2013—2020年,广州市地方金融监督管理局组织形式多样的教育培训活动,包括2013年联合广州金融业协会举办两期小额贷款公司监管干部和高管人员培训班,联合广州市委组织部于2015—2016年连续两年举办市区两级领导干部金融知识培训班、2018年举办广州市金融风险防范化解专题培训班,2017年组织开展广州金融干部"走进上交所"暨资本市场建设培训班,2019年举办广州金融人才培训班;2018年联合广东广播电视台股市广播制作《金融大讲堂》,引导人们识别非法集资,树立正确理财与消费观,截至2019年12月,《金融大讲堂》已成功录制62期。2020—2021年,举办三期广州市区块链技术赋能金融专题系列培训,提升金融从业人员对区块链技术的正确认识,推动区块链技术在广州市金融领域合理运用,严厉打击打着区块链技术旗号进行违法违规金融活动的行为,维护广州经济金融健康稳定发展。2021年,指导广州金融风险监测防控中心在番禺区举办防范非法集资业务培训班,开展金融风险防范专题培训,筑牢防范非法集资风险基层防线。此外,由广州市地方金融监督管理局指导组建的广州金融业协会,自2013年成立以来,积极联合相关机构开展专题培训教育活动,其中联合北京中图联教育科技有限公司于2015年起连续四年举办注册信贷分析师广州培训班,提高广州信贷人员知识和技能。2015—2020年间,联合广州国际金融研究院举办广东自贸区南沙片区金融政策高级培训班和广州金融行业金融风险防控培训班,以专题授课的形式解读和分析广东自贸区南沙片区金融政策以及广州金融行业风险防控的要点。

2. 深圳地区。深圳地区金融教育培训的主导力量是中国银行保险监督管理委员会深圳监管局[1]、深圳证监局、深圳市地方金融监督管理局（简称"深圳市金融监管局"）等深圳金融监管部门以及金融行业协会（学会），其中以深圳经济特区金融学会的金融教育培训最为全面。深圳经济特区金融学会作为深圳金融系统学术交流和理论探讨的平台，每年不定期组织有关专家举办专题讲座与培训，主要包括金融理财师、反洗钱业务、国际收支业务、反假人民币业务、跨境人民币业务政策等专题培训以及"社会融资规模与我国货币政策趋向""中国金融体系的制度基础""资产管理业务的新坐标""绿色投资国际发展态势与实例"等专题讲座。此外，中国银行业监督管理委员会深圳监管局（简称"深圳银监局"）和深圳市证券业协会按照中国证券业协会"整治利用网络等媒体开展非法证券活动宣传月"的活动要求，自 2013 年起，定期组织深圳证券经营机构开展"整非宣传月"，通过短信、网站、营业部现场、投资报告会宣传及设立"整非"咨询台等方式，对投资者进行教育与宣传相关金融知识，提高投资者对非法证券活动的识别能力及防范意识。[2]

（三）广东其他地区金融教育培训活动

广东其他地区金融教育培训的主体基本与广东省级层面保持一致，以地方金融监管部门与地方金融行业协会为主导，教育培训内

---

[1] 中国银行保险监督管理委员会深圳监管局由原中国银行业监督管理委员会深圳监管局和原中国保险监督管理委员会深圳监管局合并。

[2] 中国证券业协会：《深圳市证券业协会"整非宣传月"活动情况报告》，中国证券业协会官网——整非工作展示，2013 年 11 月 20 日，https：//www. sac. net. cn/wzgn/zt/bhtzz/gzzs/dfxh/201311/t20131127_75011. html。

容主要包括规范服务、业务培训与金融知识宣讲，其中以银行业的培训更成体系和规范。

1. 开展银行业文明规范服务培训。按照广东银行同业公会的部署安排，广东各地定期开展银行业文明规范服务培训，为创建银行业文明规范服务星级网点及千、百单位提供方向和动力。其中，珠海、江门、东莞等市于2018年相继组织开展银行业文明规范服务专题培训会，邀请广东银行业文明规范服务资深专家围绕《银行业营业网点文明规范服务评价指标体系和评分标准》进行授课。[①]

2. 开展业务培训。广东其他地区主要围绕当地金融热点和金融创新等领域开展相关业务培训。其中，江门市证券业及上市公司协会联合江门市金融局举办浙江大学·江门金融创新与管理专题培训班，培养金融职工干部的创新意识和创新精神；珠海市金融工作局、珠海市证券期货业协会联合举办"新三板"挂牌企业港股直通车培训、财富管理与投资者适当性管理知识培训以及创新型业务培训会议。此外，珠海、东莞、佛山等地银监分局相继举办银行业纪律教育专题辅导会议，增强干部的遵纪守法意识，严格落实风险防控主体责任。

3. 开展金融知识宣讲。在广东银保监局和广东银行同业公会的组织下，广东各地金融行业协会和金融机构每年开展金融知识进校园宣传教育活动和金融知识进贫困村教育活动。东莞市金融工作局联合东莞互联网金融协会于2018年举办金融知识进校园宣传教育讲座40多场次，覆盖20所高中、12所中等职业学校、9所高等院校。广东汕尾银监分局为帮助贫困群众了解金融知识，组织辖内银

[①] 广东银行同业公会：《东莞市银行业协会召开2018年东莞银行业文明规范服务专题培训会》，2018年7月19日。

行业金融机构开展"金融知识进贫困村"宣传教育活动，实现对汕尾相对贫困村的金融知识宣讲普及全覆盖。

五 广东金融文化活动的组织开展

广东金融文化活动随着广东省及各地级市金融行业协会的组建而逐步活跃，2000—2020年，由金融监管部门指导、金融行业协会和金融机构举办的金融文化活动活跃了广东金融系统的文化氛围，活动主要包括业务类技能大赛、体育竞技类友谊赛以及金融展会、行业评选等文化类活动。

（一）广东省级金融文化活动

广东省级层面开展的金融文化活动主要分为业务技能大赛、体育竞技类友谊赛、金融展会和行业评选活动。

1. 开展业务技能大赛。在广东省金融监管局、中国人民银行广州分行、广东银保监局、广东证监局等金融监管部门指导下，广东银行同业公会、广东证券期货业协会、广东省保险行业协会等金融行业协会组织举办金讲师、金融消费权益保护工作技能大赛、广东财产保险行业机动车辆保险客户服务人员技能竞赛等。此外，广东金融工会不定期组织开展广东金融系统银行证券保险综合业务技能竞赛，提高广东省银、证、保从业人员业务技能水平。

2. 开展体育竞技类友谊赛。2013—2020年，广东省金融监管局以及广东金融行业协会指导或举办羽毛球、足球、篮球、田径运动会等体育比赛。其中，由广东省金融监管局等单位指导的"金交会杯"系列活动，已成功举办七届广东金融行业羽毛球大赛以及四届广东金融行业足球赛，有效增进广东金融行业机构间的沟通与交流。此外，广东银行同业公会成功举办三届"公会杯"羽毛球赛；

广东证券期货业协会成功举办两届广东证券期货业田径运动会和乒乓球比赛,并于2020年举办了一届广东证券期货业篮球比赛;广东保险学会举办广东保险业"感恩中国 美丽广东"书画摄影大赛、男子足球和篮球友谊赛。

3. 举办金融展会。自2012年起,由广东省政府、广州市政府共同谋划的广州金交会于每年6月在广州举办,会期三天,截至2020年12月已成功举办九届,多方位展示广东金融发展的新面貌和金融改革发展的新成就,实现金融成果展示、金融改革宣传、金融知识普及、金融学术交流、金融产业对接、金融产品推销、金融设备展销、金融人才招聘和金融招商会"九会合一",成为广东建设金融强省的重要平台和亮丽名片(见表12.18)。

表12.18　　　　中国(广州)国际金融交易·博览会举办情况

届数	举办时间	主题
第一届	2012年6月26—28日	转型升级 金融先行
第二届	2013年6月21—23日	产融结合 跨越发展
第三届	2014年6月20—22日	金融改革 兴业惠民
第四届	2015年6月26—28日	新常态 新金融
第五届	2016年6月24—26日	金融稳健 服务创新
第六届	2017年6月23—25日	金融新格局 增长新动能
第七届	2018年6月22—24日	金融新时代 开放新格局
第八届	2019年6月21—23日	创新湾区金融 助力改革开放
第九届	2020年9月24—26日	稳金融:应全球变局,创产业新局

资料来源:中国(广州)国际金融交易·博览会组委会。

4. 开展行业评选活动。自2013年起,中国(广州)国际金融交易·博览会组委会联合中国金融杂志社设立专业性图书奖——金融图书"金羊奖","金羊奖"评审委员会由国家金融与发展实验室理事长兼首席经济学家李扬担任主任委员,来自金融、学术及媒体机构的专家、学者担任评委。截至 2020 年 12 月,"金羊奖"已连续举办八届,累计评选出 78 种(套)优秀金融图书,涵盖学术理论专著、通俗普及读物、实务操作、教育培训教材、辞书工具书等五大类别,集中反映了中国金融的重大成果,对普及全民金融知识、促进金融交流、弘扬先进金融文化具有重要意义(见表 12.19)。

表 12.19　　　　　　　　金融图书"金羊奖"获奖图书目录

图书名	作者
第一届	
百年中国金融思想学说史(第一卷)	曾康霖 等
大行蝶变:中国大型银行复兴之路	潘功胜
高利贷与 20 世纪西北乡村社会	高石钢
金融学(第三版)	黄达
人民币产品创新(第三版)	张光平
世界是部金融史	陈雨露 等
现代货币经济学(第三版)	盛松成 等
中国金融思想史(上、下)	姚遂
中国金融制度的结构与变迁	张杰
做卓越的银行客户经理	巴伦一
第二届	
成本冲击、通胀容忍度与宏观政策	伍戈 等
互联网金融	罗明雄 等
汇率制度选择:经济学文献贡献了什么	范从来 等
金融学原理(第五版)	彭兴韵
民间金融机构与政府:上海钱庄研究(1843—1953)	刘梅英
普惠金融——中国农村金融重建中的制度创新与法律框架	王曙光 等
商业银行战略管理系列丛书(5 种)	姜建清
微型金融学	焦瑾璞
影子银行体系:自由银行业的回归?	周莉萍
中国近代银行制度变迁及其绩效研究	兰日旭

续表

图书名	作者
第三届	
大数据时代保险变革研究	王和
国际货币体系多元化与人民币汇率动态研究	林楠
国际货币体系未来变革与人民币国际化（3卷）	潘英丽
金融学大辞典	李扬
近代中国票据市场的制度变迁研究	万立明
领导干部金融知识读本（第三版）	戴相龙
贸易金融	陈四清
银行监管统计学	杜金富
中国农村金融三维均衡发展研究	刘亦文、胡宗义 等
资金循环分析的理论与实践：中国资金循环的统计观察	张南
第四届	
风险经营——商业银行的精髓	黄志凌
公众学习、通胀预期形成与最优货币政策研究	卞志村
国际货币体系改革：中国的视点与战略	李晓 等
金融与国家安全	张红力、周月秋、程实等
岭南金融史	欧阳卫民
图说金融史	李弘
现代征信学	中国人民银行征信管理局
信贷约束与农村非正规金融研究：基于农户融资的视角	赵建梅
银行非标资产交易：解读与案例	李洁怡
资本市场导论（第二版）	王国刚
第五届	
保险学（第五版）	孙祁祥
创新超越：新常态下大型商业银行改革与转型	牛锡明
风险收益对应论研究系列丛书（3种）——《证券业资本监管研究》	陈云贤、孔维成、王烜、何荣天、潘峰、郑涛
风险收益对应论研究系列丛书（3种）——《投资银行风险收益对应运营论》	陈云贤、孔维成、王烜、何荣天、潘峰、郑涛
风险收益对应论研究系列丛书（3种）——《证券公司风险管理与经济资本计量研究》	陈云贤、孔维成、王烜、何荣天、潘峰、郑涛
宏观审慎管理的理论基础研究	李拉亚

续表

图书名	作者
第五届	
近代上海外商银行研究（1847—1949）（中国金融变迁研究系列）	宋佩玉
经常账户失衡与经济波动：金融结构与银行集中度的视角	谭之博
民间金融合约的信息机制：来自改革后温台地区民间金融市场的证据	张翔
新货币政策框架下的利率传导机制	马骏、纪敏 等
第六届	
货币政策传导的银行资本渠道研究	代军勋、黄宪、马理
渐行渐近的金融周期	彭文生
金融分析的制度范式：制度金融学导论（国家哲学社会科学成果文库）	张杰
金融风险管理学	刘亚
近代上海金融危机的经济学分析（1870—1937）（清华经济史论丛）	潘庆中
明代货币白银化与国家制度变革研究	黄阿明
人民币加入SDR之路	中国人民银行国际司
世界金融史论纲	孔祥毅、祁敬宇
信用创造	刘成
中国的金融分权与经济波动	傅勇
第七届	
发现价格：期货和金融衍生品	姜洋
防范系统性和区域性金融风险研究——基于金融适度分权的视角	刘锡良、董青马 等
货币理论与政策中的自然利率及其估算	李宏瑾
金融学（第三版）（高等学校金融学专业主要课程精品系列教材）	李健
量化分析中国宏观金融风险及其演变机制（中国经济学优秀博士论文丛书）	宫晓琳
数字货币经济分析（新金融书系）	姚前、陈华
现金的魅力——人民币雕刻之美	刘贵生、张汉平、布建臣
新世纪中国金融改革与发展丛书（10种）	李波、霍颖励、纪志宏 等
中国货币通史（4卷）	姚朔民
中国货币政策转型：转轨路径与危机反思	徐忠、纪敏 等

续表

图书名	作者
第八届	
传统中国的货币与财政	何平
金融化与资本积累理论——基于垄断资本学派的研究	张雪琴
金融资源配置能力的统计测度	李正辉、廖高可
流动性过剩与宏观资产负债表研究：基于流量存量一致性框架	邵宇
数学规划与经济分析	周小川
现代金融创新史：从大萧条到美丽新世界	辛乔利
中国大型商业银行股改史（上下卷）	姜建清、詹向阳
中国货币政策的新政治经济学分析	宋琴
中国货币政策调控机制转型及理论研究	陆前进
中国金融改革探路人刘鸿儒	邓加荣、张艳花

资料来源：中国（广州）国际金融交易·博览会组委会。

（二）广州、深圳地区金融文化活动

广州、深圳地区金融文化活动组织形式主要是金融监管部门指导，金融行业协会（学会）或金融机构主（承）办，活动主要类型可分为专业活动和文体活动。

1. 开展专业活动。广州、深圳金融系统开展专业活动内容主要包括理财规划、互联网金融运营、金融科技、金融知识运用等方面。广州金融系统每年定期举办广州金融行业理财规划大赛，大赛由广州金融业协会主办，截至2020年连续举办七届，有效普及理财知识和宣传正确金融理财观念；此外，广州金融业协会联合广州金融书店举办"岭南金融史""学习贯彻《粤港澳大湾区发展规划纲要》""优化广州营商环境"等主题的广州金融行业知识抢答赛，以书为载体，为广州金融文化发展添砖加瓦。深圳市不定期举办中国FinTech金融创客大赛、深圳市互联网金融运营能力大赛、理财经理专业技能大赛以及深圳金牌理财师评选大赛，有效提高深圳金融系统业务能力。

2. 开展文体活动。广州、深圳金融系统开展的文体活动主要分为文化类和竞技类，在文化类方面，广州金融系统自2014年起由广州金融业协会牵头举办摄影、书画作品大赛，每届大赛形成优秀作品选集，展示大赛优秀成果，并作为广州金融文化宣传媒介；深圳金融系统自2002年起连续举办多届金融系统摄影作品大赛，活跃金融文化氛围。在竞技类方面，广州金融系统自2015年起每年举办广州金融行业网球大赛和篮球大赛，大赛由广州金融业协会主办，参与对象覆盖广东省、广州市金融监管部门、金融机构等单位，是广州金融文化品牌活动；深圳市金融系统举办"金融杯"八人制足球赛，促进金融机构间交流。

（三）广东其他地区金融文化活动

1. 开展"银协杯"系列活动。"银协杯"系列比赛由各地级市银行业协会每年定期举办，旨在丰富银行业员工的精神文化生活，活动项目主要包括篮球、足球、羽毛球、乒乓球等。其中，清远市银行业协会自2010年举办"银协杯"羽毛球赛，截至2020年已成功举办八届。除举办"银协杯"系列活动外，还有珠海证券期货业协会创办"珠海政协杯"系列活动。

2. 开展职工技能大赛。在各地级市金融监管部门和工会的指导下，各地市金融行业协会根据行业特点举办系列技能大赛，以提高职工干部业务水平，比赛主题包括跨境人民业务、理财规划、劳动技能、从业知识、客户服务等。其中，以珠海市开展的职业技能大赛最为活跃，珠海市银行业协会和珠海市保险业协会定期举办珠海市银行机构跨境人民币业务竞赛、珠海市保险行业劳动技能竞赛和寿险从业人员技能竞赛。

此外，汕头市银行业协会、肇庆市银行业协会分别围绕"学习十九大精神，践行合规经营""筑梦新时代 合规伴我行"举办主题演讲比赛；江门市银行同业公会、江门市保险行业协会、江门市证券业及上市公司协会联合举办江门金融诗词大会和"征信杯"摄影大赛系列活动，以推动江门金融文化氛围。

六 广东金融对外交流情况

广东是当代中国金融改革的前沿阵地，改革开放以来，金融对外交流伴随我国经济金融发展而日趋频繁。

（一）广东金融对外交流活动

1. 开展粤港澳交流。（1）组织召开金融合作研讨会。2008年10月20日，广东省金融服务办公室和香港特区政府财经事务及库务局共同举办粤港金融合作研讨会，这是粤港政府部门间首次举行的专题研讨会，共同探讨新发展时期如何深化粤港金融合作的重要问题。2009年6月24日，省政府在香港举办2009年粤港金融合作恳谈会，就进一步深化粤港金融合作进行探讨，并于同年8月成立粤港金融合作专责小组，通过每年定期举行工作会议的互动形式，促进粤港两地财经部门、金融监管机构及交易所探讨双方金融合作措施。2013年7月，按照金融合作专责小组工作会议精神，香港证券业界代表与香港代表团赴粤参加粤港金融合作专责小组首次为金融业界筹划的交流活动——"粤港两地证券业界金融交流座谈会"。2018年5月，广州市政府代表与中国银行业协会开展"湾区行"活动座谈会，并组织广州、深圳、珠海、佛山、中山、东莞、肇庆、江门、惠州九家银行业协会（公会）签署了《粤港澳大湾区银行业协会（公会）合作协议》。2019年4月，广东省地方金融监督管理局在珠海召开粤港澳金融合作创新交流会第二次会议，粤港澳三地金融管理部门、保险协会、银行等金融机构参加会议。（2）组团赴港调研交流。2000—2019年，随着粤港澳经济区域化和金融密切交往，中国人民银行广州分行一直就粤港经贸合作和粤港港币支票联合结算业务问题交换看法，并于2000年与香港特区政府财经事务局、香港金融管理局商谈粤港港币支票联合结算业务事宜取得共识；2012—2014年，省政府分管金融的副省长率省金融监管系统负责同志赴香港考察，与香港金融机构就进一步加强粤港金融合作进行座谈；2018年，省政府有关领导赴港出席粤港澳大湾区金融高峰论坛，并与香港金融管理局负责同志就加强粤港金融合作、推动粤港澳大湾区建设进行会谈。此外，由广东省各地市金融局（办）、金融机构、企业集团代表组成的广东金融代表团在2014—2020年间连续七年参加亚洲金融论坛，并在论坛期间举办粤港金融机构交流会和推介会，积极开展与香港地区的金融交流合作，以及推介广东金融发展情况。

2. 开展粤台交流。自2014年起，由广东省金融办、广东省部分地级市金融办（局）等负责同志组成的广东金融团不定期赴台湾开展金融推介交流活动，并举办"粤台金融交流合作座谈会"，就加强粤台两地金融合作及缓解在粤台资企业融资难等问题进行讨论和交流。此外，广东金融团还不定期与台湾机构进行交流，先后拜访台湾银行、新光金融控股有限公司、中小企业信用保证基金、富邦金控集团、台湾证券交易所、台中市金融主管经理人协会等有关机构。

3. 开展国内交流。（1）自2013年起，广东省金融办先后接待四川省、北京市、上海市等国内考察团，并与考察团就广东省金融改革创新经验进行座谈与交流。2017—2019年,山西省地方金融监督管理局、黑龙江省金融办、北京市地方金融监督管理局等先后来广东调研金融工作,与省金融办及相关单位进行交流座谈,推进两省金融对口合作。(2)赴北京、上海、天津等国内先进省市调研交流。其中,2014年,广东省金融办与省商务厅共同牵头组织金融创新调研组赴上海开展金融创新专题调研活动。2015年8月,由省金融办组织的广东金融代表团首次参加北京国际金融博览会,展会期间充分展示广东金融改革创新发展历程与成果,并与全国各地金融机构进行交流。(3)签署合作框架协议,推动金融深度合作。其中,广东省与内蒙古于2013年5月25日签署《内蒙古·广东经济社会发展合作框架协议》,商定建立两省区金融交流合作机制,促进两地地方金融机构开展跨省区经营与合作,并加强两省区在金融产品创新、金融生态改善、金融服务等方面学习交流等内容。

(二)广州地区金融对外交流活动

1. 开展穗港澳台金融交流。自2013年起,广州市金融工作局组织金融系统相关负责同志连续八年随广东金融代表团参加亚洲金融论坛,深化穗港两地金融合作与交流,其中2018年亚洲金融论坛期间举办广州金融首次境外推介会——2018穗港金融合作推介会,探讨进一步深化穗港金融合作交流和探索两地金融创新,全面推进穗港两地更宽领域、更多层次、更高水平的深度合作;2019年亚洲金融论坛期间举办2019穗港澳金融合作推介会,重点推介广州金融发展情况。

2010—2020年,由广州金融监管部门、金融机构及行业协会组成的广州金融考察交流团多次赴台交流,推介广州金融发展情况并探讨深化金融合作。同时,穗台两地金融系统于2013年携手搭建金融业界高层次交流研讨平台——穗台金融论坛，该论坛截至2020年已顺利举办五届，主题涵盖两岸金融合作与发展前瞻、发挥金融集聚效力助推产业升级发展、自贸区新战略与穗台金融合作展望、穗台金融产业合作新机遇等。

2014—2020年，广州经贸金融代表团多次赴澳门访问交流，期间先后访问澳门金融管理局、经济局、澳门银行公会、金融学会、葡萄牙商业银行澳门分行、澳门国际银行等政府部门、行业协会及金融机构，就进一步推动穗澳金融交流合作，促进穗澳金融协同发展进行深入交流。

2. 开展国内交流。广州金融调研团多次赴北京、上海、杭州、天津、贵州、济南、温州、兰州等地考察调研，学习交流金融创新与发展经验。2011—2020年，由广州市政府分管金融的副市长及广州市金融工作局负责同志带队重点赴北京、上海等地调研学习，其中2011年10月赴沪召开股权投资机构座谈会，2015年3月赴沪考察学习上海自贸区金融改革创新工作，2017年赴沪与上海证券交易所、上海国有资本运营研究院进行学习交流；2011年11月赴京学习北京在推动金融业发展方面的先进做法和经验；2016年6月赴京开展金融风险防控调研；2019年12月赴京举办2019广州金融（北京）招商推介活动，展现广州金融的发展成果与政策优势。

3. 开展海外交流。2014—2020年间，由广州市、区金融监管部门、金融行业协会、金融机构等主要负责人组成的交流团先后赴澳大利亚、新西兰、新加坡、纽约、芝加哥、基多、波哥大、波兰、俄罗斯等地开展访问交流和座谈会活动，建立与芝加哥商业交易所、厄瓜多尔中央银行、哥伦比亚中国贸易投资商会、中国友好协会等机构的工作联系，接待澳大利亚驻广州总领事馆、新加坡驻广州领事馆、法国驻广州领事馆等机构的来访。

（三）深圳地区金融对外交流活动

深圳市毗邻香港，拥有经济特区赋予的金融政策优势，与香港金融业的交流合作是深圳金融对外交流的重要环节。

1. 开展深港澳金融交流。深圳市持续举办深港澳金融合作创新联席会议，推动金融互动交流和全面深化合作，截至2020年12月，联席会议已成功举办九次，成为深港澳三地共商金融合作发展的平台与桥梁；依托粤港澳大湾区建设背景，深圳于2016年建立港澳金融合作常态化会晤机制，成立跨境金融专责工作小组，并召集深港澳金融机构、行业协会、专家学者等每季度定期座谈，就粤港澳大湾区背景下金融合作的创新路径、深港澳跨境金融基础设施建设、深港金融科技、深澳特色金融发展、人民币离岸市场建设等深入探讨。此外，深圳市银行业协会定期赴香港调研考察，加强深港两地金融行业协会交流，推动两地银行业进一步合作。

2. 开展海外金融交流。深圳市金融监管局先后接待巴林王国经济发展委员会金融服务局、英国驻广州领事馆、英国金融行为监管局等海外机构的来访，就推动两地在金融科技等领域的金融合作进行交流。此外，为进一步深化伦敦与深圳在金融领域的合作，推动深圳国际金融创新中心建设并提高深圳的国际知名度，深圳市人民政府金融发展服务办公室在伦敦举办"深圳·伦敦金融行业专题论坛"。

3. 开展国内交流。深圳市金融监管局先后接待云南、吉林、河北、青岛、天津、苏州等省、市金融监管部门相关负责人的来访调研，就加强两地金融工作部门交流合作、推进两地金融业健康发展进行座谈。此外，为深入贯彻落实以习近平同志为核心的党中央关于实施新一轮东北振兴战略作出的重大部署,深圳市与哈尔滨市创办深哈金融对口合作联席会议,推动深哈两地金融交流。

(四) 广东其他地区金融交流活动

广东各市(广州、深圳除外)主要赴北京、上海等国内金融发达城市进行考察交流,通过调研座谈形式交流借鉴金融发展相关经验,并推进两地金融合作与发展。而珠海市因毗邻澳门,与澳门的交流更为密切,于2009年创建"珠澳合作会议"(原珠澳合作专责小组),下设八个工作小组,涵盖金融合作等领域。2018年,珠澳双方在珠澳合作会议会商机制下专门设立金融合作工作小组。同年5月,珠澳两地金融局共同签订《珠澳金融合作备忘录》,对协同发展特色金融,推动珠澳金融合作进行了全面安排。2021年6月,珠海和澳门的七家机构领导和代表共同签署"3+4"《战略合作框架协议》,在金融纠纷调解、金融知识教育、投资者培训、日常工作交流方面达成合作协议。

跋论　赓续红色金融血脉　促进金融守正创新[*]

中国共产党领导下的红色金融发展史，是中国共产党百年奋斗史的重要组成部分，是资政育人、继往开来的丰富宝藏。从红色金融史中汲取丰富营养，赓续红色金融血脉，对于做好新形势下金融工作包括银行经营工作，走出中国特色金融发展之路具有十分重要的指导意义。

第一节　红色金融的历史脉络

28年（1921—1949年）波澜壮阔的红色金融史，就是一部在党的领导下金融支持革命战争、发展敌后经济、巩固红色政权的奋斗史、发展史，大致可分为以下四个阶段。

一　大革命时期的红色金融

大革命时期（1921—1927年），是红色金融事业的萌芽期。浙

---

[*] 本篇根据作者欧阳卫民在《中国金融》2021年第13—14期发表的《赓续红色金融血脉》和在《人民日报》2021年7月7日第5版发表的《传承红色基因　推动银行业高质量发展》等文章整理、修改而成。

江、湖南、湖北等地农民协会相继建立信用合作社、农民银行等金融机构，通过发行货币、实行低利借贷等方式支持生产、解决农民生活困难、巩固农村政权，为后来革命根据地银行的建立积累了宝贵经验。

二 土地革命时期的红色金融

土地革命时期（1927—1937年），是红色金融事业的初创期。红色金融工作主要是对国民党开展货币斗争，打破经济封锁，支持根据地经济发展。1932年2月，"世界上最小的国家银行"——中华苏维埃共和国国家银行在瑞金叶坪组建成立。国家银行是巩固红色政权的重要经济支柱，也为后来建立中国人民银行和社会主义金融体系发挥了示范作用。

三 抗日战争时期的红色金融

抗日战争时期（1937—1945年），是红色金融事业的壮大期。发展经济、改善人民生活、调剂军需，支援抗日战争。在抗战最困难的时期，根据地银行的贷款帮助解决了军民吃饭穿衣问题，为抗战胜利奠定物质基础。

四 解放战争时期的红色金融

解放战争时期（1945—1949年），是红色金融事业的胜利期。党在健全巩固已有金融机构的同时，积极在新解放区建立金融组织，与敌人在更广阔的范围内进行货币金融斗争。1948年12月，中国人民银行建立并发行人民币，这是中国革命取得全面胜利的重要标志之一，也是新中国集中统一的金融体系形成的开端。

第二节 红色金融的历史启示

28年的红色金融发展历程，生动记录了党领导下金融支持中国革命前进道路的艰苦努力，蕴含着党领导下的金融事业从无到有、不断发展壮大的宝贵经验和重要启示。

一 党管金融是根本保证

中国共产党很早就认识到抓住"钱袋子"对把稳"枪杆子"的重要意义，并且在严酷的斗争中对党管金融必要性的认识日益深化。一是加强党对金融工作的领导。毛泽东在1928年撰写的《中国的红色政权为什么能够存在》中，专门拿出一节来讲经济问题，并在1934年初作题为《我们的经济政策》的报告，清晰地阐明了党管经济金融的极端重要性。二是坚持独立自主原则。素有"红色大管家"之称的毛泽民及相关人士逐步认识到，只有实行独立统一的货币制度，才能掌握国家经济命脉，这是巩固工农革命财权的头等大事。随着国家银行的建立，以前分散的红色金融机构统一于国家银行领导之下，在中央苏区以及各根据地形成了完整独立的金融组织体系。三是在实践中总结和改进领导方式。在中央苏区，毛泽东作了《必须注意经济工作》的演讲，强调了领导经济金融工作的正确方法，即要在战争中和各项工作中锻炼培养经济工作的干部；在东北解放区，陈云总结接收沈阳时稳定金融物价的做法，提出避免商人囤积居奇推高物价以及回收金圆券等举措，为打赢此后的"银元之战""米棉之战"提供有益借鉴。28年的红色金融史启示我们，只有坚持党的领导，才能确保金融事业始终沿着正确方向前进，不断从胜利走向新的胜利。做好新形势下金融工作，必须将马克思主义的普遍原理同当下实践相结合，不断完善党领导金融工作的体制机制，始终确保金融改革发展正确方向。

二 服务党的中心工作是根本要求

新民主主义革命时期，中国人民只能以长期武装斗争作为革命的主要形式，而金融工作也毫无疑问地围绕革命战争展开。大革命时期，筹集革命活动资金非常迫切。农民协会金融机构通过活跃市场、增加市场流通筹码，成功扩大了革命活动资金来源。土地革命时期，苏区银行一个重要任务是发行货币、公债以保障革命战争需要。最典型的是第一次反"围剿"期间成立的江西工农银行，通过广泛发动赣西南革命根据地群众使用"发行券"，先后筹集大约200万元经费，为红军主力提供了大批粮食、食盐给养。抗日战争时期，在"大生产"运动和金融支持下，边区经济得到长足发展，逐步实现了自给自足，极大支持了根据地军事斗争。解放战争时期，红色金融紧紧围绕货币发行权斗争这一重点，与国民党法币进行阵地斗争、比价斗争、反假票斗争并取得伟大胜利，积累了把货币斗争同贸易斗争结合起来、把经济斗争同行政管理结合起来、把对敌斗争同人民群众利益保护结合起来的成功经验。28年的红色金融实践表明，服从和服务于党的中心工作，是党管金融实践的具体体现，更是红色金融的天然使命。作为党领导下的金融机构，必须时刻聚焦党的中心工作，对标对表党中央精神，把党中央决策部署贯彻到金融工作的方方面面。

三 人民至上是根本立场

近代以来，广大人民处于十分恶劣的生存环境中，中国共产党旗帜鲜明地提出为人民服务，坚持把人民至上作为根本立场并贯穿于金融发展实践。一是心中有民。红色金融在不同侧面都体现了鲜明的人民性。在鄂东农民银行发行的货币上，清晰地印着"工农银行是劳苦群众自己的银行"；在井冈山上井造币厂铸造的银元上清晰地錾印着"工"字，意为工农兵的银元。二是取信于民。这是红色金融的基石。红军长征途中，即将离开遵义时，尚有部分之前发放的"红军票"没有收回，为保证人民群众利益不受损失，国家银行的工作人员用现洋兑回纸币，"兑到将近天亮才结束"，以实实在在的行动取信于民。三是施惠于民。在苏区，川陕省苏维埃政府工农银行对群众组织的打盐井、纺纱、打铁、制纸、榨油、制糖等合作社，给予无息贷款，极大促进了当地手工业发展。28年的红色金融实践启示我们，人民立场是中国共产党的根本政治立场，是马克思主义政党区别于其他政党的显著标志。做好新形势下金融工作，要始终站稳人民立场，以高质量的金融服务助力实现人民对美好生活的向往。

四　创新是攻坚克难重要法宝

革命战争年代，面对极端艰苦的环境，老一辈金融工作者逢山开路、遇水搭桥，展现出大无畏的革命乐观主义和开拓创新精神。在瑞金，为了解决假币严重干扰苏区金融秩序的难题，时任国家银行行长的毛泽民受火烧羊毛发出异味的启发，通过在纸浆中掺入少量细羊毛的方式，解决了防伪问题，保证了苏区货币的正常流通。在闽西山区，在无现成模式可供借鉴的情况下，闽西工农银行委员会主任、行长阮山和委员曹菊如，通过一本《银行簿记实践》和若干银行存、贷、汇款凭证，就制定出银行业务运行的一整套制度，实现了银行顺利开业。在延安，为了解决存款来源单一、总量不足的严峻问题，"窑洞银行"行长朱理治创新有奖储蓄金融产品，既有效集聚了民众存款，又提升了边币信誉。28 年的红色金融史，就是在解决一个个具体问题、克服一个个实际困难中开拓创新的历史。金融业要履行好职责使命，必须顺应时代变化和实践发展，以刀刃向内、自我革命的精神深入推进改革创新，优化金融体系结构，提升金融供给质量。

五 防控风险是永恒主题

革命战争时期，中国共产党发扬斗争精神，成功应对敌人对金融秩序的干扰破坏，完善红色金融体制机制，防范化解了多方面的金融风险。一是处理好"虚"和"实"的关系。1944 年 3 月，陈云担任西北财经办事处副主任后，在实践中创造性地提出边区货币发行"饱和点"的规律，这是革命战争年代有关以"虚"（货币、金融）辅"实"（商品、经济）、虚实结合的精辟总结。二是处理好"道"与"术"的关系。"道"就是要完善制度，加强体系建设。苏维埃政权建立初期，毛泽民高度重视制度建设，特别针对银行代理国库职能确立了收款、管库、支款、审批"四分离"原则，有效防范了银行内部贪污浪费和经济舞弊风险。"术"就是要有敢于斗争、善于斗争的"高招"。解放战争期间，在反假币斗争中，我们党积极调动各方力量，在加大制裁力度、开展反假币宣传、成立"打假"专门机构、奖励检举揭发等方面打出漂亮的"组合拳"，使形形色色的假币最终销声匿迹。三是处理好"公"与"私"的关系。只有分清"公"与"私"，才能有效防范廉洁风险，降低金融风险。毛泽民在其革命生涯中，经手的钱千千万万，却没有一丝一毫的违规浪费，更没有为自己留下一点财富。曹菊如白手起家创办闽西工农银行，协助创建国家银行，创立边区银行，一生革命，两袖清风，被誉为"滴水不进的金刚身"。28年的红色金融史表明，防控风险是金融工作的永恒主题。在生死存亡的战争考验面前，党领导下的红色金融事业成功防范和抵御了一系列重大风险，为最终取得革命胜利和建立新中国奠定了坚实基础。做好新形势下金融工作，要切实增强忧患意识和风险意识，发扬斗争精神、提高斗争本领，有效防控金融风险，促进金融业高质量发展。

"其作始也简，其将毕也必巨。"从昔日叶坪的简陋农舍到如今的金融大厦，从算盘到计算机，从油印钞票到数字货币，物质技术在不断演进，但金融服务中心工作、服务实体经济的本质要求始终未变，中国共产党为中国人民谋幸福、为中华民族谋复兴的初心更是在波澜壮阔的征程中历久弥新。走得再远，都不能忘记来时的路。一部红色金融史，就是一座蕴藏丰富的宝库，启迪当下，昭示未来。

第三节　广东当代金融的创新发展

回眸百年风雨历程，中国共产党一直牢牢把握着金融事业发展和前进的方向，领导金融事业服务于中国革命、建设和改革伟业，金融业自身也在党的领导下实现了跨越式发展。正是在党的英明领导下，中华人民共和国成立后的广东金融赓续红色金融血脉，不仅从战乱中迅速恢复并建立起服务于国计民生的金融体系，而且在社会主义改造和建设以及中国特色社会主义建设征程中大显身手，不断开拓创新，不断创造辉煌，谱写了社会主义金融事业创新发展的新篇章。特别是改革开放以来,广东成为中国金融改革开放的前沿阵地,许多新的金融制度、金融机构、金融工具从这里诞生。广东金融更是依靠历史的积淀、创新的思维、灵活的政策得到持续快速发展,金融业发展规模、金融改革创新、金融对外开放、金融监管服务、金融环境优化等方面走在了全国前列,奠定了金融大省的地位。

一 在金融整顿与改造中创立了广东社会主义金融新秩序

中华人民共和国成立之初,广东金融百废待兴。新生的人民政权在建立统一货币制度、建立以中国人民银行为中心的金融体系、恢复和重建金融业务的基础上,创造性地开展地区性金融整顿与改造,为广东建立社会主义金融体系奠定了坚实基础。这个阶段创新性的工作主要有:

一是开展广东货币金融市场整顿。面对中华人民共和国成立初期广东货币市场多币种流通、本币信誉低的复杂状况,1949年9月,中共华南分局财经接管委员会先后作出《华南港币处理意见》《对侨汇问题的意见》等决定,为有效开展金融工作和货币斗争指明了方向。通过肃清金圆券和银元券,严禁港币及其他外币在市场流通,禁止金银计价、使用和私相买卖,收回华南解放区和革命根据地的多种货币等措施,广东于1950年基本肃清金银币与外币,人民币占领了全省城乡市场,人民政权建立初期的广东经济金融斗争取得决定性的胜利。

二是推行广东侨批业社会主义改造。广东是华侨侨汇大省,1949年12月,广州市军管会颁布《华南区侨批业管理暂行办法》,在管理权限上首次统一华南地区侨批业管理政策,改变制约侨批业管理的宏观经济因素。1956年2月,在《中共中央关于资本主义工商业改造问题的决议》指引下,广东侨批业的社会主义改造不断加速,并于是年9月正式宣告基本完成。广东侨批业的国有化进程从对侨批业管理政策的初步制定开始,在大规模社会运动中转变侨批业内部经营机制,通过全民纠正偏差运动提高侨批业经营积极性,扭转了近代以来中央政府对广东侨批业长期无法控制的局面,最终实现了全行业的社会主义国有化改造,使得广东侨批业出现了前所未有的变化。

三是成立公私合营小额质押贷款处。1952年,广州市典当业开始实行公私合营,由中国人民银行拨充公股加入,成立利众小额质押贷款处和利群小额质押贷款处,并由中国人民银行和私股代表签订合同,共同制定小额质押贷款处的组织规程和办事细则,降低了利息。广州首先举办公私合营小额质押贷款处在全国公私合营典当业中是一个创新之举,它使得新的典当业极大地减少了剥削程度,能更好地服务贫苦市民,该举措当时得到了中国人民银行总行的发文肯定,并且把这种模式在全国各大城市中推广开来。

二 创新性地开展金融基础设施建设

中国人民银行广东地区分行(省分行、广州大区分行等)在坚定执行央行货币政策和外汇管理措施的同时,创新性地开展了信用体系与支付体系建设。

1991年,中国人民银行深圳经济特区分行率先推行贷款证制度,该项制度成为中国建设银行信贷登记咨询系统的重要参考依据,而银行信贷登记咨询系统的建成对中国防范信贷风险、提高中央银行执行货币政策和金融监管职能的有效性,具有十分重要的意义。2005年，广东完成银行信贷登记咨询系统向企业信用信息基础数据库的切换工作，同年个人信用信息基础数据库在省内正式运行，2009年在全国范围内率先开展对地方性金融机构个人系统数据报送的现场核查工作，2013年上线国内首个参考中国人民银行《农村信用体系建设基本数据项指引》开发的省级农户信用信息系统，信用体系建设不断完善。

同时，支付体系基础设施建设不断完善。1991年，广州票据交换中心率先在国内推出第一套票据自动清分清算电子系统，并且开发了分类算法、平账轧差、报表生成等应用程序，实现了票据交换业务的自动化处理，彻底突破了手工票据交换中"作坊式"操作的局限，发展成为全国第一家区域性的票据清算中心。1997年，中国人民银行广州市分行与各商业银行一起开发的全国第一个区域性电子资金转账系统正式投产。2006年，广东作为试点地区运行全国支票影像交换系统，广州、深圳两个城市处理中心同时上线，实现了支票从"同城票"到"全国票"的飞跃。充分依托广东自贸试验区先行先试政策，广东省率先实现香港电子支票的跨境托收，推出国内首张多币种借记卡——横琴银联标准多币卡。拓展移动支付服务社会民生领域，广州地铁APM线成为国内首条支持"云闪付"的地铁线路，推出国内首个具有征缴成本低、在途时间短、入库安全性高等特点的金融IC卡移动缴税实时入库系统。围绕人民币国际化"痛点"，开通在清算行模式下第一条人民币现钞跨国调运线路。随着支付体系的不断完善，支付产品与业务也在不断创新。2015年，广发银行首创推出自助设备跨行存款业务。2016年，中国银行广东省分行在国内率先开展粤港电子支票联合结算业务。2018年，上海浦东发展银行广州分行与广州碳排放权交易中心合作，在国内率先推出碳排放权交易人民币跨境结算业务。

三　银行业在稳健发展中深入践行改革创新

广东银行业一直稳居金融业主导地位，并积极践行金融改革创新。例如，成立全国第一家城市商业银行"深圳商业银行"、全国首家互联网银行"深圳前海微众银行股份有限公司"、全国首批民营银行"梅州客商银行"等银行机构，先后设立美的集团财务有限公司、南方电网财务有限公司、广东温氏集团财务有限公司、广东粤财金融租赁股份有限公司、中邮消费金融有限公司等法人金融机构。积极推进农合机构改革，坚持市场化、法治化原则，引资引制引智三管齐下，形成"政府主导、监管推动、系统帮扶、形成合力"的农合改革广东模式，为全国农合机构深化改革提供可复制、可推广经验。

同时，广东银行业紧跟国家和广东重大战略实施、经济结构调整和产业结构升级步伐，把准工作方向，统筹推进银行业供给侧结构性改革，支持实体经济发展，不断提升金融服务能力，先后制定《关于广东银行业促进经济高质量发展的实施意见》《关于广东银行业支持制造强省建设的实施意见》《关于进一步做好民营企业金融服务的通知》《关于广东金融业促进创新驱动发展的若干意见》《金融支持广东省供给侧结构性改革的实施意见》等指导性文件，引导金融机构优化金融资源配置，支持广东重大领域融资发展，并大力支持各地设立中小微企业融资担保扶持资金、转贷基金、贷款风险补偿资金池等，建立贷款风险分担机制，以高质量金融服务促进经济高质量发展，有力支持广东制造强省建设，有效解决民营企业融资难融资贵问题；并率先在全国推出金融服务创新驱动发展一揽子政策，探索投贷结合、投债联动、投担联动等金融服务模式，从拓宽多元化融资渠道、建设金融平台和机构体系、完善金融保障机制等方面促进金融支持科技创新。

四 率先推行国有企业股份制改革试点并建立资本市场运作体系

广东以"敢为人先"的勇气承担先行先试任务，率先进行企业股份制改革试点。1983年7月，广东省宝安县联合投资公司以县财政为担保，向社会发行股票，成为改革开放后第一家股份有限公司并发行了第一只股票。广东制定了全国第一个证券市场法规（1986年10月深圳市政府颁布的《深圳经济特区国营企业股份化试点的暂行规定》），成立了改革开放后中国最早一批证券业经营机构，深圳经济特区证券公司（1987年9月）、广州证券公司（1988年3月）、深圳证券交易所（1990年12月）。伴随着股票市场的发展，广东企业在发展利用资本市场方面走在全国前列，最早一批的民营企业上市公司和B股上市公司、上市公司配股及增发新股等均出现在广东。截至2020年末，全省境内外上市公司总数突破1000家，其中境内上市公司677家，比"十二五"期末增加256家，数量位居全国第一。

在债券市场方面，1992年，盐田港重点建设债券成为在深交所挂牌上市的第一只公司债券；深圳宝安企业（集团）股份有限公司在全国首次发行可转换债券和中长期认股权证。1995年，深南玻在瑞士成功发行4500万美元B股可转换债券，为中国企业首次在境外发行B股可转债券。1998年，丝绸转换债在深交所上网发行，成为中国第一只规范化的可转换债券。2017年，东江环保绿色公司债券顺利完成发行，成为深交所首单公开发行的绿色债券。

在期货市场方面，广东是中国期货市场的发祥地。1991年6月，改革开放后的第一家期货交易所"深圳有色金属期货交易所"成立；同年9月推出中国第一个商品期货标准合约——特级铝期货合约；出台第一个由政府颁布的期货交易管理规定《深圳经济特区有色金属期货经纪商管理暂行规定》；建立了第一个期货市场监管的信息系统。2021年1月，中国证监会正式批准设立广州期货交易所，广州期货交易所是中国改革开放进入新阶段的产物，是新时代资本市场创新发展的新成果，它的成立必将有助于促进广州城市的升级发展、广东及粤港澳大湾区的协同发展以及新时期中国期货与金融事业的创新发展。作为中国重要的战略性金融平台和首家混合所有制交易所，广州期货交易所立足服务实体经济和绿色发展，秉持创新型、市场化、国际性的发展定位，对完善中国资本市场体系，助力粤港澳大湾区和国家"一带一路"建设、服务经济高质量发展具有重要意义。

在基金市场方面，1992年，中国首家专业基金管理机构"深圳投资基金管理公司"成立。1998年，南方基金管理公司、鹏华基金管理公司先后在深圳成立并按《证券投资基金管理暂行办法》运作，深圳成为全国基金管理公司最为集中的地区。广东已逐步构建出包括主板、中小企业板、创业板、三板（含新三板）、区域性股权市场、基金市场、债券市场的多层次资本市场。

五 保险业在深化改革和扩大开放中实现创新发展

1979年4月，国务院同意恢复保险业务后，广东保险业随即于1980年复业。为了适应经济体制改革和发展对外贸易、利用外资的需要，广东不断推动国内外保险业务的恢复与发展。一是加快保险主体建设，获批成立中国第一家股份制保险企业"平安保险公司"（1988年3月成立，后于1992年6月更名为中国平安保险公司，成为全国性的综合性保险公司），成立前海再保险股份有限公司，成立中国首家全国性相互保险组织"众惠财产相互保险社"（2017年2月），设立广东粤电财产保险自保有限公司（2017年11月）。二是不断创新保险业务，在全国率先实行机动车辆第三者强制保险（1979年10月），签发中国第一份核风险保单（1986年11月）和第一份政治风险保险单（1989年12月），率先开展医保"湛江模式"、蔬菜种植保险、家庭医生服务、轻微交通事故快撤快赔、电梯安全责任保险、巨灾指数保险、粤港澳跨境车险、车险电子保单等创新试点。三是加大保险行业的政策支持，出台《关于加快广东保险业发展的若干意见》《广东省人民政府关于加快发展现代保险服务业的实施意见》《广东省安全生产责任保险实施办法》《广东省人民政府办公厅关于大力发展商业健康保险的实施意见》《广东省开展城乡居民大病保险工作实施方案（试行）》等政策文件，设立全国首个由省级平台与金融央企合作，运用保险资金设立股权基金"粤东西北振兴发展股权基金"，设立广东省首只绿色基金产业中保投绿色产业发展基金。

六 地方金融监管探索通过新举措支持实体经济发展

在地方金融监管方面，广东进行了卓有成效的探索并呈现出鲜明的特点。首先，深入推进金融管理体制改革。以垂直监管为主，形成由广东省地方金融监督管理局依法管理，中国人民银行和广东银保监局、广东证监局依法监管，各金融机构依法经营"三位一体"的体制，促使广东成为全国金融市场最发达、社会诚信体系建设最完备、金融产业竞争力与可持续发展能力最强、金融风险发生率最低的地区之一。其次，将地方金融监管的着力点落实在服务实体经济发展上。特别是在"十二五""十三五"期间，广东出台多项支持和鼓励实体经济发展的政策措施，为经济发展赋能，致力于解决中小企业融资难问题，取得了明显成效。截至2020年末，全省制造业贷款余额达到1.8万亿元，是"十二五"期末的1.6倍；基础设施贷款余额约4万亿元；民营企业贷款余额约5.5万亿元，普惠小微贷款余额约2万亿元，服务小微市场主体188万户，涉农贷款余额约1.6万亿元。2020年，全省社会融资规模增量超过4万亿元，是2015年的2.8倍。实现直接融资约1万亿元，在全部社会融资中的占比提高到24.5%。

七 金融新业态在蓬勃创新中呈现稳健发展局面

广东率先创新发展类金融业态，相继发展融资租赁、融资担保、小额贷款、农村专业合作社、商业保理、地方资产管理公司等金融业态。在发展进程中，成立全国首家台资融资租赁公司"东联融资租赁有限公司"（2006年5月成立）、广东省第一家通过互联网开展小额贷款业务的小额贷款公司"佛山市顺德区美的小额贷款股份有限公司"（2010年6月成立，2013年获批开展供应链贷款业务）、全国首家为小额贷款公司提供融资服务的"广州立根小额再贷款股份有限公司"（2013年10月成立）和全国最大的地方民营投资公司"广东民营投资股份有限公司"，打造国内首家上市的地方国资金融控股平台"广州越秀金融控股集团股份有限公司"、开创国内首个中国青创板的"广东股权交易中心"、首家推出并拥有自主知识产权的担保资产增信交易（保信易）产品的"广东金融资产交易中心"和开展首笔不良资产对外转让业务的"前海金融资产交易所"。同时，为创新推动新金融与类金融业态的持续健康发展，印发全国首个互联网小贷管理办法《广州民间金融街互联网小额贷款公司管理办法（试行）》（2016年10月21日由广州市越秀区人民政府办公室印发）。

八　金融功能区着力打造金融创新发展集聚区

广东获批全国最广泛、涉及范围最大的金融改革试验区"珠江三角洲金融改革创新综合试验区"（2012年7月），获批设立中国（广东）自由贸易试验区（2014年12月），获批率先开展绿色金融改革创新试点（2017年6月）。依托先行先试政策优势，积极探索在"一国两制"和CEPA框架下，与港澳加强在服务贸易自由化及规则对接、产业互补、资源共享、交通互联、信息互通等方面合作；探索与港澳服务业市场管理标准相统一的行业管理制度。探索建立绿色金融改革与经济增长相互兼容的新型发展模式，制定绿色金融标准和产品目录，创新绿色金融产品。创新打造中国首条民间金融街"广州民间金融街"（2012年6月），并设立全国首家小额再贷款公司"广州立根小额再贷款股份有限公司"、全国首家专注于民间金融服务的市场化征信公司"广州民间金融街征信公司"，制定全国第一个民间融资价格指数。打造国内首个以"互联网金融创新"为主题的产业基地"广东金融高新技术服务区"，同时还打造广州金融创新服务区、广州国际金融城、广州中小微企业金融服务区等多个提供特色金融服务的区域性金融平台。金融功能区的建设发展成为广东金融强省的重要举措和抓手。

九 交易平台建设深化金融市场体制机制创新

广东创新性地把商品市场与金融市场有机结合，打造股权类交易平台、金融资产类交易平台、综合性要素交易平台、专业性要素交易平台等多层次投融资体系，相继成立全国唯一一家塑料电子交易所"广东塑料交易所"、全国首家从事权益和商品等各类要素交易平台投资运营的"广州交易所集团"、全国首创的公共资源交易信用指数体系的"广州公共资源交易中心"、完成国内首单CCER线上交易的"广州碳排放权交易中心"等交易平台，有效提高商品流通效率，形成集中市场、权威价格，推动各产业协同发展。

十 金融科技发展积极稳妥践行创新驱动战略

改革开放以来，广东金融科技在金融自动化、电子化、网络化、智能化进程及对大数据、云计算、区块链等前沿技术的应用之中，紧跟世界潮流。在金融自动化进程中，广东金融装备制造始终走在全国前列，突出表现为传统ATM机的制造和新型金融终端设备的制造，重点推动成立了国内第一家ATM类设备生产企业"广州广电运通金融电子股份有限公司"（1999年7月），并依托优势签订欧美地区单一订单金额最大的循环机订单（2011年4月击败ATM国际巨头而获得）。在金融电子化、网络化、智能化进程中，成立中国境内第一家信用卡经营公司"珠海市信用卡有限公司"（1985年3月）并发行境内第一张信用卡"中银卡"，上线中国最早的领先支付平台"财付通平台"（2005年4月）；推出国内第一台联机服务的ATM机（1988年），"一网通"网上支付（1998年4月），国内首个"手机银行"服务业务功能；开出中国首张区块链电子发票（2018年8月）。而数字货币的探索创新过程中，创新成立全国首个中国（深圳）Fintech数字货币联盟及中国（深圳）Fintech研究院（2016年12月），并顺利推动中国人民银行在深圳成立数字货币研究所（2017年1月）。

十一　金融对外开放始终走在全国前列

改革开放伊始，广东金融依靠"特殊政策、灵活措施"率先开展市场化改革，成为中国金融业对外开放最早的省份。广东引进建立了中华人民共和国成立后第一家外资银行（1981年南洋商业银行在深圳经济特区开设分行）、第一家外资保险公司（1982年香港民安保险公司在深圳设立分公司），成立了中国第一家中外合资财务公司"中国国际财务有限公司"（1986年），推出全国首只交易所市场公募熊猫债（2016年3月），首创全国跨境碳资产回购融资业务。自2009年起，广东还大力支持开展跨境人民币贷款、跨境人民币债券、跨境双向人民币资金池、跨境资产转让、跨境双向股权投资、跨境证券私募投资等多项跨境金融创新试点，并引导企业办理跨境融资租赁、跨境电子商务结算、跨境商业保理等金融业务。

十二　依靠创新全面优化金融营商环境

广东推进监管科技在金融风险防控领域的应用，成立广东省地方金融风险监测防控中心（2017年6月）和广东省金融广告监测中心（2018年3月），实现对金融风险的预警、监测、分析与协同处置，利用大数据、云计算、人工智能等金融监管科技，构筑地方金融风险防控全省"一张网"。加快金融审判与金融仲裁的信息智能化，在全国率先启动"云上仲裁"，打造国内首个"电子证据固化＋在线公正保全＋网络裁判服务"网络仲裁平台（2017年1月）。打造以"银证保"传统金融行业协会为主，融资租赁、商业保理、小额贷款、互联网金融等类金融行业协会为辅的金融行业自律格局，引导金融行业加强自律。

第四节　将红色金融基因永远传承下去

学习历史、研究历史是为了更好地走向未来。迈进新时代、开启新征程，金融业要坚持以习近平新时代中国特色社会主义思想为指导，找准方位、把稳航向，坚守初心使命，服从和服务于国家发展需要。金融系统的党员领导干部要深入学习党领导下的金融发展史，始终心系"国之大者"，善于从政治上看问题，努力做"懂金融的政治家、懂政治的金融家"，推动金融高质量发展。

一　坚持党管金融，确保金融改革发展的正确方向

习近平总书记高度重视党对经济金融工作的领导，强调"做好新形势下金融工作，要坚持党中央对金融工作集中统一领导，确保金融改革发展正确方向"。[①] 对金融业而言，要始终在思想上政治上行动上同以习近平同志为核心的党中央保持高度一致，自觉把金融工作放在党和国家发展大局中来谋划和推动，不断提高政治判断力、政治领悟力、政治执行力，确保金融改革发展正确方向。一是政治判断力要"准"。要重视从讲政治的高度做好金融经营工

---

① 习近平：《习近平谈治国理政》第2卷，外文出版社2017年版，第281页。

作,加强战略性、系统性、前瞻性研究谋划,增强科学把握形势变化、精准识别现象本质、清醒辨别行为是非、有效抵御风险挑战的能力,坚持政治立场不移、政治方向不偏。二是政治领悟力要"高"。要坚持一切从实际出发,运用马克思主义立场观点方法,结合金融工作实际,遵循金融发展规律,在准确理解中央精神的基础上,创造性地抓好贯彻落实。三是政治执行力要"强"。一个行动胜过一打纲领。落实党中央决策部署既要有"任务书",更要有"施工图",坚决做到"中央有要求、国家有需要、金融有行动",真正把"两个维护"落实在金融工作实践中、体现在服务战略成效上。

二 坚持服务实体经济,积极助力构建新发展格局

习近平总书记强调,金融是实体经济的血脉,为实体经济服务是金融的天职,是金融的宗旨。当前,金融业要把服务实体经济发展放在构建新发展格局的大背景下谋划考虑,坚定不移贯彻新发展理念,找准服务和融入构建新发展格局的着力点。一方面,要助力畅通国内大循环。积极服务高水平自立自强,支持科技创新,促进产业链供应链优化升级;服务扩大内需战略基点,支持"两新一重"等领域,发挥投资对拉动社会需求、优化供给结构的关键作用;聚焦"碳达峰""碳中和",以市场化方式促进绿色低碳循环发展。另一方面,要积极促进国内国际双循环。稳妥有序推动高质量共建"一带一路",为对外贸易、对外投资、国内物流流通等领域提供配套金融服务,塑造我国参与国际合作和竞争新优势,服务高水平对外开放,促进以国际循环提升国内大循环效率和水平。

三 坚持以人民为中心，扎实推动实现共同富裕

习近平总书记强调，坚持以人民为中心的发展思想，坚定不移走共同富裕道路。① 做好经济金融工作，要坚持人民至上，坚持共同富裕方向，推动改革发展成果更多更公平惠及全体人民，推动共同富裕取得更为明显的实质性进展。金融机构要积极践行负责任融资理念，进一步推动共享发展，让金融资源惠及更多弱势群体和困难群众。要积极支持巩固拓展脱贫攻坚成果同乡村振兴有效衔接，持续加大对乡村建设、教育医疗、养老育幼、小微企业等领域的支持，不断增强人民群众的获得感、幸福感、安全感。金融业广大党员干部要继承和发扬党的优良传统，增强"我将无我，不负人民"的使命担当，将金融机构作为许党报国、服务人民的平台，努力创造为群众办实事、为百姓谋福利的实实在在业绩，把家国情怀、为民情怀体现在工作中、落实到行动上。

四 坚持守正创新，着力提升金融服务质效

习近平总书记强调，"创新是引领发展的第一动力"②"要守正创新、开拓创新，大胆探索自己未来发展之路"。③ 提升金融服务质效，关键要做到守正创新。一是要正心。创新，要不忘初心、牢记使命，不能把初心忘了，把使命丢了。创新必须以服务实体经济为

---

① 习近平：《习近平谈治国理政》第4卷，外文出版社2022年版，第60、116、141—147页。

② 习近平：《习近平谈治国理政》第2卷，外文出版社2017年版，第201页。

③ 《习近平在经济社会领域专家座谈会上的讲话》，《人民日报》2020年8月25日第2版。

本，坚持"融资成本更低、融资效率更高、资金更可持续"三个标准。只有同时满足这三个标准，才是好的创新、真正的创新。二是要正行。创新是扬弃，是止于至善的过程。要增强开拓创新的勇气和锐气，努力探索新模式、创造新经验、开创新局面。同时，要坚守法律法规底线和监管政策红线，规规矩矩做金融、认认真真办业务，确保创新始终走在合规的轨道上。三是要正言。加强金融创新实践经验和案例总结，努力讲好金融创新故事，当好"宣传员"，唱响"主旋律"，传播"正能量"，为金融业改革创新和持续健康发展营造良好舆论环境。

五 坚持统筹发展和安全，牢牢守住不发生系统性金融风险底线

习近平总书记深刻指出，防范化解金融风险特别是防止发生系统性金融风险是金融工作的根本性任务。居安思危，金融系统要更好统筹发展和安全，多措并举，坚决守住不发生系统性金融风险底线。一是要坚持把服务实体经济作为防范金融风险的根本举措。平衡好服务实体经济和防控金融风险的关系，注重在稳增长的基础上防风险，坚持在推动高质量发展中防范化解风险。二是要提高见微知著能力。学会透过现象看本质，善于透过行业、企业发展中的小问题、小矛盾、小风险，看到背后隐藏的大问题、大矛盾、大风险，提早谋划，防患于未然、防风险于未萌。三是要提升风险管理水平。面对当前风险防控形势依然严峻的局面，要本着对国家和人民高度负责的态度，不断完善风险治理体系，提升风险管理水平，加大风险化解处置力度，努力成为防范化解金融风险的行家里手，维护国家金融安全。四是要加强金融廉政建设。腐败是金融工作中

最大的风险，是金融风险形成的重要内因。要坚决查处以贷谋私、以存谋私等职务犯罪行为，防止内外勾结、化公为私和洗钱行为，守住廉洁金融底线。五是要加强信用体系建设。加大对金融领域违法犯罪打击力度，切实维护金融市场秩序，营造良好金融生态。完善失信约束制度和信息披露机制，依法加大失信惩戒力度，严厉打击逃废债行为，让"欠债还钱、天经地义"理念深入人心、见诸行动，推动建设诚信社会。

附录 A 广东当代金融发展主要指标数据

表 A.1 广东金融机构数及从业人员数

(2002—2020 年)　　　　　　(单位：家，人)

年份	机构数量	年末从业人员数	年份	机构数量	年末从业人员数
2002	2385	44473	2012	15477	286657
2003	2233	40153	2013	15776	298795
2004	2387	46678	2014	16029	306630
2005	15433	222738	2015	16465	316630
2006	15406	230919	2016	16871	344624
2007	15223	242350	2017	16625	336902
2008	14229	243185	2018	16696	336670
2009	13014	240854	2019	16529	341283
2010	14983	258254	2020	16403	345003
2011	15175	270598			

注：统计范围为银行业及相关金融机构（不含中国人民银行、外资银行及资产管理公司）。

资料来源：2005—2021 年的《广东统计年鉴》。

表 A.2　　广东金融业地区生产总值数据（1978—2020 年）

年份	金融业地区生产总值（亿元）	年份	金融业地区生产总值（亿元）
1978	4.53	2000	443.69
1979	4.74	2001	450.81
1980	6.10	2002	454.65
1981	6.76	2003	534.28
1982	7.89	2004	602.68
1983	8.94	2005	661.81
1984	11.76	2006	899.91
1985	12.74	2007	1705.08
1986	20.84	2008	1972.40
1987	34.25	2009	2335.08
1988	46.80	2010	2780.73
1989	72.70	2011	3119.08
1990	82.46	2012	3469.67
1991	94.83	2013	4122.81
1992	122.79	2014	4447.43
1993	149.29	2015	5757.08
1994	199.84	2016	6127.05
1995	229.27	2017	6853.01
1996	264.86	2018	7296.98
1997	302.87	2019	8881.41
1998	306.39	2020	9906.99
1999	331.10		

资料来源：广东统计年鉴编委会：《广东统计年鉴（2021）》，北京数通电子出版社 2021 年版。

表 A.3　广东金融机构本外币存贷款余额（1950—2020 年）

年份	人民币存款余额（亿元）	人民币贷款余额（亿元）	外币存款余额（亿美元）	外币贷款余额（亿美元）	外币存款余额（亿元）	外币贷款余额（亿元）
1950	1.00	0.03	—	—	—	—
1951	2.52	0.29	—	—	—	—
1952	4.33	0.48	—	—	—	—
1953	3.98	4.11	—	—	—	—
1954	4.86	8.44	—	—	—	—
1955	5.96	13.68	—	—	—	—
1956	5.72	13.60	—	—	—	—
1957	5.99	16.35	—	—	—	—
1958	13.24	25.42	—	—	—	—
1959	13.66	42.29	—	—	—	—
1960	13.60	46.45	—	—	—	—
1961	17.11	44.78	—	—	—	—
1962	18.27	43.19	—	—	—	—
1963	17.80	34.85	—	—	—	—
1964	16.78	30.64	—	—	—	—
1965	19.41	35.06	—	—	—	—
1966	21.26	43.64	—	—	—	—
1967	23.37	44.63	—	—	—	—
1968	25.77	48.78	—	—	—	—
1969	28.39	49.98	—	—	—	—
1970	45.74	53.54	—	—	—	—
1971	47.31	56.57	—	—	—	—
1972	48.23	60.89	—	—	—	—
1973	55.31	68.63	—	—	—	—
1974	58.33	74.18	—	—	—	—

续表

年份	人民币存款余额（亿元）	人民币贷款余额（亿元）	外币存款余额（亿美元）	外币贷款余额（亿美元）	外币存款余额（亿元）	外币贷款余额（亿元）
1975	64.25	83.11	—	—	—	—
1976	65.36	90.01	—	—	—	—
1977	67.65	96.18	—	—	—	—
1978	71.01	108.87	—	—	—	—
1979	58.46	123.33	—	—	—	—
1980	60.74	84.83	—	—	—	—
1981	77.91	97.73	—	—	—	—
1982	89.74	115.36	—	—	—	—
1983	109.60	140.61	—	—	—	—
1984	318.38	448.60	—	—	—	—
1985	272.43	480.82	—	—	—	—
1986	590.55	768.93	—	—	—	—
1987	766.87	979.70	—	—	—	—
1988	987.24	1228.29	—	—	—	—
1989	1173.20	1391.77	—	—	—	—
1990	1576.96	1704.06	—	—	—	—
1991	2200.41	2048.94	—	—	—	—
1992	3453.47	2698.79	—	—	—	—
1993	4087.96	3403.38	—	—	—	—
1994	5435.30	4339.76	—	—	—	—
1995	7090.48	5495.69	—	—	—	—
1996	9076.18	6319.77	—	—	—	—
1997	11084.29	8195.83	—	—	—	—
1998	13293.07	9523.56	—	—	—	—
1999	15018.90	10934.76	—	—	—	—

附录 A 广东当代金融发展主要指标数据

续表

年份	人民币存款余额（亿元）	人民币贷款余额（亿元）	外币存款余额（亿美元）	外币贷款余额（亿美元）	外币存款余额（亿元）	外币贷款余额（亿元）
2000	16919.98	11787.10	—	—	2163.66	1440.52
2001	19449.30	13192.70	—	—	2265.55	1279.38
2002	22975.90	15314.60	—	—	2434.00	1525.79
2003	27240.20	18287.60	—	—	2400.63	1838.64
2004	30869.60	19671.50	—	—	2382.41	2283.78
2005	35958.70	20965.60	—	—	2161.21	2295.61
2006	41146.60	23617.50	270.90	296.80	2115.60	2317.69
2007	47016.50	27497.90	265.40	427.00	1938.53	3119.37
2008	54309.60	30964.60	264.80	408.30	1809.68	2791.02
2009	67742.60	39683.60	285.40	706.90	1948.86	4826.62
2010	79958.00	47191.60	311.30	695.70	2061.40	4607.70
2011	89169.60	53411.80	384.20	825.80	2420.55	5203.47
2012	99934.60	59967.30	821.70	1,131.20	5164.95	7109.78
2013	114855.00	68491.90	792.20	1176.40	4830.15	7172.26
2014	121964.90	77889.50	966.92	1149.26	5916.57	7032.29
2015	153551.80	89289.30	1052.80	981.25	6836.42	6371.82
2016	171024.50	103649.80	1269.24	1049.25	8804.69	7278.61
2017	184779.60	118978.60	1493.09	1079.45	9756.15	7053.35
2018	199576.10	139100.00	1234.86	884.33	8475.06	6069.39
2019	222962.37	162378.43	1361.24	805.04	9496.27	5616.15
2020	257851.63	189802.41	1499.89	900.89	9786.63	5878.21

注：本表数据由中国人民银行广州分行提供，本表机构包括中国人民银行、银行业存款类金融机构、银行业非存款类金融机构；外币存款余额由当年末广东金融机构本外币存款余额减去人民币存款余额计算而来；外币贷款余额由当年末广东金融机构本外币贷款余额减去人民币贷款余额计算而来；本表有部分数据缺失，尽管采取查阅文献、函调等多种途径对其进行收集，但仍有部分未能获取，故以"—"代替。

表 A.4　　广东证券期货业交易情况（1992—2020 年）　（单位：家，亿元）

年份	上市公司数量	融资额	证券公司数量	期货公司数量	基金公司数量
1992	19	5.33	—	—	—
1993	42	101.95	—	—	—
1994	66	34.23	—	—	—
1995	75	35.60	—	—	—
1996	90	93.86	—	—	—
1997	107	213.43	—	—	—
1998	115	75.95	—	—	—
1999	116	70.29	20	39	—
2000	128	165.96	22	13*	5
2001	140	114.92	8*	13*	1*
2002	142	164.23	26	13*	14
2003	144	103.32	26	15*	19
2004	155	362.35	25	26	19
2005	155	7.63	24	14*	19
2006	166	506.88	23	14*	21
2007	188	1146.44	23	12*	20
2008	204	478.12	6*	12*	3*
2009	228	671.95	22	12*	18
2010	290	1407.63	5*	13*	3*
2011	311	314.63	22	11*	21
2012	359	409.05	5*	11*	3*
2013	360	1023.00	22	23	23
2014	384	972.19	23	21	25
2015	421	3416.58	25	21	28
2016	470	6027.68	26	21	29
2017	568	5627.00	28	22	30
2018	586	7114.59	28	22	31
2019	618	2265.34*	28	22	35
2020	677	3315.20*	29	22	34

注：带*数据仅为中国证券监督管理委员会广东监管局辖区数据，不含深圳地区数据；本表有部分数据缺失，尽管采取查阅文献、函调等多种途径对其进行收集，但仍有部分未能获取，故以"—"代替。

资料来源：1992—2018 年数据由中国证券监督管理委员会广东监管局提供；2019 年、2020 年数据来源于广东省统计局：《2019 年、2020 年广东省国民经济和社会发展统计公报》，广东统计信息网（http://stats.gd.gov.cn/tjgb/index.html）。

表 A.5　深圳证券交易所显示的广东证券交易情况（2004—2020年）

（单元：万元）

年份	债券交易额	基金交易额	股票交易额	总交易额
2004	339832.66	277542.16	22283846.46	22901221.29
2005	182127.16	216259.53	16919371.45	17785230.88
2006	82600.26	858414.22	34269886.92	38976675.53
2007	73886.68	5283752.95	194811641.03	221460649.75
2008	257775.62	2211980.44	101490168.87	111363013.36
2009	253440.53	2278957.44	232766550.53	239167799.63
2010	221379.15	2653224.21	275369031.73	278660393.55
2011	2821232.75	2054657.32	204775306.35	209651196.42
2012	14422766.54	3144886.08	162385093.28	179952745.90
2013	28555638.64	3930225.80	249359847.85	281845712.30
2014	34572400.50	7589686.09	408766866.52	450928953.11
2015	45571478.91	41587940.89	1397464841.10	1484624261.00
2016	71337754.58	27836052.92	839999554.33	939173361.83
2017	102533791.15	25944382.05	665169926.39	793648099.60
2018	300704145.32	29194710.26	509461076.47	667394764.66
2019	175151903.58	12630631.88	745054513.77	932838619.63
2020	264722727.34	26752360.97	1184392233.40	1476014624.81

资料来源：Wind 数据库。

表A.6　　上海证券交易所显示的广东证券交易情况（2000—2020年）

（单位：万元）

年份	金融债、企业债交易额	国债回购额	国债现货交易额	债券交易额	基金交易额	股票交易额	总交易金
2000	26449	21824414	6856279	28895342	2271583	80944069	113542969
2001	13863	18457980	10429531	28957839	2401468	60105176	92301292
2002	46150	55235654	14287817	69715328	990122	46002673	117034313
2003	470486	140771132	10908671	153839746	928856	64831156	224168007
2004	158973	135122950	5153754	141491691	612855	85688907	235697409
2005	181956	57453620	4667612	63406413	482533	64349541	140882694
2006	174423	25978950	2346202	29192474	2463210	226352158	319670964
2007	369745	35097920	3345127	39773041	10399024	1129545678	1359982976
2008	3114233	73298830	6966940	84374180	2553535	609407612	933157039
2009	5696331	132186960	9341009	148762009	2020934	1209235872	1600146431
2010	8292635	211602370	7180693	230060912	2199274	1029177025	1353829626
2011	17970504	725637640	4557472	748165616	8215249	793634169	1574297494
2012	31083792	1340991467	2976257	1375051516	10360051	542144953	1928585786
2013	64451295	2454998840	1781974	2521232109	28288157	770895910	3320659449
2014	121942860	3641869024	2227320	3766039204	100880361	1343060094	5209979661
2015	148053367	6039390682	13481710	6200925759	307141643	4669651431	11178689136
2016	176963871	13701251922	37582194	13915797987	297077786	1633511400	15830014334
2017	204307432	13549452644	11443881	13765203957	223084826	1696578293	15618355715
2018	217749490	9674238947	11259113	9903247550	211428370	1331909688	11419046975
2019	232659679	8435964539	7406084	8676030302	171503201	1787628324	10646777155
2020	452718100	10487766700	14435900	10954920700	269906200	2813231700	14058767700

资料来源：Wind数据库。

表 A.7　　　　　　广东保险业发展数据（1980—2020 年）　　　（单位：家，亿元）

年份	原保险保费收入	赔付支出	资产总额	保险机构数量（总公司）	保险机构数量（省级分公司）
1980	0.28	0.06	—	—	—
1981	0.51	0.10	—	—	—
1982	0.84	0.36	—	—	—
1983	1.01	0.45	—	—	—
1984	1.70	0.73	—	—	—
1985	3.15	1.12	—	—	—
1986	4.88	2.30	—	—	—
1987	7.02	2.34	—	—	—
1988	9.76	2.73	—	—	—
1989	12.37	4.16	—	—	—
1990	14.55	8.40	—	—	—
1991	18.14	8.52	—	—	—
1992	27.79	10.77	—	—	—
1993	45.67	28.03	—	—	—
1994	62.86	34.35	—	—	—
1995	82.57	41.67	60.68	—	—
1996	85.68	53.23	48.32	—	—
1997	108.38	53.73	133.93	—	—
1998	131.83	59.72	162.55	—	—
1999	139.24	52.90	191.94	—	—
2000	153.02	49.61	248.18	—	—
2001	194.32	59.65	292.04	—	—
2002	249.65	62.77	410.03	—	—
2003	299.92	72.96	542.00	—	—
2004	344.27	81.99	685.14	—	—

续表

年份	原保险保费收入	赔付支出	资产总额	保险机构数量（总公司）	保险机构数量（省级分公司）
2005	392.84	94.87	869.22	—	—
2006	473.19	123.86	1070.27	—	—
2007	625.60	164.30	1285.78	—	—
2008	884.16	215.22	1670.69	—	—
2009	959.57	233.34	2015.91	1	56
2010	1124.18	245.92	2506.44	2	61
2011	1219.06	312.89	2986.08	2	71
2012	1290.86	377.30	3389.30	3	77
2013	1434.15	493.91	3950.97	3	80
2014	1792.97	546.69	4899.36	3	83
2015	2166.82	705.57	6535.50	3	86
2016	2986.06	816.88	7961.05	4	97
2017	3274.85	885.25	8789.06	7	99
2018	3472.37	1038.70	9465.51	7	101
2019	4112.23	1061.39	10747.18	7	103
2020	4199.34	1215.38	12093.80	7	103

注：本表有部分数据缺失，尽管采取查阅文献、函调等多种途径对其进行收集，但仍有部分未能获取，故以"—"代替。

资料来源：本表数据由中国银行保险监督管理委员会广东监管局提供，不含深圳地区数据。

表 A.8　　　　　广东社会融资规模增量数据（2013—2020 年）　　　　（单位：亿元）

年份	社会融资规模	其中：							
		人民币贷款	外币贷款	委托贷款	信托贷款	未贴现银行承兑汇票	企业债券	地方政府专项债券/政府债券	非金融企业境内股票融资
2013	13826.00	8223.00	293.00	1960.00	886.00	1106.00	599.00	—	193.00
2014	13173.00	9076.00	-171.00	2523.00	225.00	-776.00	1218.00	—	432.00
2015	14443.00	11028.00	-1373.00	834.00	175.00	-77.00	2155.00	—	1114.00
2016	21154.68	14284.57	202.86	1772.28	832.30	-2595.22	3715.25	—	2312.60
2017	22091.26	15243.51	-67.23	242.41	2793.90	1291.87	413.09	—	1304.79
2018	22501.51	20054.05	-1651.22	-1875.68	-787.69	-562.87	3174.41	1281.88	978.76
2019	29189.90	22124.85	-463.76	-688.96	-1378.12	77.67	4786.96	2075.78	548.69
2020	40692.00	27554.00	668.00	-407.00	-1304.00	2243.00	5260.00	3289.00	1406.00

注：社会融资规模增量是指一定时期内实体经济从金融体系获得的资金额，来源于中国人民银行、中国银行保险监督管理委员会、中国证券监督管理委员会、中央国债登记结算有限责任公司和银行间市场交易商协会等部门；2018 年 9 月起，中国人民银行将"地方政府专项债券"纳入社会融资规模统计；2019 年 12 月起，中国人民银行进一步完善社会融资规模统计，将"国债"和"地方政府一般债券"纳入社会融资规模统计，与原有"地方政府专项债券"合并为"政府债券"指标。

资料来源：本表数据来源于中国人民银行官网（http://www.pbc.gov.cn/diaochatongjisi/116219/index.html）。

附录 B 广东当代金融大事年表

1948 年

8月19日，国民政府发行金圆券。　　　　　　　　第一章第一节

12月1日，中国人民银行成立，发行第一套人民币。

第一章第一节

12月，潮揭丰人民行政委员会正式成立裕民银行。

第一章第一节

12月，河源县信用流通券发行。　　　　　　　　　第一章第一节

1949 年

2月26日，裕民银行流通券正式发行。　　　　　　第一章第一节

6月，新陆银行在陆丰县河田镇正式成立，并发行新陆券。

第一章第一节

7月2日，国民政府发行银元券。　　　　　　　　　第一章第一节

7月8日，南方人民银行在揭阳县河婆镇（现属揭西县）成立，发行南方券。　　　　　　　　　　　　　　　　　第一章第一节

8月16日，粤赣湘边人民流通券正式发行。　　　　第一章第一节

10月14日，广州解放后，银元退出广州市场。　　第一章第一节

11月2日，中国人民银行广州分行成立。　　　　　第一章第一节

11月4日，中国银行广州分行重新营业。　　　　　第一章第一节

11月18日，广州市军事管制委员会颁布《关于严禁使用金银

外币》的布告。　　　　　　　　　　　第一章第一节

11月21日，中国人民银行华南区行成立。　　第一章第一节

11月21日，中国人民银行广东省分行成立。　第一章第一节

12月2日，中央人民政府第四次会议上通过《关于发行人民胜利折实公债的决定》。　　　　　　　　　　　第一章第一节

12月7日，广州市军事管制委员会正式颁布《华南区金银管理暂行办法》。　　　　　　　　　　　第一章第一节

12月7日，广州市军事管制委员会公布了《华南区侨批业管理暂行办法》。　　　　　　　　　　　第一章第一节

1950年

1月30日，广东省保险业务由中国人民保险公司华中区公司领导。
　　　　　　　　　　　第一章第一节

1月，金融接管工作胜利完成。　　　　　第一章第一节

1月，中国银行广州分行成立外汇交易所。　第一章第一节

2月23日，中国人民保险公司广东省分公司正式成立。
　　　　　　　　　　　第一章第一节

3月，广东省开办货物运输保险。　　　　第一章第一节

4月1日，中国人民银行华南区行正式改组为华南分区行。
　　　　　　　　　　　第一章第一节

4月10日，中国人民保险公司华中区公司更名为中国人民保险公司中南区公司。　　　　　　　　　　　第一章第一节

4月，广州市军事管制委员会颁布《华南区私营保险业管理暂行方法》。　　　　　　　　　　　第一章第一节

5月，广东省开展保本保值定期储蓄存款。　第一章第一节

7月1日，中国人民保险公司海口市支公司成立。
　　　　　　　　　　　第一章第一节

7月3日，广州市人民政府委员会会议通过《广州市私营典当业管理暂行办法》。 第一章第一节

10月，广东梅县、龙川、揭阳三县作为土地改革试点，开始消除民间高利贷。 第一章第一节

11月2日，《广东省土地改革实施办法》颁布。 第一章第一节

12月，广州市成立典当业同业公会。 第一章第一节

是年，广东省在广州、中山、佛山、台山、曲江、湛江、高要、江门和惠阳九个重点行处举办折实储蓄存款业务。

第一章第一节

1951年

3月，中国银行广州分行设立国际贸易服务部和易货交易所。

第一章第一节

4月，中国人民保险公司广东省分公司开办团体人身保险。

第一章第一节

4月24日，中央人民政府政务院财政经济委员会公布《财产强制保险条例》，广东省在此基础上开办财产强制保险。

第一章第一节

7月1日，中国人民保险公司广州市分公司成立。

第一章第一节

9月，组建交通银行广东支行和广州支行。 第一章第一节

12月31日，广东省台山县石岗乡试办省内第一个信用社。翌年初，在新会、开平、番禺、中山等县逐步铺开。 第一章第一节

是年，广东省开办职工团体火险。 第一章第一节

是年，广东省开办轮船船舶险（含船舶全损险和船舶兵险）和木船船舶险。 第一章第一节

是年，广东省开办飞机、铁路、轮船旅客意外伤害强制保险。

第一章第一节

1952 年

4月，中国人民银行华南分区行完成历史使命，奉命撤销。

第一章第一节

5月，交通银行广东支行改组为交通银行广东省分行。

第一章第一节

9月，广东省开办简易火险。　　　第一章第一节

11月，广州市第一个农村信用合作社在新滘区瑞宝村成立。

第一章第一节

12月14日，中国人民保险公司海口市支公司升格为海南中心支公司。　　　第一章第一节

是年，广州市成立利众小额质押贷款处和利群小额质押贷款处。

第一章第一节

是年，广东省开办公路旅客意外伤害强制保险。　第一章第一节

1953 年

8月，中国银行广州分行被划分为中国银行广东分行和中国银行广州分行。　　　第一章第二节

9月，广东省各级人民银行陆续建立信贷计划管理部门，加强了信贷资金的计划管理，开始按年、按季编制综合信贷计划，实施具有高度集中性的信贷计划管理，实行"统收统支"，存款的运用权统归中国人民银行，各项贷款由总行统一核定计划指标下达广东省。对企事业单位、机关、团体、部队实行严格的现金管理。

第三章第一节

12月，中央人民政府第29次会议通过《1953年国家经济建设

公债条例》。 第一章第二节

是年，中国人民银行广州分行完成对私营典当业的社会主义改造。 第一章第二节

是年，广州市内公私合营银行合并组建为公私合营银行广州分行。 第一章第二节

是年，广东省停办国家机关和基本建设单位的财产强制保险。

第一章第二节

是年，广东省停办船舶兵险、渔船船舶险、汽车兵盗险和公众责任险。 第一章第二节

是年，广东省保险工作会议决定停办耕牛保险。 第一章第二节

是年，中国人民保险公司广东省分公司开办涉外保险。

第一章第二节

是年，广东省公开的民间借贷活动基本消失。 第一章第二节

1954 年

10月1日，中国人民建设银行广东省分行在原交通银行广东省分行的基础上正式建立。当时下设分支行、办事处27个，全行干部职工576人。 第一章第二节

11月，广东省第一届信用合作代表会议召开，制订《广东农村信用合作社章程准则》。 第一章第二节

11月，中央人民政府委托中国人民银行发行"国家经济建设公债"。

第一章第二节

12月15日，财政部公布《解放前保险业未清偿的人寿保险契约给付办法》。 第一章第二节

是年，公私合营银行广州分行并入中国人民银行广州市分行储蓄部。 第一章第二节

1955 年

3月1日，第二套人民币发行。　　　　　　　　第一章第二节

3月1日，国务院同意中国人民银行关于建立中国农业银行的报告。　　　　　　　　　　　　　　　　　　　第三章第二节

4月20日，中国农业银行广东省分行成立。　　第一章第二节

6月，中国人民保险公司广东省分公司在广州黄埔港开办中央进口货物运输保险。　　　　　　　　　　　　　第一章第二节

是年，中国农业银行广东省分行开办"贫农合作基金贷款"。
　　　　　　　　　　　　　　　　　　　　　　第一章第二节

是年，中国人民银行广东省分行拟订《广东省渔船携带人民币和外币进出国境管理暂行办法》。　　　　　　第一章第二节

是年，广东省停办铁道、邮电、粮食、水利、交通和地质六个部及其所属单位的财产强制保险。　　　　　　第一章第二节

是年，广东省已建成 11362 个农村信用合作社，基本上实现乡乡有社的目标。　　　　　　　　　　　　　　第三章第二节

1956 年

2月8日，中国银行广东分行和中国银行广州分行合并，设中国银行广州分行。　　　　　　　　　　　　　第一章第二节

是年，广东省开办物资流动保险。　　　　　　第一章第二节

是年，中国人民保险公司广东省分公司拟订《广东省牲畜自愿保险试行办法》。　　　　　　　　　　　　　第一章第二节

是年，广州市的私营典当业全部转业或结束业务。　第一章第二节

1957 年

1月1日，中国银行广州分行合并到中国人民银行广东省分行。
　　　　　　　　　　　　　　　　　　　　　　第一章第二节

5月7日，中国农业银行广东省分行被撤销并入中国人民银行广东省分行，在中国人民银行广东省分行内设农村金融处，负责管理农金业务工作。　　　　　　　　　　　　　　　第一章第二节

5月，交通银行广东省分行并入广东省财政厅。　第一章第二节

8月，中国人民银行成立核算工厂。　　　　　第十章第三节

1958年

4月，中国人民银行广东省分行将省内138项会计规章制度汇编成册，由各地发动群众通过试行。　　　　　　　第一章第三节

6月25日，广东省将中国建设银行广东省分行合并到广东省财政厅，在广东省财政厅内设基建处，对外仍保留中国人民建设银行广东省分行的牌子。　　　　　　　　　　　　　第一章第三节

12月，根据国务院《关于人民公社信用部工作中几个问题和国营企业流动资金问题的规定》，广东省农村信用机构陆续下放给当地人民公社管理，银行营业所（办事处）与公社信用部合并。

第一章第三节

12月，根据全国财贸工作会议精神，中国人民保险公司广东省分公司全面停办各项国内保险业务，并撤销保险机构。其涉外保险业务则移交中国人民银行管理（1964年以后又转交中国银行管理）。　　　　　　　　　　　　　　　　第一章第三节

1959年

3月，中国人民保险公司广东省分公司将广州等11个口岸公司经营的国外保险业务移交各口岸人民银行继续经营，对外仍挂中国人民保险公司的牌子。　　　　　　　　　　　　第一章第三节

6月，广东省银行营业所与信用社实行分账。　第一章第三节

1960 年

是年，国务院采取放宽华侨、港澳同胞携带粮油副食品进口的政策。　　　　　　　　　　　　　　　　　　　　第一章第三节

1961 年

3月9日，中国人民银行广东省分行发出《关于发行期票工作的指示》，将广东发行期票指标5900万元分别下达各地，用于清退农民的"平调账"。其中规定6096以现金支付，4098由发行期票解决。期票规定1962年兑付，但延至1969年才进行。　第一章第三节

4月30日，中国人民银行发出"关于免收贫农合作基金贷款的通知"，决定免收自1955年开始发放的贫农合作基金贷款，广东省共减免此项贷款2178万元。　　　　　　　　　　第一章第三节

6月，广东省第二次分行、中心支行行长会议上决定：重新恢复信用社的名义，并提出信用社要做到"独立核算、自负盈亏"。

第一章第三节

7月，广东省恢复了"上存下贷"的农贷指标管理体制。

第一章第三节

1962 年

4月29日，广东省人民委员会批转中国人民银行广东省《关于贯彻"中共中央、国务院关于切实加强银行工作的集中统一，严格控制货币发行的决定"的请示报告》，在报告中提出了6项具体意见。　　　　　　　　　　　　　　　　　第一章第三节

4月，中国人民银行广东省分行召开出纳工作会议。第一章第三节

4月，中国建设银行广东省分行从广东省财政厅分设，除党政工作受财政厅领导外，业务工作由中国建设银行总行垂直领导。

第一章第三节

1963 年

1月，中国银行广州分行、越南国家银行海宁省分行签订口岸贸易结算的议定书。　　　　　　　　　　　第一章第四节

5月，中国人民政治协商会议广州市委员会第三届第一次会议提出《建议恢复私人房屋、家具保险业务》。　　第一章第四节

12月25日，中国农业银行广东省分行重新从中国人民银行分离，第二次建立，行址设在广州市泰康路160号。　第一章第四节

1964 年

1月8日，根据中国人民银行《关于限期收回三种人民币票券的通告》。广东省从4月15日起开始兑换苏联代印的10元、5元、3元券，至同年5月14日止，全省累计收回这三种票券33686万元，超过原测算数。　　　　　　　　　　　　　第一章第四节

是年，中国人民银行广东省分行撤销农金处，将其并入重新设立的中国农业银行广东省分行。　　　　　　　第一章第三节

1965 年

2月，经广东省人民委员会批准，广东省财政厅设立广东省保险公司，省内各地财政处设地区保险公司，各县财政局设立保险代理处，经营预算内地方国营企业、公私合营企业（1966年扩大至县以上供销合作社）的财产强制保险。　　　　　第一章第四节

3月，按中国人民银行《关于将我行国外局保险处改组为中国人民保险公司的通知》，设在中国人民银行广东省分行国外业务部的保险组恢复了中国保险人民公司广东省分公司的建制。

第一章第四节

4月，广东省恢复办理地方预算内企业的财产强制保险。

第一章第四节

1966 年

2月16日，中国农业银行广东省分行再度撤销，并入中国人民银行，在中国人民银行广东省分行内设立农金处接管农村金融工作。　　　　　　　　　　　　　　　第一章第五节

5月，广东省人民委员会再次发出通知，将企业财产强制保险的对象扩大到县以上供销合作社。　　　　　　第一章第五节

1967 年

2月13日，中国人民保险公司广州市分公司给各投保单位发出了"关于停办国内保险业务的通知"。　　　　　第一章第五节

6月，广东省军事管制委员会产生委员会决定，自7月1日起停办企业财产强制保险，撤销省、地两级保险公司及各县保险代理处。　　　　　　　　　　　　　　　第一章第五节

1968 年

2月18日中央文革小组发布《紧急通知》，规定冻结所谓"十种人"在银行的储蓄存款。　　　　　　　　第一章第五节

3月12日，中国人民银行广东省分行革命委员会成立。

第一章第五节

1969 年

是年，广东省保险公司执行上级决定，出口货物运输保险停办罢工险。　　　　　　　　　　　　　　　　第一章第五节

是年，按照中国人民银行指示，将国营企业实行的"存贷分户、逐笔核贷"的信贷管理办法改为"存贷合一"办法。

第一章第五节

1970 年

10月10日，中国人民银行广东省分行和广东省财政局合并，

中国人民银行广东省分行名称被取消，统称为广东省财政局，并设置银行有关处室，指导和管理全省银行工作，但财政、银行仍在原地办公。与此同时，建设银行广东省分行也被正式撤销，并入广东省财政局。　　　　　　　　　　　　　　　　　　　　第一章第五节

1971 年

年底，始自 1969 年的贫下中农管理农村信用社取得进展，全省约有 80% 的农村信用社下放实行"贫管"，信用社机构由 1966 年的 3600 个突增至 12000 多个。　　　　　　　　　　　第一章第五节

1972 年

10 月 21 日，广东省革命委员会批转广东省财政局《关于恢复广东省建设银行的报告》，建设银行广东省分行第二次恢复设立，受同级财政部门领导，其下属分支机构也相继恢复。　第一章第五节

12 月 19 日，广东省革命委员会批复，同意财政、银行分家，正式恢复中国人民银行广东省分行。　　　　　　　　　第一章第五节

1973 年

3 月 9 日，财政部转发经国务院批准的《关于冻结储蓄存款情况》的报告。　　　　　　　　　　　　　　　　　　　第一章第五节

是年，中国人民银行制定了《商业贷款办法》。　第一章第五节

1974 年

是年，中国人民银行广东省分行国际业务部引进了第一台电子计算机——日本理光公司的 RICOM–8。　　　　　　第十章第三节

1975 年

7 月，广东银行学校第一届学生毕业，开始为金融系统输送中等专业人才。　　　　　　　　　　　　　　　　　　　第一章第五节

1976 年

10月28日，中共中央发布《关于冻结各单位存款的紧急通知》，冻结各单位在银行的存款。 第一章第五节

是年，中国人民银行广东省分行制定了《关于试行营业所和信用社合署办公的初步方案》。 第一章第五节

1977 年

11月，国务院发布《关于整顿和加强银行工作的几项规定》。

第一章第五节

1978 年

1月1日，中国人民银行与财政部正式分开办公。

第六章第一节

12月，中共第十一届三中全会决定"把工作重心转移到现代化建设上来"。 第六章第一节

1979 年

2月，中国人民银行做出恢复国内保险业务的重大决策。

第五章第一节

4月20日，广东省革命委员会批转中国人民银行广东省分行《关于恢复我省各级农业银行的报告》，中国农业银行广东省分行于1979年7月9日第三次恢复设立。 第三章第二节

4月25日，中国人民银行《关于恢复国内保险业务和加强保险机构的通知》确定，中国人民保险公司广东省分公司为处级建制，属中国人民银行广东省分行领导。 第六章第一节

4月，国家外汇管理局广东分局成立。 第二章第二节

4月，国务院批准恢复办理国内保险，发展涉外保险。

第五章第一节

5月2日，广东省革命委员会同意中国人民银行广东分行《关于改革中国银行体制的请示报告》，中国银行广州分行从中国人民银行广东省分行分设出来，属厅（局）级建制，受中国银行总行和广东省人民政府双重领导。　　　　　　　　　第三章第二节

7月9日，中国银行广州分行正式从中国人民银行广东省分行中分设出来。　　　　　　　　　　　　　　　　第六章第一节

7月，中国人民银行进行信贷差额控制试点，将"统收统支"改为部分存贷款"统一计划，分级管理，存贷挂钩，差额控制"。

第二章第三节

10月，广东省规定港澳入境机动车辆办妥机动车第三者责任保险。　　　　　　　　　　　　　　　　　　　第五章第一节

11月6日，中国人民保险公司深圳市支公司成立。

第五章第一节

11月19日，全国保险工作会议在北京召开。　第五章第一节

是年，广东省农村信用社先后进行调整机构、健全组织、发展社员、恢复"三性"（组织群众性、管理民主性、业务灵活性）、组建县联社、加强职工队伍建设，不断开拓发展业务，提高经营管理水平。　　　　　　　　　　　　　　　　　第三章第二节

1980年

3月17日，广东省人民政府批转广东省财政局《关于改革建设银行体制的报告》。　　　　　　　　　　　第三章第二节

3月，广东农村金融学会成立。　　　　　　第十二章第四节

4月，中国银行发行外汇兑换券。　　　　　第十二章第一节

5月16日，中共中央、国务院决定在广东省深圳市、珠海市、汕头市和福建省厦门市试办经济特区。　　　第十一章第一节

5月，中国人民保险公司广东省分公司复办。　　第五章第一节

7月，中国建设银行从广东省财政局分设出来，正式升格为厅（局）级单位，并由原来事业单位改为企业单位。　　第三章第二节

10月1日，中国人民保险公司广州市分公司成立，当时称"中国人民保险公司珠江分公司"。　　第五章第一节

11月7日，中国人民银行同意中国人民银行广东省分行的报告，在深圳经济特区建立中国人民银行深圳市分行。　第三章第一节

12月1日，经广东省人民政府批准，广东省华侨投资公司扩大了业务范围，改名为广东省信托投资公司，后再改名为广东省国际信托投资公司，是国家十大对外筹资窗口之一。　　第三章第三节

是年，中国农业银行广东省分行下设广州市、海南行政区两个分行，汕头、佛山、梅县、惠阳、肇庆、湛江、韶关、深圳、珠海、海南黎族苗族自治州等地（市）中心支行10个，县（市）支行101个，营业所1728个。　　第三章第二节

1981年

4月13日，中国人民银行发出《关于保险公司管理体制的通知》。

第五章第一节

5月27日至6月14日，国务院要求中国人民银行抓紧研究是否要在深圳市发行特区货币的问题。　　第十一章第一节

12月4日，香港民安保险有限公司深圳分公司成立。

第五章第二节

是年，广东省开始引入外资金融机构。　　第三章第二节

是年，广东省信托投资公司成立，专门办理财政资金拨改贷业务。　　第三章第三节

1982 年

1月，南洋商业银行深圳分行开业，是中国引进的第一家外资银行营业性机构。　　　　　　　　　　　　　第三章第二节

7月14日，国务院转批由中国人民银行提出的《关于人民银行的中央银行职能及其与专业银行的关系问题的请示》。

第六章第一节

7月，国务院批转中国人民银行《关于人民银行的中央银行职能及其与专业银行的关系问题的请示》，授权中国人民银行行使中央银行的职能，加强金融管理，以此为起点开始了组建专门的中央银行体制的准备工作。　　　　　　　　　　第三章第一节

1983 年

1月7日，中国人民银行印发《中国人民银行关于侨资、外资金融机构在中国设立常驻代表机构的管理办法》。　第十一章第一节

4月，国务院批复同意中国人民银行《关于中国人民保险公司机构的请示》。　　　　　　　　　　　　　第五章第一节

7月，深圳市宝安县联合投资公司以县财政为担保发行股票，首期集资1300万元，成立改革开放后中国第一家股份有限公司深圳宝安集团，并发行第一张股票。　　　　　　第四章第一节

9月17日，国务院发布《关于中国人民银行专门行使中央银行职能的决定》。　　　　　　　　　　　　　第六章第一节

9月，国务院决定中国人民银行专门行使中央银行职能，随后广东省人民政府批复同意《中国人民银行广东省分行专门行使中央银行职能的试行方案》。　　　　　　　　第二章第一节

是年，深圳国际仲裁院成立。　　　　　第十二章第二节

1984 年

1月1日起，中国人民银行广东省分行和各地市分（支）行开始专门行使中央银行的职能，集中力量研究和实施全国及广东金融的宏观决策，加强信贷总量的控制和金融机构的资金调节，以保持货币稳定。　　　　　　　　　　　　　　第三章第一节

3月9日，广东省人民政府批复同意《关于人民银行广东省分行专门行使中央银行职能的试行方案》。　　　第三章第一节

4月5日，中国工商银行广东省分行成立，承担原来由中国人民银行办理的工商信贷和储蓄等业务。　　　第二章第三节

5月17日，国家外汇管理局广东分局正式从中国银行广州分行分设出来，与中国人民银行广东省分行合署办公，并在中国人民银行领导下统一负责全省的外汇管理工作。　　　第二章第二节

5月，中国工商银行深圳市分行成立。为市局级经济实体，承办原来由中国人民银行深圳分行办理的工商信贷和储蓄业务。

第三章第二节

5月，中国人民保险公司广东省分公司与中国人民银行广东省分行分设，成为正厅级实体。　　　　　　　第五章第一节

7月，以原中国人民银行深圳市分行为基础，从深圳市人民政府、中国人民银行、中国银行等有关部门抽调人员，组建中国人民银行深圳经济特区分行，是中国人民银行的直属分行。　第二章第一节

10月17日，中国人民银行颁布《关于金融机构设置或撤并管理的暂行规定》。　　　　　　　　　　　　　第六章第一节

是年，中国人民银行成立电子计算中心。　　第十章第三节

1985 年

3月，中国银行珠海市分行成立了珠海市信用卡有限公司，并

发行我国境内第一张信用卡。　　　　　　　　第十章第三节

3月，广东保险学会成立。　　　　　　　　　第十二章第四节

4月2日，国务院发布《中华人民共和国经济特区外资银行、中外合资银行管理条例》。　　　　　　　　　　第十一章第一节

4月，中国人民保险公司广东省分公司在中山、新会等地试办农村种植保险。　　　　　　　　　　　　　　　第五章第一节

7月，深圳经济特区金融学会成立。　　　　　第十二章第三节

11月1日，深圳经济特区证券公司成立，是改革开放后中国第一家证券公司，具有独立的法人资格，主要从事特区内股票等有价证券的发行和交易业务。　　　　　　　　　　第十一章第一节

11月22日，中国人民银行广东省分行向中国人民银行递交《关于普遍保留人民银行县市支行的报告》，认为在广东省未设人民银行的其余县市，仍要继续保留人民银行机构。　　第三章第一节

11月，深圳经济特区成立中国第一家外汇调剂中心。

第十一章第一节

12月26日，中国人民银行广东省分行向广东省人民政府递交《关于我省保留人民银行县市支行机构的请求报告》，广东省人民政府同意此报告。　　　　　　　　　　　　　　　第三章第一节

是年，珠海南通银行成立，是改革开放以后中国引进的第一家法人外资银行。　　　　　　　　　　　　　　第三章第二节

是年，实行"统一计划、划分资金、实存实贷、相互融通"的信贷管理制度，允许银行之间进行资金拆借，以调剂资金余缺，同业拆借市场开始形成和发展，打破了吃大锅饭的指标管理办法。

第三章第三节

是年，广东财务公司成立，办理信托投资业务。　第三章第三节

1986 年

7月，根据国家外汇管理局批复，中国工商银行总行同意广东、福建、上海分行开办外汇业务，省内部分中国工商银行分支机构开办外汇存、贷、汇、进出口贸易、结算等业务。　　第三章第二节

7月，中国银行深圳分行与日本住友银行、日本野村证券公司、香港东亚银行、美国太平洋银行合作，成立全国第一家中外合资财务公司——中国国际财务有限公司（深圳）。　　第三章第二节

11月，中国人民保险公司深圳市分公司代中国人民保险总公司承保大亚湾核电站工程险业务。　　第五章第一节

是年，广东省各大、中城市由当地金融部门或工商业联合会、城市街道等陆续试办城市信用社。　　第三章第二节

是年，中国人民银行广东省分行执行国务院颁布的《中华人民共和国银行管理暂行条例》。　　第六章第一节

是年，针对南海油田美国客户的要求，中国人民保险公司深圳市分公司设计第三者综合责任险保险保单。　　第五章第一节

是年，中国银行珠海分行第一次在中国大陆引进 ATM 机，并于次年2月正式投产使用。　　第十章第二节

是年，广东省被列为全国金融体制改革试点省。　　第三章第三节

1987 年

3月，深圳市人民政府决定在原有农村信用社的基础上，改制筹建深圳发展银行。　　第四章第一节

4月，招商银行在深圳蛇口成立，成为中国内地第一家完全由企业法人持股的股份制商业银行。　　第三章第三节

5月，深圳发展银行率先面向社会公众公开发行股票，成为全国企业股份制改造从定向募集走向公开募集、从小范围试点走向全

社会扩展的一个重要里程碑,并成为中国首家允许自然人认购并发行外币优先股的股份制金融企业。　　　　　　　　第四章第一节

6月17日,中国人民银行发出《关于经济特区外资银行、中外合资银行业务管理的若干暂行规定》。　　　　　　　第十一章第一节

是年,招商银行成立,是中国第一家完全由企业法人持股的股份制商业银行。　　　　　　　　　　　　　　　　　第三章第二节

是年,广东省全面展开金融体制改革。　　　　　　第三章第三节

是年,中国工商银行广东省分行先后制定了《关于进一步强化储蓄内部管理工作的意见》和《储蓄所目标管理试行方案》。年底,广东省已有641个储蓄所实行了承包经营责任制。　第三章第三节

是年,交通银行在广州建立分行筹备组。　　　　　第三章第三节

是年,深圳发展银行成立,成为中国内地首家允许私人入股的全国性股份制商业银行。　　　　　　　　　　　　　　第三章第三节

是年,广东省国有专业银行系统新增储蓄机构899个。全省建立39家城市信用合作社,组建114个县联社(包括县级区的联社),新建信托投资公司18家。　　　　　　　　第三章第三节

是年,广东省共审批成立各类信托投资机构68家。其中,国际信托投资公司5家、投资公司60家、财务公司2家、金融租赁公司1家。　　　　　　　　　　　　　　　　　　　第三章第三节

是年,中国工商银行广东省分行下辖机构:地(市)二级分行14个、县(市)支行103个、城市营业部(办事处)49个、分理处136个、储蓄所987个、县辖办事处237个,合计机构1527个(包括省行),员工26604人。　　　　　　　　第三章第二节

是年,广东省各大中城市和经济较发达县、镇,先后建成城市信用社89家,收集股金6380万元,吸收存款7.24亿元,拆入资金

4.12亿元，发放贷款9.88亿元，实现利润918万元。

第三章第二节

是年，中国人民银行广东省分行共有120个分支机构和其他附属单位，其中二级分行12个、单列分行2个、县支行100个（每个县都有人民银行机构）、专科学校1所（广州金融专科）、专科中专3所（广东银行学校、广州银行学校、海南银行学校）、银行疗养院1个、执行所1个，共有干部职工6819人，其中干部5457人，职工1362人。 第三章第一节

1988年

1月，阳江、清远、河源、潮州、揭阳、汕尾、云浮先后升格为地级市，中国工商银行广东省分行在上述7个新设立的地级市设二级分行。 第三章第二节

1月，广东省邮政储汇局成立。 第三章第三节

3月21日，中国人民银行正式批准成立平安保险公司。

第五章第一节

6月，广东发展银行成立，同年9月8日正式对外营业。

第三章第三节

8月，广州开办改革开放以来广东第一家典当行——广州长寿典当行。 第七章第五节

10月，交通银行广州分行开业，管辖范围为设在广东、广西、福建、海南4个省（区）所属的分支机构。 第三章第二节

10月，中国工商银行深圳市分行改制为计划单列市分行，隶属广东省分行管理。初期内设15个处级部门，下辖6个支行、4个办事处、8个分理处，共有37个分支机构。 第三章第二节

10月，中国人民保险公司广东省分公司成立农险处。

第五章第一节

是年，交通银行广州分行试营业。　　第三章第三节

是年，按照中央金融工作会议的部署，改革中国人民银行管理体制，撤销广东省级分行，设立跨省区分行——广州分行。广州分行辖区：广州分行、南宁中心支行、海口中心支行。同时，成立广州分行辖区人民银行系统党委，对党的关系实行垂直领导，干部垂直管理。　　第三章第一节

是年，中国工商银行广州、深圳分行试行行长负责制。珠海、中山、深圳分行试行干部聘任制。　　第三章第三节

是年，中国银行在广东省系统推行出口押汇、定期结汇、贴现、打包放款等业务。　　第十二章第一节

是年，广东省零售物价指数达到中华人民共和国成立以来最高值。　　第十二章第一节

是年，广东城市金融学会成立。　　第十二章第四节

1989 年

3月20日，新中国第一只公开发行的外汇优先股——"深发展外汇优先股"发行。　　第四章第一节

11月，《中共中央关于进一步治理整顿和深化改革的决定》出台。　　第十二章第一节

12月，中国人民保险公司广东省分公司签发了中国第一份政治风险保险单。　　第五章第一节

12月，中国人民保险公司广东省分公司代办广东省农业保险业务。　　第五章第一节

是年，广东金融学会经广东省民政厅批准补办登记注册。

第十二章第四节

1990 年

7月1日，新中国第一个证券交易税——深圳开创买卖股票以股票交易印花税。 第四章第五节

8月31日，深圳市证券商联席会（深圳市证券业协会前身）成立。 第四章第六节

12月1日，深圳证券交易所开始试运行。同日，深圳蛇口安达运输公司股票换发成标准股票后，首先进入深圳证券交易所集中交易，成为改革开放后中国内地第一只集中交易的股票。

第四章第五节

12月27日，中国人民保险公司批复1991年起深圳市分公司实行计划单列。 第五章第一节

1991 年

1月14日，深圳金田实业股份有限公司股票进入深圳证券交易所集中交易。 第四章第一节

1月29日，深圳万科企业股份有限公司股票进入深圳证券交易所集中交易。 第四章第一节

2月18日，深圳市人民政府举行特种B股海外发行承销签字仪式，深圳股市向国际化迈出第一步。 第四章第一节

4月16日，深圳证券交易所获中国人民银行批准成立。

第四章第五节

5月15日，经国务院同意，中国人民银行批准，深圳市人民政府颁布《深圳市股票发行与交易管理暂行办法》，对深圳股票市场作出规范管理，自同年6月15日起实施。 第四章第六节

6月10日，深圳有色金属交易所正式成立，成为改革开放后中国第一家冠以"交易所"名称的期货交易所。　　　第四章第三节

9月20日，广东省人民政府成立广东省企业股份制试点联审小组。　　　　　　　　　　　　　　　　　　第六章第一节

1992 年

2月28日，南玻B股在深圳证券交易所上市，成为深圳第一只B种股票。　　　　　　　　　　　　　　　第四章第一节

2月，深圳证券交易所与深圳黎明公司签约，决定开发证券电脑网络系统。　　　　　　　　　　　　　第十章第三节

4月24日，中国太平洋保险公司广州分公司成立。

第五章第一节

5月，深交所完成了全市证券商的电脑联网任务。

第十章第三节

6月4日，中国人民银行正式批准平安保险公司冠以"中国"两字。　　　　　　　　　　　　　　　　　第五章第一节

7月，中国银行广州分行改名为中国银行广东省分行。

第三章第二节

8月10日，深圳市发生因发售新股认购申请表引发"8·10"股市风波。　　　　　　　　　　　　　　　第四章第六节

10月，国务院证券委员会和中国证券监督委员会成立。

第六章第一节

10月19日，深圳宝安股份有限公司首次在中国内地发行可转换债券和认股权证。　　　　　　　　　　第四章第二节

11月6日，珠海人寿保险股份有限公司成立。　第五章第二节

11月20日，武汉商场股份有限公司股票在深圳证券交易所上

市，成为深圳证券交易所首家异地上市公司股票。　第四章第五节

11月21日，广东省人民政府决定组建广东省证券监督管理委员会，负责对广东省证券业和证券市场进行统一管理。　第四章第六节

11月24日，中国太平洋保险公司深圳分公司成立。

第五章第一节

11月，广东省人民政府根据证券市场发展的需要，成立广东省证券委员会。　第六章第一节

12月，国务院发出《关于进一步加强证券市场宏观管理的通知》，确立中央政府对证券市场统一管理的体制。　第六章第一节

12月，深圳发展银行在深圳市首次推出了自己的银行卡"发展卡"。　第十章第三节

1993 年

3月，国家开发银行广州分行成立。　第三章第三节

3月，广东国际金融网络有限公司成立。　第十章第三节

4月1日，经广东省人民政府批准，广东省证券监督管理委员会正式挂牌办公。同日，深圳证券管理委员会成立并对外办公。

第四章第六节

4月，广东省期货市场管理领导小组成立。　第六章第一节

5月28日，华南商品期货交易所正式开业，主要上市品种为橡胶和油品。　第四章第三节

6月19日，中国证监会、上海证券交易所、深圳证券交易所、香港证券及期货事务监察委员会、香港联合交易所有限公司在北京人民大会堂联合签署证券事务《监管合作备忘录》。是年6月起，北京人民机器厂、上海石化总厂、江苏仪征化纤工业联合公司、昆明机床厂、广州造船厂、青岛啤酒厂、马鞍山钢铁公司、天津渤海

集团公司、四川东方电器公司等 9 家企业获准在香港陆续上市。

第十一章第一节

6 月，江泽民同志提出"实现金融监管电子化"。第十章第三节

6 月，华商银行在深圳市成立，是广东省第一家、也是唯一一家中外合资银行。1998 年 5 月，开设第一家分行——华商银行蛇口分行。

第十一章第一节

6 月，《中共中央、国务院关于当前经济情况和加强宏观调控的意见》颁布实施。

第十二章第一节

7 月，广州商品期货交易所正式开业，主要上市品种为食糖、金属。

第四章第三节

8 月 18 日，经中国人民银行广东省分行同意，南方证券交易中心正式设立。

第四章第一节

8 月，深圳证券交易所同美国 CASMAKER 系统公司签约，引进、安装自动大型电脑撮合系统，并调试完毕。 第十章第三节

9 月 11 日，广东省人民政府决定专门成立广东省期货监督管理委员会。

第四章第六节

9 月 30 日，深圳宝安集团股份有限公司上海公司及其关联公司发出公告，持有在上海证券交易所上市的延中实业股份有限公司发行在外 5% 以上普通股，开创中国企业通过证券市场进行收购与兼并的先河。

第四章第五节

12 月 28 日，深圳市贸易发展局组织市内 7 家企业与深圳有色金属交易所共同组建深圳期货联合交易所。 第四章第三节

12 月 30 日，广州人寿保险股份有限公司成立。 第五章第二节

12 月，国务院作出《关于金融体制改革的决定》。

第六章第一节

1994 年

1月1日，中国实施新的外汇管理体制。人民币官方汇率与外汇调剂市场汇率并轨，实行单一的、有管理的浮动汇率制；取消外汇留成和上缴，中资企业开始向银行结汇；外汇券停止发行，禁止外币在境内计价、结算和流通。当日人民币兑美元汇价由5.8元人民币/美元下调到8.7元人民币/美元。　　　　第十一章第一节

3月14日，南方证券交易中心与深圳证券交易所实现双向联网。
　　　　　　　　　　　　　　　　　　　　　　　　第四章第四节

3月29日，中国人民银行制定了《中华人民共和国外资金融机构管理条例实施细则（试行）》和《外资金融机构存款准备金缴存办法》。　　　　　　　　　　　　　　　　　　第十一章第一节

4月，国务院颁布《中华人民共和国外资金融机构管理条例》。
　　　　　　　　　　　　　　　　　　　　　　　　第六章第一节

7月1日，经深圳市人民政府批准，深圳市期货管理办公室正式运作。　　　　　　　　　　　　　　　　　　　　第四章第六节

7月2日，经中国人民银行广东省分行批准，广东证券业协会宣布成立。同日，深圳证券商协会正式成立，并召开第一次会员大会。
　　　　　　　　　　　　　　　　　　　　　　　　第十二章第三节

7月2日，广东证券业协会（广东证券期货业协会前身）成立。
　　　　　　　　　　　　　　　　　　　　　　　　第十二章第三节

8月31日，华南商品期货交易所和广州商品期货交易所合并为广东联合期货交易所。　　　　　　　　　　　　第四章第三节

8月，中国人民银行颁布《金融机构管理规定》。第六章第一节

9月12日，深圳证券交易所推出国债期货业务，首批包括5个系列19个交易品种。　　　　　　　　　　　　第四章第五节

10月19日，深圳有色金属期货交易所被列入国家试点期货交易所。 第四章第三节

10月20日，广东联合期货交易所被列入国家试点期货交易所。
第四章第三节

10月，深圳市保险同业公会成立。 第十二章第三节

是年，中国建设银行广东省分行开始向国有商业银行转变，经历治理整顿阶段和开拓创新与结构调整阶段。 第三章第三节

是年，中国工商银行广东省分行由国家专业银行向国有商业银行转轨。 第三章第三节

是年，中国人民银行广东省分行发布关于《广东省越权批准设立金融机构的清理方案》后，对133家各类越权批设的金融机构进行清理，撤销101家，撤并一批未经中国人民银行批准设立的储蓄机构。 第三章第三节

1995年

1月30日，深圳有色金属交易所和深圳联合期货交易所合并为深圳有色金属联合期货交易所。 第四章第三节

3月9日，中国农业发展银行广东省分行成立。 第三章第三节

5月10日，广东省人民政府撤销广东省证券监督管理委员会和广东省期货监督管理委员会两个常设机构，组建广东省证券监督管理委员会。 第四章第六节

5月，广东省人民代表大会常务委员会制定《广东省典当条例》。
第七章第五节

5月，广东国际金融网络有限公司率先开创广东跨银行ATM网络。 第十章第三节

6月，在深圳市试行组建城市合作银行。 第三章第三节

7月6日，深圳南玻在瑞士成功发行4500万美元B股可转换债券，这是我国企业首次在境外发行B股可转换债券。 第四章第二节

7月12日，蛇口招港B股在新加坡交易所第二上市，中国内地股票在境外交易所上市的先河。 第四章第一节

7月，招商银行推出具有综合业务功能银行卡"一卡通"。

第十章第三节

8月，广州仲裁委员会依法组建。 第十二章第二节

8月，原深圳仲裁委员会依法组建。 第十二章第二节

9月21日，美国友邦保险有限公司广州分公司成立。

第五章第二节

9月21日，美国美亚保险公司在广州设立分公司。

第五章第二节

10月，招商银行推出客户终端系统。 第十章第三节

11月，中国证券监督管理委员会吊销广东金创期货经纪有限公司营业资格，该事件称为"籼米事件"或"金创事件"。

第四章第三节

12月，深圳金融电子结算中心正式挂牌成立。 第十章第三节

是年，中国农业银行广东省分行分离政策性业务，实施商业化改革，按商业银行经营管理运作。 第三章第二节

是年，广东省有县联社117个、独立核算社1868个、营业网点11013个，员工总数61415人。 第三章第二节

是年，根据国务院《关于组建合作银行的通知》，广东省人民政府决定在地级市范围内，有城信社7家以上，总资产5亿元以上的可组建城市合作银行。首先选择条件较好的中心城市试办，逐步推开。 第三章第三节

是年，广州保险业公会（广东省保险行业协会前身）成立。

第十二章第三节

是年，中国工商银行深圳市分行成为中国工商银行总行直辖分行。

第三章第二节

1996 年

2 月，广东跨银行 ATM 网络与香港银通网络联网。

第十章第三节

6 月，广东省试行主办银行制度，重点支持广东省 24 户重点国有企业的流动资金和技改项目。　　　　第二章第三节

7 月 23 日，中国人民保险公司改组为中国人民保险（集团）公司。　　　　第五章第二节

8 月 16 日，中国人民财产保险有限公司广东分公司成立。

第五章第二节

8 月 16 日，中国人寿保险股份有限公司广东省分公司成立。

第五章第二节

8 月，中国进出口银行广州代表处成立。　　　第三章第三节

8 月，广东省证券监督管理委员会设立。　　　第六章第一节

9 月，中国建设银行深圳市分行在全国推出了集股票买卖和储蓄、消费等多功能于一身的"白玉兰"银行证券卡。　第十章第三节

10 月 18 日，华安财产保险股份有限公司成立。　第五章第二节

10 月，韶关仲裁委员会正式挂牌。　　　　第十二章第二节

12 月，广东省共有 98 个法人农合机构，包括 33 家农商行（含深圳农商行）、65 家农信社。　　　　第三章第三节

是年，中国工商银行广东省分行有地（市）二级分行 21 个（含深圳），县（市）、城区支行 164 个，城市营业部（办事处）、分理处、储

蓄所等营业机构2835个，员工40000多人。　　　　　第三章第二节

是年，根据国务院颁布《关于农村金融体制改革的决定》，广东省农村信用社与中国农业银行脱离行政隶属关系，开始按合作金融组织的方向深化管理体制改革。　　　　　　　　　　第三章第二节

是年，广东省商业银行违规经营自查和并账全部结束，清理违规经营在全省取得根本性突破。　　　　　　　　　　第三章第三节

是年，汕头仲裁委员会获批设立。　　　　　　第十二章第二节

是年，江门市人民政府依法组建江门仲裁委员会。

第十二章第二节

1997 年

1月16日，原平安保险公司更名为中国平安保险股份有限公司。

第五章第二节

3月，广东省人民政府召开金融工作座谈会，针对地方中小金融机构和农村合作基金会存在的问题，提出防范与化解金融风险的意见和要求。　　　　　　　　　　　　　　　　第六章第一节

5月，广东省人民政府发出《关于防范和化解我省金融风险的通知》，要求各单位各部门高度重视，齐心协力及早防范金融风险。

第六章第一节

6月，深圳市证券管理办公室与深圳市期货管理办公室合并，合并后名称仍为深圳市证券管理办公室，增加期货市场监管职能。

第四章第六节

7月，深圳证券交易所正式划归中国证券监督管理委员会直接管理。　　　　　　　　　　　　　　　　　　第四章第五节

11月，中共中央、国务院发出《中共中央、国务院关于深化金融改革、整顿金融秩序、防范金融风险的通知》。　　第六章第一节

12月,广东国际金融网络有限公司开通直联POS网络。

第十章第三节

是年,中国银行广东省分行对机构进行优化调整。第三章第三节

是年,中国人民银行广东省分行全面部署广东省防范和化解金融风险工作。 第三章第三节

1996—1997年,广东先后在符合条件的广州、珠海、东莞、佛山、湛江、汕头6个市,由98家城市信用社组建六家合作银行。

第三章第三节

1998年

4月7日,第一只证券投资基金——开元基金在深圳证券交易所挂牌上市。 第四章第四节

4月,国务院撤销证券委,其全部职能及中国人民银行对证券经营机构的监管职能同时划归中国证券监督管理委员会。 第六章第一节

4月,招商银行推出"一网通"网上支付服务。 第十章第三节

5月,深圳市国内银行同业公会(深圳市银行业协会前身)成立。 第十二章第三节

8月,中国农业银行广东省分行与中国农业银行广州市分行实施合并。 第三章第二节

8月,中国人民银行继续扩大外资银行经营人民币业务的试点,批准深圳市为第二个允许外资银行试点经营人民币业务的城市。

第十一章第一节

9月15日,第一只可转换债券"丝绸转债"在深圳证券交易所挂牌上市。 第四章第二节

10月6日,中国人民银行决定,关闭广东省国际信托投资公司,依法成立清算组对该公司进行关闭清算。广东省国际信托投资

公司成为新中国第一家破产的非银行金融机构,也是至今唯一通过破产的非银行金融机构。 第三章第三节

10月29日,根据国务院关于证券期货市场监管体制改革的要求,广东省证券监督管理委员会和深圳市证券管理办公室改由中国证券监督管理委员会进行垂直管理。 第四章第六节

11月16日,中共中央政治局常委、全国人大常委会委员长李鹏视察深圳证券交易所。 第四章第五节

11月16日,泰康人寿保险股份有限公司广州分公司成立并开业。
第五章第二节

11月18日,中国保险监督管理委员会正式挂牌成立。
第六章第一节

11月26日,中国人民银行管理体制开始实行改革,设立跨地区管辖广东、广西、海南3地区的中国人民银行广州分行。

第二章第一节

11月,中国人民银行深圳经济特区分行改为中国人民银行深圳市中心支行,是中国人民银行广州分行的派出机构。 第二章第一节

11月,根据中国人民银行机构改革的要求,撤销国家外汇管理局广东分局,设立国家外汇管理局广东省分局,负责广东省内外汇管理工作,并协调和指导广西区和海南省外汇管理工作。

第二章第二节

是年,广东省证券监督管理委员会配合广东省人民政府完成广东联合期货交易所撤销工作,并制定将其改组为证券经纪公司的方案。 第四章第六节

是年,广东省人民政府做出粤海企业集团重组的决定。

第十二章第一节

1999 年

1月27日，中国人民银行行长戴相龙对外宣布，中国取消外资银行在华设立营业性分支机构的地域限制，从现在的上海、北京、天津、深圳等23个城市和海南省扩大到所有中心城市。　　第十一章第一节

3月19日，中国人民银行正式批准美国花旗银行深圳分行、日本东京三菱银行深圳分行经营人民币业务。　　第十一章第一节

4月1日，中共广东省委办公厅、广东省人民政府办公厅发出《关于进一步做好防范和化解金融风险的通知》。　　第六章第一节

5月，中国人寿保险公司广东省分公司正式对外挂牌。

第五章第二节

5月，招商银行电话银行中心正式推出并投入运营。

第十章第三节

6月，中国人民保险公司广东省分公司正式对外挂牌。

第五章第二节

6月，中国证券监督管理委员会广州证券监管办公室正式成立。

第六章第一节

7月1日，中国证券监督管理委员会深圳证券监管办公室正式挂牌。　　第四章第六节

7月，中国人民银行发布《关于扩大上海、深圳外资银行人民币业务范围的通知》，深圳市的外资银行可由深圳市市内客户扩大到广东、广西和湖南3省客户。　　第十一章第一节

9月17日，美国友邦保险有限公司深圳分公司成立。

第五章第二节

9月17日，美亚保险公司深圳分公司成立。　　第五章第二节

9月24日，深圳怡化电脑股份有限公司登记成立。　　第十章第二节

11月，广东省对全省150家城市信用社和16家信托投资公司及其14家办事处采取"一揽子"方案，斥资整体处置，清收不良资产，处理债权债务，直至全部退出市场。　　第三章第三节

12月26日，中国保险监督管理委员会发布《外资保险机构驻华代表机构管理办法》。　　第十一章第一节

是年，交通银行广州分行所管辖的分支机构还包括中山、佛山、珠海、汕头等4家分行。　　第三章第二节

是年，中国银行广东省分行与中国银行广州市分行合并。

第三章第三节

是年，发行全国中行系统第一张真正意义的信用卡——长城消费信用卡；在同业中率先推行网点标准化服务。　　第三章第三节

是年，广州广电运通金融电子股份有限公司成立。

第十章第二节

2000年

2月，招商银行率先在深圳市推出国内第一个"手机银行"服务业务功能。　　第十章第三节

3月3日，中国人民银行批准日本三和银行深圳分行、日本富士银行深圳分行两家符合条件的外资银行在深圳市经营人民币业务。　　第十一章第一节

4月6日，广东银行同业公会成立。　　第十二章第三节

4月26日，中国保险监督管理委员会在广州成立办公室。

第五章第三节

5月，中国农业银行广东省分行发布可用银行账户直接上网。

第十章第三节

8月，中国农业银行广东省分行在广州市番禺区大石镇建立

"中国农业银行广东省分行科技园"。　　　　　　第三章第二节

8月，广东省公安厅规定对已批准开业的典当行要加强日常监督管理，建立管理档案，督促企业建立健全典当物品凭证登记、承典物品保管、可疑情况报告等制度，广东省典当业开始步入健康和规范的发展轨道。　　　　　　　　　　　　　　第七章第五节

9月19日，中国再保险公司深圳分公司成立。　第五章第二节

10月13日，信诚人寿保险有限公司成立。　　第五章第二节

10月，深圳发展银行网上银行的项目研发完成并投入运行。

第十章第三节

12月，交通银行广州分行共设分支行和营业网点130个，其中，二级分行4个、支行33个、分理处38个、办事处15个、储蓄所40个；员工2895人，其中，一级分行869人、二级分行595人、支行462人、基层业务网点969人。　　　　　　第三章第二节

12月，广东省农村信用社共有各级管理机构和营业网点9995家，其中，地（市）联社8家、县级联社105家、营业部132个、法人信用社1695家、信用分社7184家、储蓄所871个，员工总人数62163人。　　　　　　　　　　　　第三章第二节

12月，广东省城市信用社有256家（下设营业部480个，储蓄所492个），其中，由各级政府和企业办的124家、城市街道办的15家、中国人民银行办的83家和21家独立核算营业部、中国工商银行办的13家。　　　　　　　　　　　　　第三章第二节

12月，广东省有外资银行分行52家、外资银行代表处25家。

第三章第二节

是年，根据城市银行的定位，中国银行广东省分行对机构和人员进行大规模的精简。　　　　　　　　　　　第三章第三节

是年，中国工商银行广东省分行以存、贷款总量占全国工行系统十分之一强，经营目标考核名列前茅，成为中国最大的省级分行，也是广东省内信贷业务量最大、结算业务量占全省五成的金融机构。　　　　　　　　　　　　　　　　　　　第三章第三节

2001 年

1月20日，中国保险监督管理委员会深圳办公室成立。

第五章第三节

3月30日，新华人寿保险公司广东分公司开业。第五章第二节

4月25日，华泰财产保险股份有限公司广州分公司成立。

第五章第二节

6月25日，中国人民保险公司开通了"95518"服务专线。

第五章第二节

6月，广发二期和南方基金、广发一期和广信基金、广证基金和华信基金，分别清理规范后合并为基金科闽、基金科讯、基金科汇，清理规范后的投资基金在深圳证券交易所上市。　第四章第四节

7月28日，中国平安保险股份有限公司开通"95511"统一服务电话。　　　　　　　　　　　　　　　　　　　第五章第二节

8月，国家经济贸易委员会颁布实施《典当行管理办法》，对典当业的发展做了进一步的规范，为典当行松绑，允许典当行经营房地产抵押业务、允许其从金融机构处贷款和开设分支机构，有力促进了典当业规范健康发展。　　　　　　　　　　　第七章第五节

9月，粤港票据联合结算业务新增本票、汇票单向结算业务。

第二章第七节

9月，国家经济贸易委员会、公安部联合发文对我国典当行进行了一次全面清理整顿，于2002年3月完成，取消了一批不合格的

典当行。　　　　　　　　　　　　　　　　第七章第五节

11月11日，中国人民银行公布加入世界贸易组织后银行业对外开放的时间表。　　　　　　　　　　　　第十一章第一节

11月30日，中国太平洋保险公司开通"95500"全国统一客服电话。　　　　　　　　　　　　　　　　第五章第二节

12月9日，中国人民银行发布《关于外资金融机构市场准入有关问题的公告》。　　　　　　　　　　　第十一章第一节

12月11日，中国证券监督管理委员会通过新华社公布证券业加入世界贸易组织的承诺。　　　　　　　第十一章第一节

12月11日，中国保险监督管理委员会对外公布保险业加入世界贸易组织的承诺。　　　　　　　　　　第十一章第一节

12月12日，国务院发布《中华人民共和国外资保险公司管理条例》。　　　　　　　　　　　　　　　第十一章第一节

12月18日，中国人民银行广州分行实现电子联行天地对接、业务到县工作，完成广东银联系统联网测试工作，并建成国内第一个银行卡网络系统异地互为备份中心。　　　　　第二章第七节

12月20日，国务院公布《中华人民共和国外资金融机构管理条例》。　　　　　　　　　　　　　　　第十一章第一节

12月，羊城通卡开始在广州投入运行。　　第二章第七节

2002年

1月15日，中意人寿保险有限公司成立。　第五章第二节

1月25日，中国人民银行公布新的《中华人民共和国外资金融机构管理条例实施细则》。　　　　　　　第十一章第一节

1月，广州、深圳成为内地首批启动发行"银联"标识卡的试点城市。　　　　　　　　　　　　　　　　第二章第七节

1月，中国人民银行广州分行、广州市财税部门及各商业银行共同推出广州财税库行横向联网系统，即广州电子缴税入库系统。

第二章第七节

3月4日，富德生命人寿保险股份有限公司成立。

第五章第二节

5月，经中国人民银行批准，成功实现中国人民银行广州分行与广州分行营业管理部的全盘整合。　　第二章第一节

6月1日，中国证券监督管理委员会发布《外资参股证券公司设立规则》。

第十一章第一节

6月，中国人民银行发布《粤港港币支票联合结算管理办法》和《粤港港币支票联合结算业务外汇管理暂行办法》。自此，粤港港元支票结算实现了从单向结算向双向结算转变，广东和香港地区出票人签发的港元支票可在对方区域内流通使用。　第二章第七节

10月，广州启动中国现代化支付系统试点推广工作。

第二章第七节

11月，深圳证券交易所提出采取分步实施的方式推进创业板建设的建议，从建立中小企业入手，为推进创业板市场积累经验。

第四章第一节

12月1日，中国人民银行与中国证券监督管理委员会下发《合格境外机构投资者境内证券投资管理暂行办法》。　第十一章第一节

12月，深港港元实时支付系统开通。　　第二章第七节

12月，广东省共有外资银行经营机构50家，其中，广州16家、深圳25家、珠海5家、汕头4家；银行代表处20家，其中，广州14家、深圳6家；世界500强企业中国际超强银行深圳6家、广州8家，占国际超强银行在华数目的26%。　　第三章第三节

2003 年

1月24日，中国平安保险股份有限公司更名为中国平安保险（集团）股份有限公司。 第五章第二节

2月，中国人民银行广州分行与广东省财税部门签订协议，决定以广州横向联网系统为基础，扩展业务范围，建立财税库行省级联网系统。 第二章第七节

2月，广东国际信托投资公司破产案终结破产程序。

第十二章第一节

3月1日，深圳市人民政府出台《深圳市支持金融业发展若干规定》，明确阐述了巩固和强化深圳区域金融中心地位的目标和措施。 第六章第二节

4月，外汇交易系统与支付系统顺利对接。 第二章第七节

4月，内地业务量最大的现代化支付系统城市处理中心在广州投产，大额实时支付系统上线运行，广州成为中国内地首批13个联网城市之一。 第二章第七节

6月，中共广东省委第九届四次全会提出"完善金融体系，加快建设金融强省"的战略目标。 第六章第二节

7月25日，招商信诺人寿保险有限公司成立。 第五章第二节

9月9日，中国建设银行与香港上海汇丰银行在北京举行QFII托管协议签字仪式，正式确定了双方在QFII业务领域的合作关系。

第十一章第二节

10月15日，中国银行业监督管理委员会广东监管局挂牌。

第三章第三节

11月，深港美元实时支付系统开通。 第二章第七节

11月，中国人民银行宣布内地居民可以使用内地银行发行的个

人人民币银行卡在香港用于购物、餐饮、住宿等旅游、消费支付，以及在香港自动取款机上提取小额港元现钞。 第二章第七节

12月1日，国务院新闻办公室召开记者招待会宣布中国银行业对外开放的五大最新举措和措施。 第十一章第一节

12月，广州跨行通存通兑系统开始运行，比全国内地范围跨行通存通兑系统的推出早四年。 第二章第七节

12月，商务部下发《关于加强典当业监管的通知》，加强典当经营秩序的监督与规范、严格典当行市场准入。 第七章第五节

2004年

1月，组建广东省金融服务办公室，级别为正厅级，挂靠广东省人民政府办公厅，是广东省人民政府管理、服务、处理地方金融工作的办事机构。 第六章第一节

2月6日，中国保险监督管理委员会广州办公室更名为中国保险监督管理委员会广东监管局。 第五章第三节

2月，中国人民银行广州分行开始为香港银行开办个人人民币存款、兑换、汇款和银行卡业务提供清算安排。 第二章第七节

4月，粤港外币实时支付系统开通，并实现与香港即时支付系统对接，实现粤港间外币资金汇划业务逐笔处理、资金全额清算、外币实时到账。 第二章第七节

5月9日，深圳证券交易所公布《中小企业板块交易特别规定》《中小企业板块上市公司特别规定》。 第四章第六节

5月20日，深圳证券交易所出台《中小企业板块证券上市协议》。
第四章第六节

5月27日，深圳证券交易所设立中小企业板块，迈出分步推进创业板市场建设的阶段性步伐。 第四章第一节

6月23日，广东省人民政府正式出台《关于大力发展广东资本市场的实施意见》。　　　　　　　　　　　　　第四章第一节

6月24日，中国平安保险（集团）股份有限公司股票在香港上市。　　　　　　　　　　　　　　　　　　　　第五章第二节

7月，广东省人民政府发布《关于加快广东省中小企业信用担保体系建设的意见》，第一次明文提出加快广东省中小企业信用担保体系建设。　　　　　　　　　　　　　　　　　　第七章第三节

8月10日，深圳证券交易所公布《深圳证券交易所中小企业板块保荐工作指引》。　　　　　　　　　　　　第四章第六节

8月，中国人民银行宣布内地居民可使用内地银行发行的个人人民币银行卡在澳门用于购物、餐饮、住宿等旅游、消费支付，以及在澳门自动取款机上提取小额现钞。　　　　第二章第七节

9月14日，深圳证券交易所颁布《关于加强中小企业版股票上市首日交易风险控制的通知》，针对上市首日股票建立了以"盘中涨幅与开盘涨幅之差"为指标的临时停牌风险控制机制。　　第四章第六节

2005年

2月18日，中国人民银行等四部委联合发布《国际开发机构人民币债券发行管理暂行办法》，允许合格国际开发机构在国内发行"熊猫债券"。　　　　　　　　　　　　　　　　　　第十一章第一节

2月，中国商务部、中国公安部联合颁发新的《典当管理办法》，在加强规范的同时，进一步拓展了典当业生存的空间，确保了典当业的平稳健康发展。　　　　　　　　　　　　第七章第五节

5月8日，上海证券交易所、深圳证券交易所和中国证券登记结算有限责任公司联合发布《上市公司股权分置改革试点业务操作指引》。　　　　　　　　　　　　　　　　　　　第四章第一节

5月23日，广东大额实时支付系统上线运行。　第二章第七节

6月29日，广东省首单以省属企业为发行人的企业债券——广东省交通集团有限公司的公司债券起息。　第四章第二节

9月，深圳市腾讯计算机系统有限公司正式推出专业在线支付平台"财付通"。　第十章第三节

10月18日，广州产权交易所开发区分所挂牌营业，由广州产权交易所和广州开发区建设发展集团合作开办，设在开发区建设大厦。　第九章第三节

10月，招商证券（香港）有限公司成立，成为我国券商获中港两地监管部门批准境外设立分支机构的第一家。　第四章第五节

11月18日，第五届粤港澳深四地保险监管联席会议召开。
　第五章第三节

12月，广东省人民政府出台《关于加快广东保险业发展的若干意见》。　第五章第二节

是年，广州广电运通金融电子股份有限公司自主知识产权钞票识别与处理核心模块终于通过中国信息产业部鉴定。　第十章第二节

2006年

3月，广东省开始受理香港居民为消费支付而签发的人民币支票。
　第二章第七节

4月3日，广州银行电子结算中心推出首个全省范围的大型综合性结算服务系统——广东省金融结算服务系统。　第二章第七节

4月13日，中国人民银行调整部分合格境内投资者（QDII）政策，拓展境内符合条件的银行和证券经营机构开展代客外汇境外理财业务，拓展合格境内保险机构开展境外证券投资业务。

　第十一章第一节

5月29日，广东小额批量支付系统上线运行。　　第二章第七节

6月，佛山市顺德区美的小额贷款股份有限公司成立，是全国第一家互联网小额贷款公司，可线上办理各项小额贷款业务。

第七章第二节

8月，广东财税库行横向联网系统投产，潮州成为首个试点城市。

第二章第七节

9月7日，通过广州产权交易所的公开市场平台，"莲香楼""泮溪酒家"两个"老字号"企业99%的股权分别转让给了广州市荔湾西关世家园林酒家和香港四洲集团所属四洲物业有限公司。

第九章第三节

9月14日，深圳证券交易所发布《关于加强中小企业版股票上市首日交易风险控制的通知》。　　第四章第六节

9月，广东省典当行业协会经广东省民政厅批准成立。

第七章第五节

12月7日，广东省人民政府和中国人寿保险（集团）公司签署中国南方电网有限责任公司股权转让协议。　　第五章第二节

12月11日，中国银行业全面对外开放，外资银行在中国境内从事人民币业务的地域和客户限制全面取消。　　第十一章第一节

12月，全国支票影像交换系统在广东试点运行。　第二章第七节

2007年

1月，广州仲裁委员会出台《广州仲裁委员会金融仲裁规则》。

第十二章第二节

3月1日，中国平安保险（集团）股份有限公司首次公开发行A股股票，并在上海证券交易所挂牌上市，股票名称为"中国平安"。

第五章第二节

6月18日，中国证券监督管理委员会发布《合格境内机构投资者境外证券投资管理试行办法》和相关通知，QDII制度开始实施。

第十一章第一节

6月29日，广东省农民专业合作社工作会议召开。 第七章第七节

6月，《中共广东省委、省人民政府关于加快发展金融产业建设金融强省的若干意见》和《广东建设金融强省十一五规划》被先后印发。 第六章第二节

7月2日，广东省人民政府正式批复同意将佛山千灯湖金融商务区冠名为"广东金融高新技术服务区"。 第八章第二节

7月18日，广州金融创新服务区由广东省人民政府授牌成立。

第八章第二节

7月31日，广东金融高新区授牌仪式暨高峰论坛在佛山市南海区举行。 第八章第二节

8月9日，深圳证券交易所发布《关于进一步加强中小企业板股票上市首日交易监控和风险控制通知》，废止《关于加强中小企业版股票上市首日交易风险控制的通知》。 第四章第六节

8月14日，中国人民财产保险股份有限公司广东省分公司向九江大桥事故预付赔款1500万元。 第五章第二节

8月，平安银行推出集存取款、POS消费、代发工资、代缴费、网上支付、理财于一身的综合服务产品"吉祥"借记卡。

第十章第三节

9月21日，广东金融高新区被列为广东省建设金融强省七大基础平台之首。 第八章第二节

10月31日，泛华金融控股集团在美国纳斯达克主板上市。

第五章第二节

10月，国内首只公司债——"07长安债"上市。

第四章第二节

10月，《中国广州仲裁委员会网络仲裁规则》以及配套的《中国广州仲裁委员会网贷纠纷网络仲裁专门规则》《中国广州仲裁委员会小额网购纠纷网络仲裁专门规则》《中国广州仲裁委员会信用卡纠纷网络仲裁专门规则》相继出台。　　第十二章第二节

11月，深圳市20家中小企业集合发行"07深中小债"，成为中国首单由中小企业捆绑发行的债券。　　第四章第二节

12月12日，广东省人民政府办公厅转发《省农业厅关于进一步发展农民专业合作社意见的通知》，明确工作目标任务，提出适当加大资金扶持力度，提供优质金融服务并实行税收、用地和农产品运输优惠政策，提升农民专业合作社经营能力等意见。　　第七章第七节

是年，中国（深圳）国际金融博览会在深圳市举办。

第十二章第四节

2008年

1月，广州产权交易所着手筹建广州环境资源交易所。

第九章第四节

3月11日，《广东省人民政府中国人民保险集团公司战略合作协议》签署。　　第五章第二节

3月18日，广东省农民专业合作经济组织现场会在高州市召开。　　第七章第七节

5月22日，鼎和财产保险股份有限公司成立。　　第五章第二节

5月，中国银行业监督管理委员会、中国人民银行联合颁布《关于小额贷款公司试点的指导意见》，小额贷款公司试点在全国范围内迅速展开。　　第七章第二节

7月，南方基金公司获批在香港设立资产管理合资公司——南方东英资产管理有限公司，成为当时唯一一家获批设立香港分公司的内地基金公司。 第四章第四节

9月14日，全国人民代表大会常务委员会《农民专业合作社法》执法检查组赴粤开展执法检查。 第七章第七节

10月，粤港政府部门间首次举行的专题研讨会——粤港金融合作研讨会举办。 第十二章第四节

11月，广东省人民政府出台《关于进一步加大投资力度扩大内需促进经济平稳较快发展的若干意见》。 第十二章第一节

12月26日，广东省首家村镇银行——中山小榄村镇银行在中山市小榄镇正式挂牌营业。 第三章第三节

12月，国务院批复的《珠江三角洲地区改革发展规划纲要（2008—2020年）》明确提出"支持广州市、深圳市建设区域金融中心"。 第六章第二节

12月，广东省人民政府出台《广东省促进中小企业平稳健康发展的意见》。 第十二章第一节

2009年

1月14日，广东省人民政府出台《关于开展小额贷款公司试点工作的实施意见》，就广东省开展小额贷款公司试点工作提出实施意见。首批小额贷款公司试点的开展，标志着广东省小额贷款行业的起步。 第七章第二节

2月7日，广东省融资再担保有限公司成立，落地广州市越秀区。
  第七章第三节

2月17日，广东省融资再担保有限公司在广东省工商行政管理局登记成立，落地广州市越秀区。 第九章第二节

2月18日，广东省中小企业信用再担保有限公司完成公司筹建工作，举行成立挂牌暨战略签约仪式，与首批9家银行及8家担保机构签署了战略合作协议。　　　　　　　　　第九章第二节

2月，腾讯大数据建立。　　　　　　　　　　　第十章第四节

3月19日，恩平汇丰村镇银行开业，为广东省第一家也是唯一一家开业的外商独资农村银行，是香港上海汇丰银行有限公司的全资子公司。　　　　　　　　　　　　　　　　　第三章第三节

3月，红岭创投网络借贷平台在深圳市成立。　　第十章第三节

4月8日，国务院常务会议决定"在上海市和广东省广州、深圳、珠海、东莞4城市"开展"跨境贸易人民币结算试点"。

第二章第三节

5月21日，深圳市出台贯彻落实《珠江三角洲地区改革发展规划纲要》的工作方案，明确深圳"区域性金融中心"的城市定位。

第六章第二节

6月5日，深圳证券交易所发布《深圳证券交易所创业板股票上市规则》。　　　　　　　　　　　　　　　　第四章第一节

6月29日，广东省农业厅邀请广东省国税局、地税局、工商局等部门联合召开协调会，对农民专业合作社的税务登记及发票供给等问题进行探讨，率先在全国解决"农超对接""农校对接"等产销对接活动过程中农民专业合作社开具发票的障碍。 第七章第七节

7月1日，中国人民银行发布《跨境贸易人民币结算试点管理办法》，全国5个城市成为首批试点地区，其中包括广东省的广州、深圳、珠海、东莞4个城市。　　　　　　　　第十一章第一节

8月，设立广东省人民政府金融工作办公室为广东省人民政府直属机构。　　　　　　　　　　　　　　　　　　第六章第一节

8月，粤港金融合作专责小组成立。　　　　　　第十二章第四节

9月7日，广东省人民政府金融工作办公室与广州开发区管委会在广州科学城共同举办了"中科白云股权投资基金成立大会"。

第四章第二节

10月30日，筹备达10年之久的创业板开市，首批28只个股集体亮相。其中，南风股份、亿纬锂能在深圳证券交易所创业板挂牌，成为广东省（不含深圳）第一批创业板上市公司。　　第四章第一节

10月，中国人民银行广州分行、广州银行电子结算中心举行3A支付业务启动暨3A支付首发仪式，标志着3A支付业务的正式上线运行并开始全面向社会推广。　　　　　第二章第七节

12月6日，广东省融资再担保有限公司与肇庆高新技术产业开发区管委会签订《建设融资服务体系合作协议》，肇庆高新技术产业开发区成为广东省融资再担保有限公司与广东省产业园区建立金融服务合作体系的试点。　　　　　　　　　第九章第二节

12月8日，佛山市顺德区中小企业金融服务中心成立暨试点合作签约仪式举办，成为广东省融资再担保有限公司试点挂牌成立的第一个区级金融服务中心。　　　　　　　　　第九章第二节

12月11日，第九届粤港澳深四地保险监管联席会议在汕头市举行。　　　　　　　　　　　　　　　　第五章第二节

12月22日，广东省融资再担保有限公司与惠州仲恺高新技术产业开发区管理委员会签订战略合作框架协议，惠州仲恺高新区成为广东再担保与广东省产业园区建立金融服务合作体系的试点。

第九章第二节

2010年

1月22日，广东省融资再担保有限公司发布全省信用担保体系

建设框架计划，并与阳江市人民政府签署共建金融服务中心的战略合作框架协议。　　　　　　　　　　　　　　第九章第二节

2月26日，广东省首单城投债券——广州市建设投资发展有限公司公司债券起息。　　　　　　　　　　　　　　第四章第二节

2月，为落实广东省人民代表大会"关于加大财政扶持农民专业合作社发展的建议"，广东省财政安排扶持农民专业合作社发展专项资金从2010年的950万元提高到2011—2013年连续三年每年安排5000万元。　　　　　　　　　　　　　　　第七章第七节

2月，深圳市腾讯计算机系统有限公司开放平台接入首批应用，腾讯云正式对外提供云服务。　　　　　　　　第十章第四节

3月，深圳市小额贷款行业协会正式成立。　第七章第二节

4月16日，沪深300股指期货合约在中国金融期货交易所正式挂牌交易。　　　　　　　　　　　　　　　　　第四章第一节

5月31日，深圳证券交易所发布创业板指数。　第四章第一节

5月，中山市出台《中小企业信用担保和典当融资项目资助实施细则》，首次将典当融资纳入政府补贴范围。　第七章第五节

5月，中国人民银行制定的《非金融机构支付服务管理办法》，通过第七次行长办公会议，自2010年9月1日起施行。

第十章第三节

6月10日，广东省融资再担保有限公司与河源市人民政府及相关部门单位签订系列战略合作协议，全面启动与河源市人民政府在中小企业金融服务领域战略合作关系。　　　第九章第二节

6月17日，广州商品交易所有限公司成立。　第九章第三节

6月，佛山市顺德区美的小额贷款股份有限公司成立，是全国第一家互联网小额贷款公司。　　　　　　　　第七章第六节

7月1日，安联财产保险（中国）有限公司正式对外开业。

第五章第二节

10月28日，嘉实中国企业指数QDII在深圳证券交易所正式上市交易，成为场内首只指数型QDII基金。　　　第四章第四节

11月，《广东省〈融资性担保公司管理暂行办法〉实施细则》施行，完善省内融资担保行业监管机制，对广东省融资性担保机构设立、准入条件、业务范围、经营行为等提出规范要求。

第七章第三节

12月18日，港珠澳大桥管理局与以中国人民财产保险股份有限公司为首席承保公司的共保体在广州市白天鹅宾馆共同举行港珠澳大桥主体工程项目建筑工程一切险及第三者责任险保险合同签约仪式。　　　　　　　　　　　　　　　　　　第五章第二节

12月29日，广东省农业厅制定《广东省农民专业合作社规范化建设标准》（试行）、《广东省种养类农民专业合作社示范社建设标准》（试行）、《广东省农机类农民专业合作社示范社建设标准》（试行），要求各级政府部门都要开展示范社建设行动，并明确"下一级的示范社应报上级农业主管部门备案，上一级的示范社原则上在下一级的示范社中挑选"，"对示范社实行择优扶持"，"对示范社实行动态管理"。　　　　　　　　　　　　　　　　　第七章第七节

12月，广东省已开业的8家村镇银行各项存款余额20.4亿元，各项贷款余额15.7亿元，分别占全国村镇银行各项存款和各项贷款余额的2.7%和2.6%。　　　　　　　　　　　　　　第三章第三节

是年，深圳仲裁委员会特设金融仲裁院。　　第十二章第二节

是年，中国证券监督管理委员会广东监管局首次组织开展"基金大讲堂"系列活动。　　　　　　　　　　　　第十二章第三节

2011 年

1月12日，肇庆高新技术产业开发区中小企业金融服务中心正式挂牌成立。　　　　　　　　　　　　　　　　　第九章第二节

2月21日，广东省人民政府金融工作办公室、国家开发银行广东省分行和广东省融资再担保有限公司共同签署《推进小额贷款公司融资发展战略合作协议》，推出的专门针对符合小额贷款公司特点的"小贷通"产品。　　　　　　　　　　　　　第九章第二节

3月1日，中国人民银行广州分行营业管理部启动运作，为中国人民银行广州分行面向广州地区的金融协调和金融服务专设机构，同时承担中国人民银行广州分行部分广东省内金融管理和服务操作职能。　　　　　　　　　　　　　　第二章第一节

3月18日，广东省对外贸易经济合作厅、广东省融资再担保有限公司、中国信用保险公司广东分公司共同签署《广东省中小出口企业信用融资平台战略合作协议》。　　　　　　　第九章第二节

4月7日，深圳前海金融资产交易所成立。　　第九章第二节

4月29日，广东省人民政府召开全省农民专业合作社发展暨"农超对接"洽谈会，是《农民专业合作社法》颁布后，第一次全省性的专题工作会议，也是首次由农民专业合作社唱主角，与超市、学校、企业综合对接的洽谈会。　　　　　　　第七章第七节

5月，广州市人民政府印发《广州区域金融中心建设规划（2011—2020年）》。　　　　　　　　　　　　　　第六章第二节

6月15日，"国家知识产权投融资综合试验区"在佛山市南海区隆重揭牌，广东省融资再担保有限公司与国家知识产权投融资综合试验区签署战略合作协议。　　　　　　　　　第九章第二节

6月，众诚汽车保险股份有限公司经中国保监会批准成立。

第五章第二节

7月，国务院办公厅发布《国务院关于清理整顿各类交易场所切实防范金融风险的决定》，进一步明确政策界限、措施和工作要求，扎实推进清理整顿各类交易场所工作，防范金融风险，维护社会稳定。

第七章第七节

9月13日，广东省人民政府办公厅发布《关于促进小额贷款公司平稳较快发展的意见》。

第七章第二节

9月27日，由广东省融资再担保有限公司提供增信、广发证券股份有限公司承销的东莞发展控股有限公司公司债项目成功发行。该项目是国内由专业担保公司为公司债发行增信成功的第一单。

第九章第二节

9月，《深圳保险业发展"十二五"规划纲要》印发。

第五章第三节

10月12日，中国商务部发布《关于跨境人民币直接投资有关问题的通知》，规范合格境外投资者（QFII）来华开展直接投资。

第十一章第一节

10月13日，中国人民银行发布《外商直接投资人民币结算业务管理办法》，认可合格境外投资者（QFII）以人民币进行境内资本投资。

第十一章第一节

10月21日、23日、28日，由广东省人民政府金融工作办公室牵头组织，东莞、湛江、汕头市金融工作办公室承办，国家开发银行广东省分行和广东省融资再担保有限公司协办的"小贷通"产品推介会分别在东莞、湛江和汕头举行，广东省144家小额贷款公司参加会议。

第九章第二节

11月4日，广州市提出建设广州国际金融城的重大战略决策。

第八章第二节

12月，首期珠江金融论坛在广州举办。　　第十二章第四节

2012年

1月17日，广东省小额贷款公司协会正式成立。第九章第二节

2月20—22日，广东省人民政府等部门进行"湛江模式"专项调研。　　　　　　　　　　　　　　　　　第五章第三节

2月，广州股权交易中心成立。　　　　　第七章第七节

2月，前海人寿保险股份有限公司开业。　第五章第三节

3月6日，在中国人民银行广州分行推动下，广东省14家非金融支付机构签署《广东省非金融支付机构协同共赢发展公约》，这是国内非金融机构支付服务领域首份行业自律公约。　第二章第六节

3月8日，中国人民银行广州分行营业管理部与中新广州知识城管理委员会签署《中新广州知识城金融创新合作备忘录》，合作打造广州第一个跨境人民币结算示范区。　　　　第二章第三节

3月28日，由广东省融资再担保有限公司增信的佛山市顺德区供水有限公司2012年度中期票据（金额6亿元，期限5年）首期3亿元在全国银行间债券市场公开发行。　　第九章第二节

4月6日，广州市人民政府常务会议通过《广州金融街建设工作实施方案》。　　　　　　　　　　　　　　　　第八章第三节

4月26日，中共广州市委常委会议通过《广州国际金融城起步区开发建设工作方案》。　　　　　　　　　　　第八章第二节

4月，广东省高级人民法院民二庭设立金融审判合议庭，专门负责金融纠纷案件审判的调研和指导工作，但办理的案件则不限于金融纠纷。　　　　　　　　　　　　　　　第十二章第二节

5月7日，富德财产保险股份有限公司开业。　　第五章第三节

5月15日，深圳前海股权交易中心揭牌。　　第四章第一节

5月29日，由广东省融资再担保有限公司增信的深圳市2012年度第一期中小企业集合票据在银行间债券市场公开发行，这是首只由广东省融资再担保有限公司增信的中小企业集合票据。

第九章第二节

5月30日，广东省首家农民专业合作联合社——信宜市都合农民专业合作联社揭牌成立。　　第七章第七节

5月，佛山市小额贷款行业协会成立，是广东省首家地级市小额贷款行业协会。　　第七章第二节

6月20日，广东省农业厅等12个部门联合发文公布《2011年广东省农民专业合作社省级示范社名录》，共534家。　　第七章第七节

6月25日，中国人民银行广州分行清算中心在国内清算分中心率先运用思科新型交换机升级改造中国现代化支付系统网络设施。

第二章第七节

6月28日，广州民间金融街正式开业。　　第八章第三节

6月，国内首批中小企业私募债发行。　　第四章第二节

6月，首届中国（广州）国际金融交易·博览会在广州举办。

第十二章第三节

7月，《广东省建设珠江三角洲金融改革创新综合试验区总体方案》经国务院批准并由中国人民银行等八部委印发、广东省人民政府印发《关于全面推进金融强省建设若干问题的决定》。

第六章第二节

7月，国务院办公厅发布《关于清理整顿各类交易场所的实施意见》。　　第七章第七节

7月，广发银行安装的国内首台 VTM 在广州广电运通金融电子股份有限公司定制产生。　　　　　　　　　　第十章第二节

7月，国务院发布关于支持深圳前海深港现代服务合作区开发开放有关政策的批复，支持前海在金融改革创新先行先试，建立我国金融对外开放试验示范窗口，成为特区中的特区。

第十一章第一节

8月1日，中国人民银行广州分行清算中心正式上线广东村镇银行结算业务系统，为省内村镇银行提供跨行清算通道，截至年末已有6家村镇银行接入系统运行。　　　　　　　　　第二章第三节

8月15日，全国首家合资证券投资咨询公司——广州广证恒生证券投资咨询有限公司成立。　　　　　　　　　　第四章第一节

8月28日，中国人民银行广州分行安全保卫指挥中心建成并投入运行，这是中国人民银行系统首个集指挥调度、远程监控管理、信息资源共享、快速处置突发事件等功能于一体的安全应急管理平台。　　　　　　　　　　　　　　　　　　　　第二章第五节

8月，中国证监会发布《关于规范证券公司参与区域性股权交易市场的指导意见（试行）》。　　　　　　　　　第七章第七节

8月，广东省人民政府出台《关于加快推进我省云计算发展的意见》。　　　　　　　　　　　　　　　　　　第十章第四节

9月1日，广东省委印发《中共广东省委广东省人民政府关于全面推进金融强省建设若干问题的决定》。　　　第三章第三节

9月11日，广州碳排放权交易所揭牌仪式在广州联合交易园区举行。　　　　　　　　　　　　　　　　　　第九章第四节

9月12日，中国人民银行广州分行成立"广东省金融消费权益保护中心"，标志着广东金融消费权益保护体系建设进入新阶段。

第二章第六节

9月19日，在中国人民银行广州分行、潮州市中心支行推动下，广东省内首个海岛银行卡助农取款服务点在潮州市饶平县汛洲岛揭牌。　　　　　　　　　　　　　　第二章第七节

9月24日，广东省农民专业合作社联合会成立。　第七章第七节

9月，香港交易所、深圳证券交易所、上海证券交易所合资成立中华证券交易服务有限公司。　　　　　　　第四章第一节

10月18日，在中国人民银行广州分行推动下，《粤东区域信用体系建设合作协议书》签字仪式在汕尾举行。　　第二章第六节

11月1日，广东省农民专业合作推广中心、广东省农民教育培训工作站、广东省农民专业合作社联合会举行挂牌仪式。

第七章第七节

11月23日，广东省人民政府办公厅印发《广东省建设珠江三角洲金融改革创新综合试验区总体方案实施细则》。　第八章第一节

12月28日，中国人民银行广州分行开展对梅州市的金融生态环境考核评估并授予其"广东省金融生态市"称号。同日，梅州成立国内首个具有行业自律性质的金融消费权益保护协会，开创依托社会组织推动金融消费权益保护工作的新模式。　　第二章第六节

12月28日，珠江人寿保险股份有限公司正式开业。

第五章第三节

12月，《广东省人民政府关于印发"十二五"期间深化医药卫生体制改革实施方案的通知》出台。　　　　　第五章第三节

12月，广东省商业保险参与城乡居民大病保险工作。

第五章第三节

12月，中国财政部、国家税务总局发布《关于将铁路运输和邮政业纳入营业税改征增值税试点的通知》，将融资租赁行业纳入营

改增试点，明确融资租赁企业销售额。　　　　　第七章第四节

12 月，PP money 网贷平台正式上线。　　　　　第十章第三节

12 月，广东省人民政府出台《广东省实施大数据战略工作方案》。

第十章第四节

12 月，广东省共有外资银行分行 43 家（不含深圳），其中：广州 29 家、珠海 6 家、汕头 3 家、东莞 4 家、佛山 1 家，共有外资银行代表处 14 个。　　　　　　　　　　　　　　第三章第三节

是年，广东省村镇银行已达 24 家。　　　　　　第三章第三节

是年，广发银行推出全国首家 VTM 服务。　　　第十章第三节

是年，深圳市保险中介行业协会发布全国首个互联网保险业务服务标准——《深圳市保险代理、经纪机构互联网保险业务服务标准》。　　　　　　　　　　　　　　　　　第十二章第四节

2013 年

1 月 5 日，经中国人民银行批准，中国人民银行深圳市中心支行发布《前海跨境人民币贷款管理暂行办法实施细则》。

第二章第三节

1 月，招商基金管理公司成立，是中国首家中外合资基金管理公司。　　　　　　　　　　　　　　　　　　第四章第二节

1 月，广东在惠州、韶关、湛江试点开办政策性蔬菜保险。

第五章第三节

2 月 7 日，广州国际金融城起步区首批 4 宗地块竞拍成功。

第八章第二节

2 月 27 日，中证机构间报价系统股份有限公司（原名：中证资本市场发展监测中心有限责任公司）成立。　　第九章第四节

2 月 28 日，在中国人民银行广州分行推动下，岭南通与澳门通

卡实现互联互通，方便粤澳两地居民交通出行，促进粤澳经济生活同城化。 第二章第七节

3月26日，《广东省开展城乡居民大病保险工作实施方案（试行）》出台。 第五章第三节

3月，美臣保险经纪集团有限公司成立。 第五章第三节

3月，广州市中级人民法院金融审判庭正式揭牌。

第十二章第二节

4月23日，佛山市人民政府金融工作局印发《关于佛山民间金融街命名的批复》。 第八章第三节

4月25日，广州地区唯一的综合性金融行业协会——广州金融业协会成立。 第十二章第三节

5月7日，在中国人民银行广州分行、江门市中心支行推动下，广东省内首个中小企业信用体系试验区在江门市建立。

第二章第六节

5月8日，珠海横琴新区个人本外币兑换特许机构成功办理国内首笔刷卡兑换业务。 第二章第七节

5月28日，广州公共资源交易中心网上远程评标会议视频系统测试成功。 第九章第三节

5月30日，前海股权交易中心举行开业仪式。 第九章第一节

5月31日，在中国人民银行广州分行指导下，"广东省农户信用信息系统"上线试运行。该系统是国内首个参考中国人民银行《农村信用体系建设基本数据项指引》开发的省级农户信用信息系统。 第二章第六节

5月，广州市人民政府印发《支持广州区域金融中心建设的若干规定》。 第六章第二节

5月，广州市越秀区人民法院设立金融审判庭。

第十二章第二节

6月21日，广东金融资产交易中心、广东省药品交易中心和广东省环境权益交易所被正式授牌。　　　　　　第四章第一节

6月27日，广州农村产权交易所从化办事处揭牌。

第九章第三节

6月27日，广州农村产权交易所挂牌《仙草种植合同》项目，通过订单农业的产业化模式，既为委托方实现了原材料基地的布点工作，又为农业基地找到了长期、稳定的买家，是订单农业模式创新的经典案例。　　　　　　　　　　　第九章第三节

6月，广州市天河区人民法院设立金融审判庭。

第十二章第二节

7月11日，广东金融高新区股权交易中心挂牌成立。

第四章第一节

7月11日，佛山民间金融街在佛山市原夏西橡塑城举行挂牌仪式。　　　　　　　　　　　　　　　　　　第八章第三节

7月，广州市典当行业协会成立大会暨第一届会员大会在东山宾馆隆重召开，标志着广州市典当行业协会正式成立。

第七章第五节

7月，平安云正式立项。　　　　　　　　　第十章第四节

8月26日，广东金融高新区股权交易中心正式入驻佛山民间金融街。　　　　　　　　　　　　　　　　　第九章第一节

8月，深圳市腾讯计算机系统有限公司发布微信支付。

第十章第三节

9月25日，在中国人民银行广州分行推动下，国内首张多币种

借记卡——横琴银联标准多币卡在珠海横琴新区举行首发仪式。

第二章第七节

9月，腾讯云正式全面向社会开放。　　　　第十章第四节

10月21日，广州立根小额再贷款股份有限公司成立，是全国首家为小额贷款公司提供融资服务的企业。　　第七章第二节

10月30日，东莞市人民政府举行《共同推动开放型经济发展合作框架协议》签署暨东莞民间金融街启用仪式。　第八章第三节

10月，国内首只中小企业可交换私募债——"13福星债"发行。

第四章第二节

10月，广东金融高新区股权交易中心正式开业运营。

第七章第七节

11月1日，国家外汇管理局下发《国家外汇管理局关于部分地区试行小额外保内贷业务有关外汇管理问题的通知》，将广东等纳入首批试点地区开展境内企业小额外保内贷创新业务。　第二章第三节

11月11日，在中国人民银行广州分行、韶关市中心支行推动下，国内首个具有征缴成本低、在途时间短、入库安全性高等特点的金融IC卡移动缴税实时入库系统——金融IC卡"金税通"移动支付系统在韶关上线运行。　　　　　第二章第七节

11月13日，广东集成融资担保有限公司在香港证券交易所主板上市，募集资金超过3亿港元，成为国内担保行业第一家上市公司。

第四章第一节

11月，中共广州市委、广州市人民政府印发《关于全面建设广州区域金融中心的决定》。　　　　　　　　第六章第二节

12月16日，广州碳排放权交易所举行广东省首次碳排放配额有偿发放，成为至今全国唯一一个采用碳排放配额有偿分配的试

点。同月，广东省碳排放权交易启动。　　　　　第九章第四节

12月20日，广东金融资产交易中心在珠海横琴新区正式揭牌运营。　　　　　　　　　　　　　　　　　　　第九章第二节

12月30日，厦门两岸股权交易中心正式成立，标志着前海公交管理输出模式启航。　　　　　　　　　　　　第九章第一节

是年，中国（广州）国际金融交易·博览会组委会联合中国金融杂志社设立专业性图书奖——金融图书"金羊奖"。　第十二章第四节

是年，首届穗台金融论坛在广州举办。　　　　第十二章第四节

是年，中国人民银行广州分行、中国银行业监督管理委员会广东监管局、中国证券监督管理委员会广东监管局、中国保险监督管理委员会广东监管局等单位首次联合开展"金融知识进万家"宣传服务月活动。　　　　　　　　　　　　　　　　　　第十二章第三节

是年，中国银行业监督管理委员会深圳监管局联合深圳市证券业协会首次开展"整非宣传月"。　　　　　　　第十二章第三节

2014年

1月17日，由中国电子商务协会颁发的"中国电子商务互联网金融创新基地"在佛山市南海区千灯湖畔挂牌成立。　第八章第二节

1月17日，广东金融高新区股权交易中心江门运营中心正式启动。　　　　　　　　　　　　　　　　　　　第九章第一节

1月，广东省率先推出"政银保"项目，江门市广东省首个实施农业"政银保"的地级市。　　　　　　　　　第七章第七节

3月21日，广州农村产权交易所与广东省社会主义新农村建设试验区（佛冈）管理委员会签署《业务合作框架协议书》。
　　　　　　　　　　　　　　　　　　　　　　第九章第三节

3月25日，全省首单创投债券——广东省粤科金融集团有限公

司公司债券起息。　　　　　　　　　　　　　　第四章第二节

3月28日，根据广州市人民政府《广州市公共资源交易体制改革实施方案》和广州市机构编制委员会办公室《关于组建广州公共资源交易中心的通知》精神，国有产权交易项目纳入广州公共资源交易范围。　　　　　　　　　　　　　　　　　第九章第三节

3月，"11超债日"未按期付息，成为国内首例债券违约事件。

第四章第二节

3月，广东省成立省大数据管理局，并建立省大数据发展部门间联席会议制度。　　　　　　　　　　　　　　　第十章第四节

4月1日，广东省人民政府金融工作办公室批准同意广东金融资产交易中心开展投资收益权转让业务。　　　　　第九章第二节

4月18日，广州金融资产交易中心开业仪式暨珠江金融论坛（第13次）在广州金融资产交易中心交易大厅举行。第九章第二节

4月21日，广东金融高新区股权交易中心正式成为中国证券业协会会员机构，并可申请加入私募产品机构间报价转让系统。

第九章第一节

4月22日，广东金融高新区股权交易中心云浮分中心正式成立。　　　　　　　　　　　　　　　　　　　　　第九章第一节

4月26日，广东金融高新区股权交易中心与东莞市电子计算中心在东莞联合成立广东股交中心东莞运营中心。　第九章第一节

4月，广东省人民政府出台《广东省云计算发展规划（2014—2020年）》。　　　　　　　　　　　　　　　　　第十章第四节

5月8日，国家发展和改革委员会发布《境外投资项目核准和备案管理办法》，提出国家根据不同情况对境外投资项目分别实行核准和备案管理，实现了由"核准为主"向"备案为主、核准为

辅"的转变。 第十一章第三节

5月13日，广东金融资产交易中心广东路演中心正式启动。

第九章第一节

5月17日，国家发展改革委发布《外商投资项目核准和备案管理办法》（自6月17日起施行），把外商投资核准制转变为"核准＋备案"模式，除限额以上的项目和《外商投资项目核准暂行管理办法》里的项目外，均实行备案管理。 第十一章第三节

5月，广东互联网金融协会成立，是全国首家由政府批准成立的省级互联网金融行业社会组织。 第七章第六节

5月，广州股权交易中心在"挑战杯·创青春"广东大学生创业大赛决赛上，首创设立"青年大学生创业板"众筹平台，对接大学生创业项目与资本市场。 第七章第七节

5月，中国首家省级互联网金融行业自律组织——广东互联网金融协会成立。 第十二章第三节

6月6日，由广东省融资再担保有限公司提供担保的广东省首批小贷私募债——"灯湖私募债"系列之"14集成小贷债""14友诚小贷债"成功发行。 第九章第二节

6月11日，广东金融高新区股权交易中心与广州股权交易中心、广州金融资产交易中心三家交易中心同时与肇庆市人民政府签订战略框架协议，共同促进肇庆市企业特别是肇庆国家高新区科技型企业发展。 第九章第一节

6月13日，由广东金融高新区股权交易中心与粤桂合作特别试验区股权交易中心共建粤桂合作特别试验区股权交易中心正式揭牌。 第九章第一节

6月18日，广州市人民政府金融工作办公室印发《广州市高层

次金融人才支持项目实施办法（试行）》。 第十二章第四节

6月20日，广州中小微企业金融服务区被授牌。第八章第二节

6月20日，广州国际金融研究院经广州市人民政府授牌成立。

第十二章第四节

6月，在深圳前海国际融资租赁金融创新论坛上，国内首家融资租赁资产交易综合服务平台挂牌。 第七章第四节

6月，深圳鑫科国际商业保理有限公司成立。 第七章第七节

6月，珠三角首家市级互联网金融协会——东莞市互联网金融协会成立。 第十二章第四节

6月30日，广东金融资产交易中心首家推出、拥有自主知识产权的"担保资产增信交易"（保信易）产品获广东省人民政府金融工作办公室批准。 第九章第二节

7月1日，粤东西北振兴发展股权基金首批40亿元投资项目正式落地。 第四章第三节

7月9日，中国广州—新加坡人民币跨国调运首航仪式在广州启动，这是在清算行模式下第一条人民币现钞跨国调运线路。

第二章第五节

7月28日，深圳市货币兑换行业协会成立大会在深圳市召开，这是中国首家区域性兑换行业协会。 第二章第五节

7月28日，广东保险反欺诈信息系统正式上线试用。

第五章第三节

7月，广州广运商业保理有限公司正式成立，是广东省第一家批筹的国有商业保理服务机构。 第七章第七节

7月，平安银行推出供应链金融综合服务平台"橙e网"。

第十章第三节

8月4日，广东省青年创新创业试验区在广佛智城宣告成立。

第九章第一节

8月，阿里云计算深圳数据中心开放。 第十章第四节

10月6日，中国商务部《境外投资管理办法（修订版）》施行，首次实行对外投资负面清单模式，逐步放宽境外投资管制，进一步释放国内企业跨境投资的需求。 第十一章第三节

10月23日，河南省中小企业发展服务中心与广东金融高新区股权交易中心签订战略合作协议。 第九章第一节

11月4日，中央财经领导小组第八次会议专门研究"丝绸之路经济带"和"21世纪海上丝绸之路"规划，发起建立亚洲基础设施投资银行和设立丝路基金。 第十一章第三节

11月4日，广州农村产权交易所与广东新供销农业小额贷款股份有限公司签订《战略合作协议》。 第九章第三节

11月12日，广东金融高新区股权交易中心茂名服务基地揭牌仪式在茂名市经济和信息化局的中小企业服务中心大厅举行。

第九章第一节

11月13日，广州公共资源交易中心交易所集团番禺办事处在番禺区钟村街成立。 第九章第三节

11月17日，"沪港通"正式运行，为内地和香港投资者开辟了新的投资通道。 第十一章第一节

11月18日，我国首单项目收益债券——广州市第四资源热力电厂垃圾焚烧发电项目收益债券起息。 第四章第二节

11月，中国集成金融集团控股有限公司在香港联合交易所主板上市。 第七章第三节

11月，广东粤财资产管理有限公司获中国银行业监督管理委员

会首批核准成为广东省具备商业银行资产管理资质的省级资产管理公司。　　　　　　　　　　　　　　　　　　　　第七章第七节

11月，广东省人民政府办公厅发布《推进珠江三角洲地区智慧城市群建设和信息化一体化行动计划（2014—2020年）》的通知。

第十章第三节

12月16日，我国第一家互联网银行——深圳前海微众银行依法核准，在前海注册窗口依法领取商事主体营业执照，正式成立。

第三章第四节

12月18日，由广东省知识产权局主办的2014中国（广东）知识产权投融资对接会暨企业挂牌仪式在广东金融高新区股权交易中心顺利举行。　　　　　　　　　　　　　　　　　　　第九章第一节

12月26日，《关于加快发展现代保险服务业的实施意见》印发。　　　　　　　　　　　　　　　　　　　　　　　　第五章第三节

12月31日，国务院批准设立中国（广东）自由贸易试验区。

第八章第一节

12月31日，广州知识产权交易中心完成工商注册，并落户广州市萝岗区科学城。　　　　　　　　　　　　　　　　第九章第五节

12月，《内地与香港、澳门CEPA关于内地在广东与香港、澳门基本实现服务贸易自由化的协议》签署。　　第三章第四节

12月，融信租赁股份有限公司在全国中小企业股份转让系统挂牌上市，成为中国融资租赁业第一家挂牌新三板的企业。

第七章第四节

12月，首批《珠江金融论坛丛书》在中国金融出版社出版。

第十二章第四节

2015 年

1月31日，全国首家省级商业保理协会——广东省商业保理协会成立。 第十二章第三节

1月，广东省商业保理协会成立。 第七章第七节

2月9日，广东金融高新区股权交易中心与广东省粤科金融集团、广东金融高新技术服务区、佛山高新技术产业开发区签订战略合作协议，共建"科技金融创新服务基地"。 第九章第一节

2月16日，深圳市人民政府金融工作办公室批准招银前海金融资产交易中心交易场所业务资格。 第九章第二节

2月28日，江门市挂牌成立广东省首个小微企业贷款保证保险服务中心。 第二章第三节

2月，上证50ETF期权合约上市交易，是第一个场内标准化的股票期权产品。 第四章第三节

3月9日，广州碳排放权交易所率先实现核证自愿减排量（CCER）线上交易，为碳排放配额履约构建多元化的补充机制。

第九章第四节

3月25日，惠州市惠阳太东小额贷款股份有限公司"太东1号——小贷资产收益权"在广东金融高新区股权交易中心转让成功，开启广东金融高新区股权交易中心小贷资产收益权转让融资的新模式。 第九章第一节

3月，中国人民银行中山市中心支行引进广东省内第一台个人信用报告自助查询机，为社会公众提供个人信用报告自助查询服务。

第二章第六节

3月，广东省人民政府办公厅印发《关于深化农村金融改革建设普惠金融体系的意见》。 第六章第三节

3月，广州农村产权交易所与佳禾科技有限公司成立广州农村产权交易系统研发中心，共同开发农村产权一体化综合系统。

第九章第三节

3月，广东省第一家联网消费金融公司——招联消费金融有限公司成立。 第十章第三节

4月3日，广东金融高新区股权交易中心与佛山市高明区人民政府签订战略合作协议，共建"高明企业上市孵化基地"。

第九章第一节

4月8日，国务院印发《中国（广东）自由贸易试验区总体方案》。 第八章第一节

4月10日，广发证券在香港联合交易所上市，发行价为每股H股18.85港元。 第四章第一节

4月14日，广州知识产权交易中心揭牌。 第九章第五节

4月20日，国务院分别印发通知，批准《中国（广东）自由贸易试验区总体方案》《中国（天津）自由贸易试验区总体方案》《中国（福建）自由贸易试验区总体方案》和《进一步深化中国（上海）自由贸易试验区改革开放方案》。 第十一章第一节

4月21日，中国（广东）自由贸易试验区挂牌仪式在广州市南沙区人民政府行政中心举行。 第八章第一节

4月21日，广州商品清算中心成立。 第九章第三节

4月21日，广州航运交易有限公司成立。 第九章第五节

4月27日，招银前海金融资产交易中心在中国（广东）自由贸易试验区深圳前海蛇口片区揭牌启动仪式上被授牌为重点金融项目。

第九章第一节

5月15日，深圳前海微众银行率先开发并推出中国首创基于社

交数据风控的手机移动端自助式小额信用、循环使用贷款产品"微粒贷",并通过"联贷平台"由深圳前海微众银行与合作金融机构户向符合当期授信条件的主体共同发放。　　　　　第十一章第一节

5月21日,广东金融高新区股权交易中心与广东省科技金融综合服务中心江门高新区分中心在江门签署金融服务协议。

第九章第一节

5月,《深圳市人民政府关于加快现代保险服务业创新发展的实施意见》印发。　　　　　　　　　　　　　　　第五章第三节

5月,广东省第一家互联网信托公司——深圳中顺易金融服务有限公司成立。　　　　　　　　　　　　　　　第十章第三节

5月,清远市首家24小时智能银行——广发银行清远城市广场社区支行正式对外营业。　　　　　　　　　　　第十章第三节

5月,广东—诺丁汉高级金融研究院揭牌运营。

第十二章第三节

6月26日,莲花大桥穿梭巴士正式受理金融IC卡支付乘车费用,粤澳居民以及各地通过珠海横琴口岸往来澳门的游客,只要手持金融IC卡,就可以"闪付"乘坐穿梭巴士的费用。　　第二章第七节

7月10日,广州钻石交易中心获广东省人民政府批复同意。

第九章第五节

7月15日,广东省人民政府金融工作办公室下发《关于印发升级建设创新创业金融街的试点方案通知》。　　第八章第三节

7月15日,中山市人民政府常务会议审议通过《中山市创新创业金融街建设方案》。　　　　　　　　　　　第八章第三节

7月21日,广东金融高新区股权交易中心新一期的"灯湖私募债"理财产品正式上线。　　　　　　　　　　第九章第一节

7月,《广东省人民政府关于创新完善中小微企业投融资机制的若干意见》出台,明确提出在各地级以上市建立政府主导的中小微企业政策性担保或再担保机构,大力推动和完善广东省政策性担保体系。 第七章第三节

8月1日,广州中小微企业金融服务区正式开园。

第八章第二节

8月1日,东莞天安数码城民间金融街发展有限公司接管运营东莞众创金融街。 第八章第三节

8月1日,广州金融书店开业。 第十二章第三节

8月4日,《广东省安全生产责任保险实施办法》公布。

第五章第三节

8月28日,广州钻石交易中心正式发起成立。 第九章第五节

8月,广发银行在国内银行业中首创推出自助设备跨行存款业务。 第二章第七节

8月,《国务院关于促进融资担保行业加快发展的意见》发布。

第七章第三节

8月31日,广东科技企业投融资常态化路演(第一期)在广东金融高新技术服务区内的全景网(广东)路演中心举行。

第九章第一节

9月14日,广东盛世华诚保险销售股份有限公司在全国中小企业股份转让系统挂牌。 第五章第三节

9月17日,广东省融资再担保有限公司获得AAA主体信用评级,成为中国首家获得AAA主体信用等级的再担保机构。

第九章第二节

9月29日,中山市创新创业金融街在中山市东区挂牌。

第八章第三节

9月30日，广州钻石交易中心有限责任公司工商批准注册成立。 第九章第五节

9月，广东设立广东省中小企业信用担保代偿补偿资金，广东省财政厅、广东省经济和信息化委员会联合制定《广东省中小企业信用担保代偿补偿资金管理实施细则》，推动构建广东省融资担保行业新型"政银担"风险分担和补偿机制。 第七章第三节

9月，深圳市商业保理协会成立。 第七章第七节

10月，广发期货取得基金销售业务资格，华泰期货已获批在中国香港、美国设立子公司。 第四章第三节

10月，《岭南金融史》在中国金融出版社出版。 第十二章第四节

11月9日，广东粤财互联网金融股份有限公司在中国（广东）自由贸易试验区珠海横琴新区片区注册成立。 第九章第二节

11月17日，广东省人民政府和共青团中央共同签署《共青团中央广东省人民政府共建"中国青年大学生创业综合金融服务平台"战略合作框架协议》，以广东省部共建模式建设"中国青年大学生创业板"，实施主体为广州股权交易中心。 第九章第一节

11月20日，中新大东方人寿保险有限公司更名为恒大人寿保险有限公司。 第五章第三节

12月25日，亚洲基础设施投资银行（AIIB）正式成立。

第十一章第一节

12月29日，广东市场利率定价自律机制建设推进会在广州召开。广州市32家自律机制成员机构签署《广东市场利率定价自律公约》。 第二章第三节

12月29日，广东省交易控股集团有限公司控股的深圳市前海广产控股股份有限公司成立。 第九章第三节

12月30日,《广东省巨灾保险试点工作实施方案》印发。

第五章第三节

12月30日,广州知识产权交易中心在广东省产权交易集团大厅举行专利技术入股交易见证签约仪式和知识产权战略合作签约仪式。

第九章第五节

12月,广东中盈盛达融资担保投资股份有限公司成功在中国香港主板H股挂牌上市。

第七章第三节

12月,广东省人民政府出台《广东省促进云计划创新发展的实施方案》。

第十章第四节

是年,金融壹账通诞生。

第十章第五节

2016年

1月1日,广东省(不含深圳)实施商业车险市场化改革。

第五章第三节

1月7日,《国务院关于支持沿边重点地区开发开放若干政策措施的意见》发布,指出重点开发开放试验区、沿边国家级口岸、边境城市、边境经济合作区和跨境经济合作区等沿边重点地区是中国深化与周边国家和地区合作的重要平台,正在成为实施"一带一路"倡议的先手棋和排头兵。

第十一章第三节

1月26日,全省首单可续期债券——广州地铁集团有限公司可续期公司债券发行。

第四章第二节

1月26日,顺德众创金融街揭牌仪式在顺德区保利国际金融中心举行。

第八章第三节

1月28日,广州市首台可"刷脸取款"的ATM机在招商银行广州淘金支行投入使用。

第二章第七节

1月,广东省人民政府印发《关于促进广东省融资担保行业加

快发展实施方案的通知》。 第七章第三节

1月，广州市金融工作局发布《广州市属及在广州注册的省直交易场所名单》，提醒广州市民应警惕外省交易场所在穗违规经营，附录中公布广州市属及在广州注册的省直交易场所名单。

第七章第七节

2月3日，广东省融资担保业协会成立。 第九章第二节

2月17日，广州知识产权交易中心获得广州市科技创新委员会同意，设立广州市技术合同第18登记点，正式进行技术合同登记业务。 第九章第五节

2月，中国人民银行广州分行指导珠海中心支行按照"分批审批、地市中支操作"的业务模式，成功发放首笔以信贷资产作为质押品的常备借贷便利，金额1亿元，期限7天。 第二章第三节

3月2日，广东省人民政府金融工作办公室同意对广州知识产权交易中心开展知识产权质押增信交易业务进行备案，广州知识产权交易中心正式开始知识产权质押增信交易业务。 第九章第五节

3月11日，久隆财产保险有限公司开业。 第五章第三节

3月22日，国内首只交易所市场公募熊猫债发行完成，这是自2005年国际多边金融机构获准于银行间市场发行熊猫债以来，国内交易所市场首只公开发行的熊猫债。该债券简称"16越交01/02"，发行人为越秀交通基建，广州证券作为主承销商，实现全国首创。

第十一章第三节

3月24日，广州市番禺区"万博基金小镇"授牌仪式在中国广州国际投资年会全体大会上举行。 第八章第四节

3月，久隆财产保险公司在中国（广东）自由贸易试验区珠海横琴新区片区开业，是国内第一家基于物联网、专注于装备制造业

的专业保险公司。 第十一章第二节

3月，中国（广东）自由贸易试验区深圳前海蛇口片区率先成立"金融安全协调办公室"。 第十二章第一节

3月，广州市黄埔区人民法院设立金融审判庭。 第十二章第二节

4月19日，深圳招银前海金融资产交易中心作为首批发起人单位，参与亚洲首个区块链技术联盟ChinaLedger发起会议。

第九章第二节

4月20日，广东金融高新区股权交易中心与佛山市三水区人民政府、广东佛山三水工业园区管理委员会签订战略合作协议，共建"三水企业上市孵化基地"，同时广东金融高新区股权交易中心三水区运营分中心揭牌。 第九章第一节

4月26日，广州农产品订单交易平台签约仪式在广州交易所集团有限公司大楼举行。 第九章第三节

4月28日，广东再担保、粤财互金公司共同发起设立的广东粤财股权众筹股份有限公司正式注册成立。 第九章第二节

4月，广东省人民政府印发实施《广东省促进大数据发展行动计划（2016—2020年）》。 第十章第四节

5月13日，中国首单重点项目集合债券——第一期广东恒健投资控股有限公司项目集合公司债券起息。 第四章第二节

5月16日，广州市人民政府与深圳证券交易所合作共建的"广州科技金融路演中心"落户广州股权交易中心。 第九章第一节

5月30日，在中国人民银行广州分行、梅州市中心支行的指导下，中国人民银行大埔县支行向大埔农村商业银行成功发放广东省首笔扶贫再贷款，金额2亿元。同日，大埔农村商业银行举办扶贫再贷款签约活动，向大埔县兴瑞现代农业发展有限公司提供意向性贷款

500万元，标志着运用再贷款资金开展金融扶贫在广东启动实施。

第二章第三节

5月，广州珠江制药厂八个剂型共28项药品生产专有技术，在广州产权交易所广州技术产权交易中心公开挂牌并成功实施交易。

第九章第三节

6月7日，在中国人民银行广州分行、梅州市中心支行支持下，中国农业银行梅州分行向五华县农户发放广东省内首笔农民住房财产权抵押贷款，金额79万元，期限5年。 第二章第六节

6月16日，招银前海金融资产交易中心受邀出席商业银行金融互联网和账户经营策略研讨会。 第九章第二节

6月24日，广东金融资产交易中心在第五届中国（广州）国际金融交易·博览会上被授予"广东国际金融资产交易中心"牌。

第九章第二节

6月25日，广州商品清算中心业务启动仪式在第五届中国（广州）国际金融交易·博览会上成功举办。 第九章第三节

6月30日，《私募基金登记备案相关问题解答（十）》颁布，私募牌照在此之后得以放开，开始允许外资设立独资或控股私募基金。 第十一章第二节

6月，广东省成为中国外资银行数量最多的省份，有来自全球19个国家和地区的58家外资金融机构在广东省内设立了263家外资银行营业性机构。 第三章第三节

6月，众惠财产相互保险社获中国保险监督管理委员会批准筹建，是中国第一批获准筹建的相互保险组织。 第十一章第二节

7月19日，汕头市人民政府向广东省人民政府金融工作办公室请示设立广东华侨金融资产交易中心事项。 第九章第二节

7月22日，中国人民银行广州分行和香港金融管理局在广州联合召开"粤港电子支票联合结算业务"发布会，宣布广东自贸试验区在全国各省（区、市）率先实现香港电子支票的跨境托收。

第二章第七节

7月22日，中国银行广东省分行联合中国银行（香港）有限公司为美的集团股份有限公司、广东省丝绸纺织集团有限公司等10多家知名企业开展粤港电子支票联合结算业务，并成功实现该业务在全国的首发。

第二章第七节

7月27日，广东金融高新区股权交易中心"人才板"启动，是中国证券场外市场首个专门为创新创业人才设立的特色板块。

第九章第一节

7月28日，广州产权交易所下的广州体育产业资源交易平台正式启动。

第九章第三节

7月，恒生前海基金有限公司获得中国证券监督管理委员会核准成立并正式开业，成为中国首家CEPA框架下港资控股公募基金公司。

第四章第二节

8月18日，广州地铁APM线实现支持移动支付及金融IC卡支付，成为国内首条支持"云闪付"的地铁线路。　第二章第七节

8月25日，招银前海金融资产交易中心自建C端"招招理财"App开始试运营。

第九章第二节

8月31日，全球首只以特别提款权（SDR）计价、人民币结算的债券（命名为"木兰债"）由世界银行在中国银行间债券市场成功发行，合计额度20亿SDR。　第十一章第一节

8月，深圳市金融风险监测预警平台开发建设。

第十二章第一节

9月3日，第十二届全国人民代表大会常务委员会通过对《中华人民共和国外资企业法》《中华人民共和国中外合资经营企业法》《中华人民共和国中外合作经营企业法》《中华人民共和国台湾同胞投资保护法》四部法律的修改。　　　　　第十一章第二节

9月4—5日，以"构建创新、活力、联动、包容的世界经济"为主题的G20峰会在中国杭州召开，成为2016年中国重要主场外交活动。　　　　　　　　　　　　　　　　　第十一章第三节

9月8日，广州钻石交易中心成立南沙子公司，用以专职开展钻石的国际业务。　　　　　　　　　　　　　　　第九章第五节

9月13日，广东省人民政府金融工作办公室批复同意在华侨经济文化合作试验区设立广东华侨金融资产交易中心。　第九章第二节

9月22日，中国商务部、国家统计局、国家外汇管理局联合举行新闻发布会，发布《2015年度中国对外直接投资统计公报》，公报显示中国对外投资流量首次列全球第二位，并超过同期吸引外资水平，首次实现双向直接投资项下的资本净输出。　第十一章第三节

9月，广东省农业信贷担保有限责任公司成立。　第七章第三节

10月1日，人民币正式纳入国际货币基金组织特别提款权（SDR）货币篮子。　　　　　　　　　　　　　　第十一章第二节

10月12日，前海股权交易中心的"前海创投基金转让平台"上线。　　　　　　　　　　　　　　　　　　　　第九章第一节

10月18日，"广州温泉财富小镇授牌暨财富论坛活动"在从化区温泉镇举行。　　　　　　　　　　　　　　　第八章第四节

10月，广东省人民政府金融工作办公室印发《关于金融精准扶贫精准脱贫三年攻坚的实施方案》。　　　　　第六章第三节

11月7日，广州市金融工作局与深圳全景网共建"广州新三板

路演中心"落户广州股权交易中心。　　　　　第九章第一节

11月21日，在"信用为本跨界共享"广东金融高新技术服务区金融创新发展大会上，由广东金融高新区股权交易中心和广东省科技金融综合服务中心广东金融高新区分中心共同打造的佛山创新创业服务平台——"创融汇"正式上线。　　　　第九章第一节

11月30日，"互联网金融资产交易系统"正式投产上线，标志着广东金融资产交易中心形成线上交易+线下体验的交易模式。
　　　　　　　　　　　　　　　　　　　　第九章第二节

12月5日，"深港通"正式启动，深圳证券交易所和香港证券交易所同时举行开通仪式。　　　　　　　第四章第一节

12月5日，中国保险监督管理委员会向前海人寿保险股份有限公司发出监管函，责令其针对万能单独账户管理、客户信息真实性管理等方面存在问题进行整改。　　　　　第五章第三节

12月9日，中国首个地方金融标准化委员会——深圳市金融标准化技术委员会在深圳市揭牌运作。　　第十二章第三节

12月20日，首届"中国深圳Fintech（金融科技）峰会"在深圳成功举办。　　　　　　　　　　　　　第十章第五节

12月26日，中国首个中国（深圳）Fintech数字货币联盟及中国（深圳）Fintech研究院成立。　　　　第十章第五节

12月27日，横琴人寿保险有限公司开业。　第五章第三节

12月30日，佛山市三水区农村信用合作联社为客户办理了中国首笔芯片存折业务，并发放了首个"存款芯折通"存折。"存款芯折通"是广东农信自主创新产品，集传统存折和银行卡功能为一体，让客户既能享受到现代支付结算工具的方便、高效服务，又能满足保障资金安全、便于对账的交易需求。　　第二章第七节

12月，前海再保险股份有限公司成立。　　　　　　第五章第三节

12月，广东省委、广东省人民政府出台《广东省推进普惠金融发展实施方案（2016—2020年）》。　　　　　　第六章第三节

12月，由广州国际金融研究院、广州金融协会组编的《华南金融研究书系》在中国金融出版社出版。　　　　　　第十二章第四节

12月，广东省共有银行营业网点17322家、银行法人机构3家、小型农村金融机构109家、农村新型机构54家。

第三章第四节

12月，广东省共有法人农合机构98家，包括33家农商行（含深圳农商行）、65家农信社。　　　　　　第三章第三节

是年，梅州客商银行等民营银行获批开业，中国第一家相互保险社成立；广东粤电财产保险自保有限公司、广东粤财金融租赁股份有限公司等一批法人金融机构设立，广州越秀金融控股集团股份有限公司成为中国首家上市的地方国资金融控股平台；中国最大地方民营投资公司——广东民营投资股份有限公司（粤民投）成立。

第三章第四节

是年，深圳市建立港澳金融合作常态化会晤机制，并成立跨境金融专责工作小组。　　　　　　第十二章第四节

2017年

1月1日，广东保险销售从业人员综合信息管理平台正式上线。

第五章第三节

1月8日，泰康人寿保险有限公司投资建设的大型医养社区——泰康之家——粤园在广州萝岗开业。　　　　　　第五章第三节

1月9日，广东省召开广东省清理整顿交易场所领导小组会议，明确交易所的问题所在，落实相关部署，对责任单位将要开展的工

作提出具体要求。 第七章第七节

1月12日，国务院印发《关于扩大对外开放积极利用外资若干措施的通知》，明确今后中国利用外资工作的政策导向。

第十一章第二节

1月18日，广东华侨金融资产交易中心完成工商注册登记。

第九章第二节

1月20日，国务院办公厅发布《国务院办公厅关于规范发展区域性股权市场的通知》。 第七章第七节

1月23日，复星联合健康保险股份有限公司成立。 第五章第三节

1月29日，中国人民银行在深圳正式成立数字货币研究所。

第十章第五节

1月，深圳高等金融研究院经深圳市人民政府批准成立。

第十二章第四节

2月8日，广州农村产权交易所与广东地合网科技有限公司在广州交易所集团办公大楼举行了签约仪式。双方在土地信息、土地测量、评估、策划、融资等领域结成战略合作关系。 第九章第三节

2月14日，广东省第一家相互保险公司——众惠财产相互保险社成立。 第五章第三节

2月20日，广东省融资再担保有限公司联合江门市建设集团有限公司共同发起设立的粤财普惠金融（江门）融资担保股份有限公司注册成立。 第九章第二节

2月21日，广东省人民政府金融工作办公室同意广东华侨金融资产交易中心正式开业运营。 第九章第二节

2月，佛山市发布《佛山市南海区促进融资租赁行业发展扶持办法》及《佛山市南海区促进优质企业上市和发展扶持办法（2017

年修订)》，主要围绕融资租赁企业落户、经营、物业补贴、风险补贴等方面给予企业及其高管相应的扶持奖励。　　　第七章第四节

2月，湛江市银行业第一家智能网点"广东南粤银行和平支行智能网点"建立。　　　第十章第三节

3月1日，广东省经济和信息化委员会、广东省财政厅、中国保险监督管理委员会广东监管局联合印发《广东省工业机器人保费补贴试点工作方案》。　　　第五章第三节

3月15日，广州市人民政府与中国银河金融控股有限责任公司、中证机构间报价系统股份有限公司在北京签署战略合作协议。

第九章第四节

3月16日，广东省融资再担保有限公司联合揭阳市城市投资开发有限公司、中德金属集团有限公司共同发起设立的粤财普惠金融（揭阳）融资担保股份有限公司注册成立。　　　第九章第二节

3月，东莞市人民政府发布《进一步加快融资租赁业发展工作方案》，从八个方面对东莞市融资租赁行业发展做规划要求。

第七章第四节

3月，深圳市招商平安资产管理有限责任公司正式成立。

第七章第七节

3月，非银行支付机构网络支付清算平台试运行并成功完成了第一笔跨行清算交易。　　　第十章第三节

4月19日，招银前海金融资产交易中心作为首批11家发起人单位之一，参加中国区块链分布式总账基础协议联盟成立大会。

第九章第二节

4月26日，松山湖基金小镇在东莞市松山湖举行启动仪式。

第八章第四节

4月29日，广东省贵金属交易中心将暂停新客户的开立和激活，将现有交易商品的履约准备金率调整至100%，暂停新建仓业务，暂停现有合作银行的入金业务，出金业务不受影响。

第七章第七节

4月，广州资产管理有限公司在中国（广东）自由贸易试验区广州南沙新区片区注册成立。　　　　　　　　第七章第七节

4月，广州金融大数据创新应用产学研联盟成立。

第十章第四节

5月5日，广州钻石交易中心倡议启动"粤港澳大湾区珠宝产业联盟"。　　　　　　　　　　　　　　　第九章第五节

5月19日，广东省保险行业协会正式上线广东非车险业务管理系统。　　　　　　　　　　　　　　　　　第五章第三节

5月14—15日，第一届"一带一路"国际合作高峰论坛在北京举行，论坛达成涵盖政策沟通、设施联通、贸易畅通、资金融通、民心相通五大类，共76大项、270多项具体成果。第十一章第三节

5月26日，安信证券连南投资者教育基地和广发期货互联网投资者教育基地为首批广东省证券期货投资者教育基地。

第四章第三节

5月，中国银行业监督管理委员会广东监管局发布《关于广东银行业支持制造强省建设的实施意见》。　　第三章第四节

5月，中国保险监督管理委员会深圳监管局出台《关于加快推进深圳保险业改革创新的指导意见》。　　　第五章第三节

6月1日，国际金融论坛（IFF）永久落户广州。　第十二章第四节

6月7日，广州农村产权交易所与广东省农业科学院农业经济与农村发展研究所合作签约。　　　　　　第九章第三节

6月14日，国务院决定在广东等五省（区）建设绿色金融改革创新试验区。　　　　　　　　　　　　　　　第六章第二节

6月17日，广州创投小镇·海珠洋湾岛揭牌暨产业资本创新研讨会在广州市海珠区洋湾岛举行。　　　　第八章第四节

6月23日，经国务院批准，中国人民银行等七部委联合发布《广东省广州市建设绿色金融改革创新试验区总体方案》。

第六章第二节

6月23日，广州碳排放权交易所在第六届中国（广州）国际金融交易·博览会绿色金融论坛上，正式发布中国碳市场100指数。

第九章第四节

6月28日，中国国家发展和改革委员会、中国商务部发布《外商投资产业指导目录（2017年修订）》，首次提出在全国范围内实施外商投资准入负面清单。　　　　　第十一章第二节

6月30日，招商局仁和人寿保险股份有限公司成立。

第五章第三节

6月，广东省人民政府依托广州金融风险监测防控中心建设广东省地方金融风险监测防控中心。　　　　第七章第六节

7月5日，佛山市千灯湖创投小镇正式揭牌。　第八章第四节

7月11日，广东省人民政府在广州市召开广东省广州市绿色金融改革创新试验区获批及建设情况新闻发布会。　　第八章第一节

7月，广州市区块链产业协会成立。　　　　第十章第五节

7月17日，广州公共资源交易中心组织实施的首个竞争性磋商项目"广州市食品药品监管局法律服务采购项目"顺利完成采购。

第九章第三节

7月26日，广州公共资源交易中心与中国建设银行举行共建电

商平台签约仪式,签署《广州公共资源交易中心政府采购电子商城平台项目建设合作协议》。　　　　　　　　　　　第九章第三节

8月2日,中国保险监督管理委员会向珠江人寿保险股份有限公司发出监管函,责令其整改。　　　　　　　　　第五章第三节

8月7日,中国首个以风投、创投为主题的"广州创投周"启动仪式在广州创投小镇举行。　　　　　　　　　　第八章第四节

8月7日,广东省人民政府金融工作办公室同意广东华侨金融资产交易中心开展资产收益权转让业务及定向债务融资工具业务试点。　　　　　　　　　　　　　　　　　　　　第九章第二节

8月10日,广东四会农村商业向四会市骏马水泥有限公司发放中国首笔民营企业碳排放权配额抵押贷款,金额合计600万元,成为广东省内首家推出碳排放权配额抵押贷款的农合机构。　第二章第三节

8月20日,深圳前海金融资产交易所上线"在线开户平台2.0"。　　　　　　　　　　　　　　　　　　　　　第九章第二节

8月28日,佛山市千灯湖创投小镇作为唯一专注于创投类行业发展的特色小镇,被纳入广东省发展和改革委员会公布的第一批省级特色小镇创建对象名单。　　　　　　　　　第八章第四节

9月6日,广东省首单绿色债券——第一期广州发展集团股份有限公司绿色债券起息。　　　　　　　　　　　第四章第二节

9月20日,广东省广州市绿色金融改革创新试验区在广州市揭牌。　　　　　　　　　　　　　　　　　　　　第八章第一节

9月20日,广东省小额贷款公司协会组建"法律服务中心"。
　　　　　　　　　　　　　　　　　　　　　　第九章第二节

9月27日,《广东省严重精神障碍患者监护责任补偿保险实施办法(试行)》印发。　　　　　　　　　　　　第五章第三节

9月，中国银行广东省分行推行智能化服务。　　第十章第三节

9月，由广州仲裁委员会牵头发起的中国互联网仲裁联盟在广州成立。　　第十二章第二节

10月17日，广州知识产权交易中心完成全资子公司华南知识产权运营（广州）有限公司工商注册。　　第九章第五节

10月27日，广东粤电财产保险自保有限公司开业。

第五章第三节

10月，《融资担保公司监督管理条例》施行，行业监管进一步强化。　　第七章第三节

10月，广州市黄埔区、广州市开发区首批10个区块链重点项目和2个区块链产业创新基地平台——百达丰区块链总部大厦与蚁米区块链众创空间集中签约。　　第十章第五节

11月，深圳市腾讯计算机系统有限公司正式推出腾讯云区块链服务（TBaaS）开放平台。　　第十章第五节

12月1日，互联网金融风险专项整治、P2P网贷风险专项整治工作领导小组办公室正式下发《关于规范整顿"现金贷"业务的通知》，明确统筹监管，开展对网络小额贷款清理整顿工作。

第七章第六节

12月6日，由中国国家发展和改革委员会、中国商务部、中国人民银行、中国外交部和中华全国工商业联合会等多部门联合编制完成《民营企业境外投资经营行为规范》正式对外公布。

第十一章第三节

12月16日，由中国商业报道领导者21世纪经济报道主办，前海股权交易中心协办的"2017亚洲产业与资本峰会"在深圳市召开。　　第九章第一节

12月，在中国人民银行指导下，由各家商业银行与银联共同开发建设、共同维护运营，汇聚产业各方之力的移动支付统一入口平台——云闪付App正式发布。　　　　　　　　　第十章第三节

12月，腾讯金融安全大数据监管平台成立。　第十章第四节

12月，广州市黄埔区、广州开发区出台第一部"区块链10条"政策。　　　　　　　　　　　　　　　　第十章第五节

12月，汇丰前海证券有限责任公司成立，这是中国内地第一家外资控股证券公司。　　　　　　　　　　第十一章第二节

12月，原深圳国际仲裁院与原深圳仲裁委员会合并为深圳仲裁委员会。　　　　　　　　　　　　　　　第十二章第二节

12月，共有18个国家或地区的46家外资银行机构在广东省（含深圳）设立264家机构。其中，营业性机构255家（外资法人银行6家、外资法人银行分行57家、外国银行分行21家，同城支行171家和异地支行57家）、代表处9家。　　第三章第四节

是年，广东省社会融资规模2.21万亿元，在中国各省市中列第一位。　　　　　　　　　　　　　　　第三章第四节

是年，广州珠江实业集团有限公司申报中国首批政府和社会资本合作（PPP）专项债券。　　　　　　第四章第二节

是年，深圳市人民政府金融工作办公室开发建设深圳市地方金融监管信息系统。　　　　　　　　　　第十二章第一节

是年，中国风险投资论坛由广州、深圳两市轮流举办。

第十二章第四节

是年，首届中国金融论坛——广金·千灯湖金融峰会在佛山举办。　　　　　　　　　　　　　　　　第十二章第四节

是年，珠江资本讲堂创办并顺利举办11期。　第十二章第四节

2018 年

1月25日，中国商务部、中国人民银行、国务院国有资产监督管理委员会、中国银行业监督管理委员会、中国证券监督管理委员会、中国保险监督管理委员会、国家外汇管理局共同颁布并开始实施《对外投资备案（核准）报告暂行办法》，明确中国商务部等部门以"鼓励发展负面清单"的管理方式进行对外投资备案（核准）。　第十一章第四节

1月30日，在中国人民银行广州分行支持下，上海浦东发展银行广州分行与广州碳排放权交易所合作，推动中国首笔10万吨碳排放权交易人民币跨境结算业务在广州成功落地。　第二章第七节

1月，广州金融首次境外推介会——2018穗港金融合作推介会在香港举办。　第十二章第四节

1月，广东大观博物馆·佛山岭南金融博物馆正式对外开放。

第十二章第四节

2月6日，金融壹账通推出区块链方案"壹账链"。

第十章第五节

2月28日，广东省融资再担保有限公司对湛江市城投实业发展有限责任公司履行该工程投资费用支付义务向项目施工方出具规模2.3亿元的工程履约保函，为粤西第一条高铁——途经江门、阳江、茂名、湛江四市的江湛高铁开通运营发挥重要作用。　第九章第二节

3月12日，根据第十三届全国人民代表大会第一次会议审议的国务院机构改革方案的议案，组建中国银行保险监督管理委员会，不再保留中国银行业监督管理委员会、中国保险监督管理委员会。　第五章第三节

3月30日，广州大学与广州知识产权交易中心签署科技成果转化战略合作协议，成立"广大—广知"科技成果转化合作平台。

第九章第五节

3月，广东省金融广告监测中心成立。　　　　　第十二章第一节

4月10日，国家主席习近平在博鳌亚洲论坛2018年年会开幕式发表题为《开放共创繁荣　创新引领未来》的主旨演讲，明确表示中国开放的大门不会关闭，只会越开越大，并提出四个扩大开放的重大举措：大幅度放宽市场准入、创造更有吸引力的投资环境、加强知识产权保护、主动扩大进口。　　　　　第十一章第四节

4月17日，深圳前海金融资产交易所完成中国首单租赁资产对外转让业务。　　　　　　　　　　　　　　第九章第二节

4月19—25日，广州钻石交易中心在广州市番禺区成功举办毛坯钻石国际交易会。　　　　　　　　　　第九章第五节

4月20日，中国（广东）自由贸易试验区发布30个"中国（广东）自由贸易试验区三周年制度创新最佳案例"。第八章第一节

4月，广东制定《融资担保业务经营许可证管理办法》《融资担保责任余额计量办法》《融资担保公司资产比例管理办法》和《银行业金融机构与融资担保公司业务合作指引》四项配套制度，进一步促进广东省导入国家融资担保基金的资源优势，促进完善广东省融资担保体系建设、完善新型的"政银担"风险分担机制，促进广东省再担保业务由增信型向增信型与风险分担并重转型。

第七章第三节

4月，中国人民银行将证券公司、基金管理公司期货公司、人身保险公司的外资持股比例上限放宽至51%，三年后不再设限；不再要求合资证券公司境内股东至少有一家是证券公司；不再对合资证券公司业务范围单独设限，内外资一致。　　第十一章第四节

5月5日，广东省人民政府发布《广东省广州市建设绿色金融改革创新试验区实施细则》。　　　　　　　第八章第一节

5月20日，在中国人民银行广州分行支持下，广深城际铁路全线7个车站正式启动移动支付应用，客户实名注册后，可持具有闪付功能的金融IC卡和绑定银行卡的手机直接进闸、乘车和出闸。

第二章第七节

5月，中国商务部办公厅正式公布《关于融资租赁公司、商业保险公司和典当行管理职责调整有关事宜的通知》，宣告融资租赁行业将划归银保监会统一监管，融资租赁行业的多头监管时代即将结束。

第七章第四节

5月，深圳金融风险防控实战预警系统投入使用。　第十二章第一节

5月，广州市金融工作局与蚂蚁金服签署《共同推进金融风险防控及金融科技创新合作协议》。　　　　　　　第十二章第一节

6月28日，东莞市松山湖基金小镇被列入《广深科技创新走廊建设2018年重点工作任务》。　　　　　　　　第八章第四节

6月30日，前海股权交易中心与梧桐数据联合主办《中国新经济白皮书2018》全球发布会。　　　　　　　　第九章第一节

6月，广东省商务厅印发《开展拍卖等行业安全隐患排查工作方案的通知》，要求各地级以上市商务主管部门对辖区内拍卖企业进行监督检查，出具年度核查意见。　　　　　第七章第七节

6月，腾讯云与东华软件旗下华金在线进行战略签约。

第十章第五节

7月3日，原广东金融高新区股权交易中心有限公司、广州股权交易中心有限公司依法注销，全部业务由广东股权交易中心股份有限公司承接。　　　　　　　　　　　第七章第七节

7月26日，中国首单政府和社会资本合作（PPP）项目专项债券——广州珠江实业集团有限公司社会领域PPP项目专项债券成功

发行。 第四章第二节

7月，深圳市人民政府金融工作办公室联合腾讯共建的灵鲲金融安全大数据平台正式上线运行。 第十章第四节

8月，长亮科技与腾讯云共同发布"银户通"。 第十章第三节

8月，由华为技术有限公司、深圳市腾讯计算机系统有限公司、上海点荣金融信息服务有限责任公司牵头的可信区块链推进计划BaaS（区块链即服务平台）项目组正式成立。 第十章第五节

9月4日，"粤港澳大湾区贸易金融区块链平台"在深圳市上线试运行。 第十章第五节

9月5日，中国人民银行数字货币研究所在深圳市成立深圳金融科技有限公司。 第十章第五节

9月28日，中国第三家互联网法院——广州互联网法院，在广州琶洲互联网创新集聚区正式挂牌成立。 第七章第六节

9月，广东省融资再担保有限公司与国家融资担保基金有限责任公司签署合作协议。 第七章第三节

9月，粤港澳大湾区仲裁联盟设立运行。 第十二章第二节

10月10日，广东省电子信息行业协会区块链专业委员会在广州市正式成立。 第十章第五节

10月11日，中国银行业监督管理委员会广东监管局出台《关于广东银行业促进经济高质量发展的实施意见》。 第三章第四节

10月24日，广州金羊金融研究院成立，并加挂"国家金融与发展实验室广州基地"牌子。 第十二章第四节

11月14日，广东省农村信用社已改制33家农商行，资产总额占全省农合机构的76%。至此，广东省农信社全部退出历史舞台。

第三章第三节

12月7日，广东省人民政府召开广东金融专家顾问委员会第一次会议，启动广东金融决策专家顾问机制。　　　　　第十二章第三节

12月12日，在中国人民银行广州分行支持下，广州市1.6万辆公交车全面受理云闪付App乘车码，覆盖全市11个行政区域、1131条公交线路，日均客运量约600万人次。　　第二章第七节

12月13日，广州美术学院与广州知识产权交易中心举行知识产权战略合作签约暨"广美—广知科技成果转移转化合作平台"挂牌仪式。　　　　　　　　　　　　　　第九章第五节

12月17日，中国银行保险监督管理委员会广东监管局在广州市举行挂牌仪式。　　　　　　　　　　　第三章第四节

12月17日，华南地区首个综合性金融博物馆——岭南金融博物馆正式开馆。　　　　　　　　　　　第十二章第四节

12月20日，广东金融高新区"区块链+"金融科技产业孵化中心正式投入运营。　　　　　　　　　　第十章第五节

12月21—22日，2018中国物流与供应链产业区块链创新应用年会在深圳市顺利召开。　　　　　　　　第十章第五节

12月，在原广东省人民政府金融工作办公室机构基础上设立广东省地方金融监管局，是省政府直属机构，为正厅级，加挂广东省人民政府金融工作办公室的牌子。　　　　　第六章第一节

12月，由广东省农民专业合作推广中心主办的首届（2018）广东农民合作社领头人大会在广州市举行。　　第七章第七节

12月，广东省（不含深圳）银行业金融机构资产总额155370.72亿元。　　　　　　　　　　　　　　第三章第四节

是年，广州广电运通金融电子股份有限公司连续十年居中国ATM市场销量第一位。　　　　　　　　第十章第二节

是年，广州市地方金融监督管理局联合广东广播电视台股市广播制作《金融大讲堂》。 第十二章第四节

2019 年

1月7日，首届粤港澳大湾区金融发展论坛在佛山举办。

第十二章第四节

1月，广州市地方金融监督管理局发布《关于支持广州区域金融中心建设的若干规定（修订）》。 第六章第二节

2月18日，《粤港澳大湾区发展规划纲要》正式公开发布。粤港澳地区已建成以中国人民银行全国性支付系统为中枢、银行机构行内业务系统为基础、区域性资金清算系统为补充的支付清算网络。 第三章第四节

3月4日，广东省政府成立广东省推进广州创新型期货交易所筹建工作领导小组，全面承担起广州期货交易所筹建工作。

第四章第四节

4月25日，中国（广东）自由贸易试验区四周年发布会在广州举办。 第八章第一节

5月，广东省金融文化研究院成立。 第十二章第四节

6月，中国（广州）国际金融交易·博览会累计成功举办八届。

第十二章第四节

2020 年

1月30日，中国人民银行广州分行发布《关于做好当前金融服务工作 全力支持打赢疫情防控阻击战的通知》，要求辖内中国人民银行、外汇局各级分支机构和金融机构加大对新冠肺炎疫情防控和广东经济稳定的金融支持力度，全力做好当前金融服务和应急保障工作。 第二章第三节

2月21日，中国省政府向国务院报送《关于调整拓展广州期货交易所期货品种的请示》，请求国务院同意广州期货交易所期货品种范围调整拓展为"开发服务绿色发展、粤港澳大湾区以及'一带一路'建设的期货品种"。　　　　　　　　　　第四章第四节

4月10日，中国人民银行广州分行发布《金融支持广州市实现老城市新活力和"四个出新出彩"的若干意见》，围绕金融支持广州实现老城市新活力，在综合城市功能、现代服务业、现代化国际化营商环境、城市文化综合实力等方面做好出新出彩的金融服务。

第二章第三节

5月22日，广东省政府致函中国证监会，商请支持加快推动广州期货交易所获批设立。　　　　　　　　　　第四章第四节

7月初，广州市政府成立广州期货交易所筹建工作小组，以及专责工作小组（设在市地方金融监管局）。　　　第四章第四节

8月，广东存量贷款定价转换工作顺利完成，转换金额1.13万亿元，转换户数122.43万户。　　　　　　　第二章第三节

10月8日，深圳宣布向个人发放1000万元数字人民币红包，数字人民币的试点范围首次扩大到公众层面。　　第十章第一节

10月9日，中国证监会在广州宣布成立广州期货交易所筹备组。　　　　　　　　　　　　　　　　　　第四章第四节

11月27日，广州期货交易所第一次股东大会（创立大会）顺利召开。　　　　　　　　　　　　　　　第四章第四节

12月14日，粤澳跨境电子账单直接缴费业务正式启动，支持澳门居民在澳足不出户即可跨境缴纳在广东产生的各类民生费用，实现了跨境电子账单直接缴费业务在港澳地区的全覆盖。

第二章第七节

2021 年

1月22日，经国务院同意，中国证监会批复同意在广州市南沙区注册成立广州期货交易所股份有限公司，经营范围为期货交易场所及期货市场管理业务。　　　　　　　　　　第四章第四节

1月，广东银保监局联合地方卫生健康行政部门指导保险业推出全国首个春节疫情防控专属保险产品。　　　　　第五章第三节

2月5日，广州期货交易所股份有限公司正式在广州市南沙区注册成立。　　　　　　　　　　　　　　　　　　第四章第四节

2月，中国人民银行广州分行组织粤港澳大湾区内部分法人银行机构率先探索开展环境信息披露试点工作。　　第八章第一节

4月19日，广州期货交易所揭牌仪式在广州成功举行。

第四章第四节

4月20日，"珠三角征信链"共建协议签约和启动仪式在广州举行。　　　　　　　　　　　　　　　　　　　　第二章第六节

7月22日，广州南沙明珠金融集聚区正式启动。　第八章第一节

7月，中国人民银行广州分行在创新发展绿色金融跨境人民币结算业务方面取得突破，指导银行机构推出针对广州碳排放权交易所境外会员机构的综合配套服务产品，推动省内开展碳排放权交易人民币跨境结算业务。　　　　　　　　　　　　　　　第二章第八节

是年及稍前，党中央、国务院站在战略全局高度对广东深圳、横琴、前海等地区金融改革开放、"一国两制"实践和粤港澳大湾区金融合作发展作出了新的战略性部署，先后制定发布了《关于支持深圳建设中国特色社会主义先行示范区的意见》《深圳建设中国特色社会主义先行示范区综合改革试点实施方案（2020—2025年）》《横琴粤澳深度合作区建设总体方案》和《全面深化前海深

港现代服务业合作区改革开放方案》等重要政策性文件，对广东区域性金融深化改革创新、扩大对外开放作出了新的战略性部署。

第八章第一节、第十一章第四节

10月19日，"跨境理财通"首批业务成功落地，"北向通"和"南向通"业务同步开展，业务落地的银行覆盖国有银行、股份制银行和外资银行。

第二章第八节

主要参考文献

一 专著

《习近平谈治国理政》,外文出版社 2014 年版。

《习近平谈治国理政》第 2 卷,外文出版社 2017 年版。

《习近平谈治国理政》第 3 卷,外文出版社 2020 年版。

《习近平谈治国理政》第 4 卷,外文出版社 2022 年版。

习近平:《摆脱贫困》,海峡出版发行集团、福建人民出版社 1992 年版。

习近平:《决胜全面建成小康社会 夺取新时代中国特色社会主义伟大胜利——在中国共产党第十九次全国代表大会上的报告》,人民出版社 2017 年版。

中共中央纪律检查委员会、中共中央文献研究室编:《习近平关于党风廉政建设和反腐败斗争论述摘编》,中央文献出版社、中国方正出版社 2015 年版。

中共中央宣传部:《习近平总书记系列重要讲话读本》,学习出版社、人民出版社 2014 年版。

《十九大报告辅导读本》编写组:《党的十九大报告辅导读本》,人民出版社 2017 年版。

中共中央宣传部:《习近平新时代中国特色社会主义思想三十讲》,学习出版社 2018 年版。

邓小平：《邓小平文选》第 3 卷，人民出版社 1993 年版。

［美］斯蒂芬·A. 罗斯、伦道夫·W. 斯威特菲尔德、杰弗利·F. 杰富：《公司理财》，机械工业出版社 2012 年版。

［荷兰］乔安妮·凯勒曼、雅各布·德汗、费姆克·德佛里斯：《21 世纪金融监管》，中信出版社 2016 年版。

欧阳卫民主编：《岭南金融史》，中国金融出版社 2015 年版。

欧阳卫民：《中国主流金融思想史》，中国金融出版社 2020 年版。

欧阳卫民：《银行哲学大纲》，人民出版社 2021 年版。

欧阳卫民：《现代支付论》，中国长安出版社 2010 年版。

欧阳卫民主编：《珠江金融论坛丛书：新金融问题探索》，中国金融出版社 2014 年版。

欧阳卫民主编：《珠江金融论坛丛书：互联网金融探索》，中国金融出版社 2014 年版。

欧阳卫民主编：《珠江金融论坛丛书：金融控股公司探索》，中国金融出版社 2014 年版。

欧阳卫民主编：《珠江金融论坛丛书：金融资产交易创新探索》，中国金融出版社 2015 年版。

欧阳卫民主编：《珠江金融论坛丛书：金融法制环境建设探索》，中国金融出版社 2015 年版。

欧阳卫民主编：《珠江金融论坛丛书：民间金融创新发展探索》，中国金融出版社 2015 年版。

欧阳卫民主编：《珠江金融论坛丛书：中小微企业金融探索》，中国金融出版社 2015 年版。

欧阳卫民主编：《珠江金融论坛丛书：消费金融创新发展探

索》，中国金融出版社 2016 年版。

欧阳卫民主编：《珠江金融论坛丛书：自贸区金融创新探索》，中国金融出版社 2016 年版。

欧阳卫民主编：《珠江金融论坛丛书：财务公司发展探索》，中国金融出版社 2016 年版。

邱亿通、许涤龙主编：《珠江金融论坛丛书：全球金融中心发展探索》，中国金融出版社 2020 年版。

邱亿通、许涤龙主编：《珠江金融论坛丛书：能源金融发展探索》，中国金融出版社 2020 年版。

邱亿通、许涤龙主编：《珠江金融论坛丛书：金融支持健康产业发展探索》，中国金融出版社 2020 年版。

邱亿通、许涤龙主编：《珠江金融论坛丛书：养老金融发展探索》，中国金融出版社 2020 年版。

许涤龙、钟雄等：《华南金融研究书系：新常态下的区域金融发展——珠江三角洲金融改革发展报告（2016）》，中国金融出版社 2016 年版。

彭大衡、许涤龙等：《华南金融研究书系：科技金融发展趋势与对策——广东科技金融发展报告（2016）》，中国金融出版社 2016 年版。

刘士平、张纯、陈月秀等：《华南金融研究书系：地方金融法治发展与创新——广东金融法治发展报告（2016）》，中国金融出版社 2016 年版。

任英华、许涤龙等：《华南金融研究书系：人民币国际化进程监测——人民币国际化发展报告（2016）》，中国金融出版社 2016 年版。

任志宏主编:《华南金融研究书系:资本合作与南亚机会——海上丝绸之路金融合作发展报告(2016)》,中国金融出版社2016年版。

李正辉、马守荣等:《华南金融研究书系:金融风险指数构建与应用——区域金融风险监测分析报告(2016)》,中国金融出版社2016年版。

许涤龙、张芳等:《华南金融研究书系:从财富评价到财富管理——区域金融财富监测分析报告(2016)》,中国金融出版社2016年版。

汤萱等:《华南金融研究书系:自由贸易区金融创新发展——广东自由贸易区金融创新发展报告(2016)》,中国金融出版社2016年版。

许涤龙主编:《广州金融发展报告(2020)》,中国金融出版社2020年版。

许涤龙主编:《广州金融发展报告(2021)》,中国金融出版社2021年版。

许涤龙主编:《广州金融发展报告(2022)》,中国金融出版社2022年版。

许涤龙等:《宏观经济与金融数据质量评估》,中国统计出版社2015年版。

徐宪平:《中国经济的转型升级——从"十二五"看"十三五"》,北京大学出版社2015年版。

朱文胜:《中国保险业制度变迁与绩效研究》,中国金融出版社2005年版。

周正庆:《证券知识读本(修订本)》,中国金融出版社2006

年版。

王丽英：《中国红色金融简史——寻根红色金融丛书》，中国旅游出版社 2020 年版。

广东省政协文史资料研究委员会、中国人民银行广东省分行金融研究所：《银海纵横——近代广东金融》，广东人民出版社 1992 年版。

郭田勇：《再回首 再思考 再出发——中国金融改革开放 40 年》，社会科学文献出版社 2018 年版。

国家发展和改革委员会国际合作中心对外开放课题组：《中国对外开放 40 年》，人民出版社 2018 年版。

柏亮：《金融科技发展报告（2017）》，电子工业出版社 2018 年版。

陈江生、刘磊、张滔：《中国金融体制的发展与改革》，中国财政经济出版社 2017 年版。

陈静：《历史的脚步——互联网金融服务及其在我国的发展（1998—2001）》，中国金融出版社 2015 年版。

冯邦彦、饶美蛟：《厚生利群香港保险史（1841—2008）》，三联书店（香港）有限公司 2009 年版。

陈静：《中国金融科技发展概览（2016）》，电子工业出版社 2017 年版。

陈丽君：《内地金融发展与香港金融》，广东人民出版社 2001 年版。

陈清泰、蒋黔贵、赵纯均：《招商银行成功之道》，机械工业出版社 2013 年版。

《广东改革开放史》课题组编著：《广东改革开放史（1978—

2018年)》，社会科学文献出版社2018年版。

广东金融学会、中国人民保险公司广东省分公司：《金融论丛·保险业专辑》（第2辑），广东金融学会、中国人民保险公司广东省分公司出版1981年版。

广州市金融服务办公室：《2007广州金融白皮书——金融发展形势与展望》，广州出版社2007年版。

广州市金融服务办公室：《2008广州金融白皮书——金融发展形势与展望》，广州出版社2008年版。

广州市金融工作办公室：《2009广州金融白皮书——金融发展形势与展望》，广州出版社2009年版。

广州市人民政府金融工作办公室：《2010广州金融白皮书——金融发展形势与展望》，广州出版社2010年版。

广州市人民政府金融工作办公室：《2011广州金融白皮书——金融发展形势与展望》，广州出版社2011年版。

广州市人民政府金融工作办公室：《2012广州金融白皮书——金融发展形势与展望》，广州出版社2012年版。

广州市人民政府金融工作办公室：《2013广州金融白皮书——金融发展形势与展望》，广州出版社2013年版。

广州市人民政府金融工作办公室：《2014广州金融白皮书——金融发展形势与展望》，广州出版社2014年版。

广州市金融工作局：《2015广州金融白皮书——金融发展形势与展望》，广州出版社2015年版。

广州市金融工作局：《2016广州金融白皮书——金融发展形势与展望》，广州出版社2016年版。

广州市金融工作局：《2017广州金融白皮书——金融发展形势

与展望》，广州出版社 2017 年版。

广州市金融工作局：《2018 广州金融白皮书——金融发展形势与展望》，广州出版社 2018 年版。

广州市地方金融监督管理局：《2019 广州金融白皮书——金融发展形势与展望》，广州出版社 2019 年版。

广州市地方金融监督管理局：《2020 广州金融白皮书——金融发展形势与展望》，广州出版社 2020 年版。

广州市地方金融监督管理局：《2021 广州金融发展形势与展望》，广州出版社 2021 年版。

黄鉴辉：《中国银行业史》，山西经济出版社 1994 年版。

黄勋拔：《当代广东简史》，当代中国出版社 2005 年版。

姜宏业：《中国地方银行史》，湖南出版社 1991 年版。

《径山报告》课题组：《中国金融开放的下半场》，中信出版社 2018 年版。

匡吉：《当代中国的广东》，当代中国出版社 1991 年版。

蓝发钦、龙欣：《中国证券市场典型并购 50 例（2015）》，上海远东出版社 2016 年版。

李飞、赵海宽、许树信等：《中国金融通史》，中国金融出版社 2003 年版。

姚遂：《中国金融史》，高等教育出版社 2007 年版。

巫云仙：《中国金融史（1978—2018）》，社会科学文献出版社 2018 年版。

吴晓灵：《中国金融改革开放大事记》，中国金融出版社 2008 年版。

李坚真：《李坚真回忆录》，中共党史出版社 1991 年版。

李亚轩：《清华金融课》，清华大学出版社 2015 年版。

李扬、李雪松、李平等：《2017 年中国经济形势分析与预测》，社会科学文献出版社 2017 年版。

李扬、孙国锋：《中国金融科技发展报告（2017）》，社会科学文献出版社 2017 年版。

刘明康：《中国银行业改革 30 年（1978—2008）》，中国金融出版社 2009 年版。

马鸣家：《中国的证券市场》，中国财政经济出版社 1993 年版。

马庆泉、吴清：《中国证券史·第一卷（1978—1998 年）》，中国金融出版社 2009 年版。

马庆泉、刘钊：《中国基金业简史（1998—2013）》，中国金融出版社 2014 年版。

马庆泉、刘钊：《中国证券简史》，山西经济出版社 2015 年版。

瞿山鹰、沈健：《中国金融生态圈》，中国商业出版社 2016 年版。

尚明：《当代中国的货币制度和货币政策》，中国金融出版社 1998 年版。

宋士云：《中国银行业市场化改革的历史考察（1979—2006 年）》，人民出版社 2008 年版。

孙国茂：《中国投资银行竞争力研究报告（2017）》，中国金融出版社 2017 年版。

王安：《保险中国 200 年》，中国言实出版社 2008 年版。

王禾生：《大道平安》，中信出版社 2008 年版。

王敏：《银行信贷登记咨询系统业务指引》，山东人民出版社 2004 年版。

王喜义：《血路——深圳金融改革拓荒者足迹》，中国金融出版社2011年版。

禹国刚、赵善荣、保民：《禹国刚重写中国股市历史》，海天出版社2015年版。

赵学军：《中国金融业发展研究（1949—1957年）》，福建人民出版社2008年版。

薛兆丰：《薛兆丰经济学讲义》，中信出版集团2018年版。

《中国保险史》编审委员会：《中国保险史》，中国金融出版社1998年版。

中国保险学会、中国保险报：《中国保险业二百年（1805—2005）》，当代世界出版社2005年版。

《中国的土地改革》编辑部：《中国土地改革史料选编》，国防大学出版社1988年版。

中国社会科学院、中央档案馆：《1949—1952年中华人民共和国经济档案资料选编（交通通讯卷）》，中国物资出版社1996年版。

中国社会科学院：《2016年中国经济形势分析与预测》，社会科学文献出版社2016年版。

中国证券监督管理委员会：《中国资本市场二十年》，中信出版社2012年版。

中国证券监督管理委员会：《中国资本市场发展报告》，中国金融出版社2008年版。

中国（深圳）综合开发研究院课题组：《中国金融中心指数（CDI CFCI）报告（第十期）：走进广州》，中国经济出版社2018年版。

周宇：《中国证券投资者保护机制研究》，中国社会科学出版社2014年版。

朱荫贵：《近代中国：金融与证券研究》，上海人民出版社2012年版。

[美] 兹维·博迪、罗伯特·C. 默顿、戴维·L. 克林顿：《金融学（第二版）》，中国人民大学出版社2010年版。

招商银行企业文化中心：《招商银行史志（1987—2016）》，长江文艺出版社2017年版。

莫宏伟：《新中国成立初期的广东土地改革研究》，中国社会科学出版社2010年版。

刘云生：《广东金融成熟度研究》，经济科学出版社2011年版。

鲁晓东：《广东对外开放四十年》，中国社会科学出版社2018年版。

聂聆：《入世后广东服务贸易发展战略研究》，中南大学出版社2006年版。

黄国平、唐军：《广东金融科技发展报告（2018）》，社会科学文献出版社2017年版。

吴志辉、肖茂盛：《广东货币三百年》，广东人民出版社1990年版。

谢鹏飞：《广东发展之路：以改革开放30年为视角》，广东省出版集团、广东人民出版社2009年版。

亚洲金融智库编委会：《粤港澳大湾区金融发展报告（2018）》，中国金融出版社2018年版。

于幼军：《辉煌的二十世纪新中国大纪录：广东卷1949—1999》，红旗出版社1999年版。

刘福寿：《以科学监管促进广东银行业改革发展》，中国金融出版社2009年版。

深圳市政协文化文史和学习委员会：《深圳四大支柱产业的崛

起》，中国文史出版社 2010 年版。

中共广东省委党史资料征集委员会、中共广东省委党史研究委员会：《广东党史资料（第八辑）》，广东人民出版社 1986 年版。

中共广东省委党史资料征集委员会、中共广东省委党史研究委员会：《广东文史资料·第七辑》，广东人民出版社 1963 年版。

中共广东省委党史研究室：《广东文史资料·第二十辑》，广东人民出版社 1965 年版。

济南大学金融研究院、中国投资银行评价研究中心：《中国投资银行竞争力研究报告（2011）》，中国金融出版社 2011 年版。

济南大学金融研究院、中国投资银行评价研究中心：《中国投资银行竞争力研究报告（2012）》，中国金融出版社 2012 年版。

济南大学金融研究院、中国投资银行评价研究中心：《中国投资银行竞争力研究报告（2013）》，中国金融出版社 2013 年版。

济南大学金融研究院、中国投资银行评价研究中心：《中国投资银行竞争力研究报告（2014）》，中国金融出版社 2014 年版。

济南大学金融研究院、中国投资银行评价研究中心：《中国投资银行竞争力研究报告（2015）》，中国金融出版社 2015 年版。

深圳金融发展报告编委会：《深圳金融发展报告（2007）》，人民出版社 2008 年版。

深圳金融发展报告编委会：《深圳金融发展报告（2008）》，人民出版社 2009 年版。

深圳金融发展报告编委会：《深圳金融发展报告（2009）》，人民出版社 2010 年版。

深圳金融发展报告编委会：《深圳金融发展报告（2010）》，人民出版社 2011 年版。

深圳金融发展报告编委会:《深圳金融发展报告2011》,广东经济出版社2012年版。

深圳金融发展报告编委会:《深圳金融发展报告2012》,广东经济出版社2013年版。

深圳金融发展报告编委会:《深圳金融发展报告2013》,广东经济出版社2014年版。

深圳金融发展报告编委会:《深圳金融发展报告2014》,广东经济出版社2015年版。

深圳金融发展报告编委会:《深圳金融发展报告2015》,广东经济出版社2016年版。

深圳金融发展报告编委会:《深圳金融发展报告2016》,广东经济出版社2017年版。

深圳金融发展报告编委会:《深圳金融发展报告2017》,广东经济出版社2018年版。

深圳金融发展报告编委会:《深圳金融发展报告2018》,广东经济出版社2019年版。

二 年鉴

中国保险年鉴编辑部:《中国保险年鉴(1981—1997)》,中国保险年鉴社2001年版。

中国保险年鉴编委会:《中国保险年鉴(1998)》,中国保险年鉴社1998年版。

中国保险年鉴编委会:《中国保险年鉴(1999)》,中国保险年鉴社1999年版。

中国保险年鉴编委会:《中国保险年鉴(2000)》,中国保险年鉴社 2000 年版。

中国保险年鉴编委会：《中国保险年鉴（2001）》，中国保险年鉴社 2001 年版。

中国保险年鉴编委会：《中国保险年鉴（2002）》，中国保险年鉴社 2002 年版。

中国保险年鉴编委会：《中国保险年鉴（2003）》，中国保险年鉴社 2003 年版。

中国保险年鉴编委会：《中国保险年鉴（2004）》，中国保险年鉴社 2004 年版。

中国保险年鉴编委会：《中国保险年鉴（2005）》，中国保险年鉴社 2005 年版。

中国保险年鉴编委会：《中国保险年鉴（2006）》，中国保险年鉴社 2006 年版。

中国保险年鉴编委会：《中国保险年鉴（2007）》，中国保险年鉴社 2007 年版。

中国保险年鉴编委会：《中国保险年鉴（2008）》，中国保险年鉴社 2008 年版。

中国保险年鉴编委会：《中国保险年鉴（2009）》，中国保险年鉴社 2009 年版。

中国保险年鉴编委会：《中国保险年鉴（2010）》，中国保险年鉴社 2010 年版。

中国保险年鉴编委会：《中国保险年鉴（2011）》，中国保险年鉴社 2011 年版。

中国保险年鉴编委会：《中国保险年鉴（2012）》，中国保险年鉴社 2012 年版。

中国保险年鉴编委会：《中国保险年鉴（2013）》，中国保险年鉴社2013年版。

中国保险年鉴编委会：《中国保险年鉴（2014）》，中国保险年鉴社2014年版。

中国保险年鉴编委会：《中国保险年鉴（2015）》，中国保险年鉴社2015年版。

中国保险年鉴编委会：《中国保险年鉴（2016）》，中国保险年鉴社2016年版。

中国保险年鉴编委会：《中国保险年鉴（2017）》，中国保险年鉴社2017年版。

中国保险年鉴编委会：《中国保险年鉴（2018）》，中国保险年鉴社2018年版。

中国证券期货统计年鉴委员会：《中国证券期货统计年鉴（2000）》，学林出版社2000年版。

中国证券期货统计年鉴委员会：《中国证券期货统计年鉴（2001）》，百家出版社2001年版。

中国证券期货统计年鉴委员会：《中国证券期货统计年鉴（2002）》，百家出版社2002年版。

中国证券期货统计年鉴委员会：《中国证券期货统计年鉴（2003）》，百家出版社2003年版。

中国证券期货统计年鉴委员会：《中国证券期货统计年鉴（2004）》，百家出版社2004年版。

中国证券期货统计年鉴委员会：《中国证券期货统计年鉴（2005）》，学林出版社2005年版。

中国证券期货统计年鉴委员会：《中国证券期货统计年鉴

（2006）》，学林出版社 2006 年版。

中国证券期货统计年鉴委员会：《中国证券期货统计年鉴（2007）》，学林出版社 2007 年版。

中国证券期货统计年鉴委员会：《中国证券期货统计年鉴（2008）》，学林出版社 2008 年版。

中国证券期货统计年鉴委员会：《中国证券期货统计年鉴（2009）》，学林出版社 2009 年版。

中国证券期货统计年鉴委员会：《中国证券期货统计年鉴（2010）》，学林出版社 2010 年版。

中国证券期货统计年鉴委员会：《中国证券期货统计年鉴（2011）》，学林出版社 2011 年版。

中国证券期货统计年鉴委员会：《中国证券期货统计年鉴（2012）》，学林出版社 2012 年版。

中国证券期货统计年鉴委员会：《中国证券期货统计年鉴（2013）》，中国统计出版社 2013 年版。

中国证券期货统计年鉴委员会：《中国证券期货统计年鉴（2014）》，中国统计出版社 2014 年版。

中国证券期货统计年鉴委员会：《中国证券期货统计年鉴（2015）》，中国统计出版社 2015 年版。

中国证券期货统计年鉴委员会：《中国证券期货统计年鉴（2016）》，中国统计出版社 2016 年版。

中国证券期货统计年鉴委员会：《中国证券期货统计年鉴（2017）》，中国统计出版社 2017 年版。

中国证券期货统计年鉴委员会：《中国证券期货统计年鉴（2018）》，中国统计出版社 2018 年版。

广东保险年鉴编辑委员会:《广东保险年鉴(2012)》,广东保险学会 2012 年版。

广东保险年鉴编辑委员会:《广东保险年鉴(2013)》,广东保险学会 2013 年版。

广东保险年鉴编辑委员会:《广东保险年鉴(2014)》,广东保险学会 2014 年版。

广东保险年鉴编辑委员会:《广东保险年鉴(2015)》,广东保险学会 2015 年版。

广东保险年鉴编辑委员会:《广东保险年鉴(2016)》,广东保险学会 2016 年版。

广东保险年鉴编辑委员会:《广东保险年鉴(2017)》,广东保险学会 2017 年版。

广东保险年鉴编辑委员会:《广东保险年鉴(2018)》,广东保险学会 2018 年版。

广东保险年鉴编辑委员会:《广东保险年鉴(2020)》,广东保险学会 2020 年版。

广东省志编纂委员会:《广东年鉴(1987)》,广东人民出版社 1987 年版。

广东年鉴编纂委员会:《广东年鉴(1988)》,广东人民出版社 1988 年版。

广东年鉴编纂委员会:《广东年鉴(1989)》,广东人民出版社 1989 年版。

广东年鉴编纂委员会:《广东年鉴(1990)》,广东人民出版社 1990 年版。

广东年鉴编纂委员会:《广东年鉴(1991)》,广东人民出版社

1991年版。

广东年鉴编纂委员会：《广东年鉴（1992）》，广东人民出版社1992年版。

广东年鉴编纂委员会：《广东年鉴（1993）》，广东年鉴社1993年版。

广东年鉴编纂委员会：《广东年鉴（1994）》，广东年鉴社1994年版。

广东年鉴编纂委员会：《广东年鉴（1995）》，广东年鉴社1995年版。

广东年鉴编纂委员会：《广东年鉴（1996）》，广东年鉴社1996年版。

广东年鉴编纂委员会：《广东年鉴（1997）》，广东年鉴社1997年版。

广东年鉴编纂委员会：《广东年鉴（1998）》，广东年鉴社1998年版。

广东年鉴编纂委员会：《广东年鉴（1999）》，广东年鉴社1999年版。

广东年鉴编纂委员会：《广东年鉴（2000）》，广东年鉴社2000年版。

广东年鉴编纂委员会：《广东年鉴（2001）》，广东年鉴社2001年版。

广东年鉴编纂委员会：《广东年鉴（2002）》，广东年鉴社2002年版。

广东年鉴编纂委员会：《广东年鉴（2003）》，广东年鉴社2003年版。

广东年鉴编纂委员会：《广东年鉴（2004）》，广东年鉴社 2004 年版。

广东年鉴编纂委员会：《广东年鉴（2005）》，广东年鉴社 2005 年版。

广东年鉴编纂委员会：《广东年鉴（2006）》，广东年鉴社 2006 年版。

广东年鉴编纂委员会：《广东年鉴（2007）》，广东年鉴社 2007 年版。

广东年鉴编纂委员会：《广东年鉴（2008）》，广东年鉴社 2008 年版。

广东年鉴编纂委员会：《广东年鉴（2009）》，广东年鉴社 2009 年版。

广东年鉴编纂委员会：《广东年鉴（2010）》，广东年鉴社 2010 年版。

广东年鉴编纂委员会：《广东年鉴（2011）》，广东年鉴社 2011 年版。

广东年鉴编纂委员会：《广东年鉴（2012）》，广东年鉴社 2012 年版。

广东年鉴编纂委员会：《广东年鉴（2013）》，广东年鉴社 2013 年版。

广东年鉴编纂委员会：《广东年鉴（2014）》，广东年鉴社 2014 年版。

广东年鉴编纂委员会：《广东年鉴（2015）》，广东年鉴社 2015 年版。

广东年鉴编纂委员会：《广东年鉴（2016）》，广东年鉴社 2016

年版。

广东年鉴编纂委员会:《广东年鉴（2017）》,广东年鉴社 2017年版。

广东年鉴编纂委员会:《广东年鉴（2018）》,广东年鉴社 2018年版。

深圳证券交易所:《深圳证券交易所市场统计年鉴（1995）》,西南财经大学出版社 1996 年版。

深圳证券交易所:《深圳证券交易所市场统计年鉴（1996）》,经济科学出版社 1997 年版。

深圳证券交易所:《深圳证券交易所市场统计年鉴（1997）》,中国统计出版社 1998 年版。

深圳证券交易所:《深圳证券交易所市场统计年鉴（1998）》,中国金融出版社 1999 年版。

深圳证券交易所:《深圳证券交易所市场统计年鉴（1999）》,中国金融出版社 2000 年版。

深圳证券交易所:《深圳证券交易所市场统计年鉴（2000）》,中国金融出版社 2001 年版。

深圳证券交易所:《深圳证券交易所市场统计年鉴（2001）》,中国金融出版社 2002 年版。

深圳证券交易所:《深圳证券交易所市场统计年鉴（2002）》,中国金融出版社 2003 年版。

深圳证券交易所:《深圳证券交易所市场统计年鉴（2003）》,中国金融出版社 2004 年版。

深圳证券交易所:《深圳证券交易所市场统计年鉴（2004）》,深圳证券交易所 2005 年版。

深圳证券交易所：《深圳证券交易所市场统计年鉴（2005）》，深圳证券交易所2006年版。

深圳证券交易所：《深圳证券交易所市场统计年鉴（2006）》，深圳证券交易所2007年版。

深圳证券交易所：《深圳证券交易所市场统计年鉴（2007）》，深圳证券交易所2008年版。

深圳证券交易所：《深圳证券交易所市场统计年鉴（2008）》，深圳证券交易所2009年版。

深圳证券交易所：《深圳证券交易所市场统计年鉴（2009）》，深圳证券交易所2010年版。

深圳证券交易所：《深圳证券交易所市场统计年鉴（2010）》，深圳证券交易所2011年版。

深圳证券交易所：《深圳证券交易所市场统计年鉴（2011）》，深圳证券交易所2012年版。

深圳证券交易所：《深圳证券交易所市场统计年鉴（2012）》，深圳证券交易所2013年版。

深圳证券交易所：《深圳证券交易所市场统计年鉴（2013）》，深圳证券交易所2014年版。

深圳证券交易所：《深圳证券交易所市场统计年鉴（2014）》，深圳证券交易所2015年版。

深圳证券交易所：《深圳证券交易所市场统计年鉴（2015）》，深圳证券交易所2016年版。

深圳证券交易所：《深圳证券交易所市场统计年鉴（2016）》，深圳证券交易所2017年版。

深圳证券交易所：《深圳证券交易所市场统计年鉴（2017）》，

深圳证券交易所 2018 年版。

佛山市统计局:《佛山统计年鉴（2016）》,佛山统计年鉴社 2017 年版。

佛山市统计局:《佛山统计年鉴（2017）》,佛山统计年鉴社 2018 年版。

佛山市统计局:《佛山统计年鉴（2018）》,广东旅游出版社 2018 年版。

三 方志

广东省地方史志编纂委员会:《广东省志·财政志》,广东人民出版社 1999 年版。

广东省地方史志编纂委员会:《广东省志·经济综述》,广东人民出版社 2004 年版。

广东省地方史志编纂委员会:《广东省志·社会科学志》,广东人民出版社 2004 年版。

广东省地方史志编纂委员会:《广东省志·对外经济贸易志》,广东人民出版社 1996 年版。

广东省地方史志编纂委员会:《广东省志·工商行政管理志》,广东人民出版社 1997 年版。

广东省地方史志编纂委员会:《广东省志·华侨志》,广东人民出版社 1996 年版。

广东省地方史志编纂委员会:《广东省志·教育志》,广东人民出版社 1995 年版。

广东省地方史志编纂委员会:《广东省志·金融志》,广东人民出版社 1999 年版。

广东省地方史志编纂委员会：《广东省志·商业志》，广东人民出版社2002年版。

广东省地方史志编纂委员会：《广东省志·文物志》，广东人民出版社2007年版。

广东省地方史志编纂委员会：《广东省志·冶金工业志》，广东人民出版社1996年版。

广东省地方史志编纂委员会：《广东省志·总述》，广东人民出版社1996年版。

广东省地方史志编纂委员会：《粤港澳关系志·金融志》，广东人民出版社2004年版。

广东省地方史志编纂委员会：《广东省志·经济管理卷》，方志出版社2014年版。

广东省地方史志编纂委员会：《广东省志·经济体制改革卷·经济特区与开发区卷》，方志出版社2014年版。

广东省地方史志编纂委员会：《广东省志·专记卷》，方志出版社2014年版。

《广东省志》编纂委员会编：《广东省志（1979—2000）·总述卷·大事记卷》，方志出版社2014年版。

《广东省志》编纂委员会编：《广东省志（1979—2000）·银行·证券·保险卷》，方志出版社2014年版。

广州市地方志编纂委员会编：《广州市志·金融志（卷9下）》，广州出版社1999年版。

海南省地方志编纂委员会：《海南省志·金融志》，南海出版公司1993年版。

佛山市地方志编纂委员会办公室：《佛山市地方志资料年报表

(2012)》，2012年版。

佛山市地方志编纂委员会办公室：《佛山市地方志资料年报表（2013）》，2013年版。

佛山市地方志编纂委员会办公室：《佛山市地方志资料年报表（2014）》，2014年版。

佛山市地方志编纂委员会办公室：《佛山市地方志资料年报表（2015）》，2015年版。

佛山市地方志编纂委员会办公室：《佛山市地方志资料年报表（2016）》，2016年版。

佛山市地方志编纂委员会办公室：《佛山市地方志资料年报表（2017）》，2017年版。

广东省韶关市地方志编纂委员会：《韶关市志》，中华书局2001年版。

惠东县地方志编纂委员会：《惠东县志》，中华书局2003年版。

惠州市地方志编纂委员会：《惠州市志（三）》，中华书局2008年版。

茂名市地方志编纂委员会：《茂名市志（上）》，三联书店1997年版。

湛江市地方志编纂委员会：《湛江市志》，中华书局2004年版。

中山市地方志编纂委员会：《中山市志》，广东人民出版社1997年版。

大埔县地方志编纂委员会：《大埔县志》，广东人民出版社1992年版。

新会县地方志编纂委员会：《新会县志》，广东人民出版社1995年版。

四 期刊

郑之杰：《跨越"中等收入陷阱"的国际经验教训》，《红旗文稿》2014年第19期。

蔡春林、陈万灵：《金融危机对我国沿海外贸强省的冲击及对策分析》，《对外经贸实务》2009年第5期。

陈高翔：《广东资本市场发展探析》，《南方金融》2004年第7期。

陈亿有：《广东金融业二十年来的改革与发展》，《广东经济》1998年第10期。

仇延生、苏城：《东莞市同城电子交换与实时清算网络系统综述》，《华南金融电脑》2001年第6期。

丁广义：《中国东方租赁有限公司的创立和启示》，《中国外资》1998年第S1期。

段军山：《广东省典当业发展存在的问题及对策建议》，《海南金融》2010年第2期。

段志田：《广州电子资金转账系统》，《金融与商业电子化》1998年第9期。

段志田：《同城电子支付系统中的几个问题》，《中国金融电脑》1998年第3期。

方皋：《接管广东金融工作的回顾》，《广州金融专科学校学报》1988年第1期。

房慧玲：《大力推动广东农民合作社发展的几点思考》，《南方农村》2014年第7期。

葛兆强：《"十二五"时期的中国银行业改革与发展》，《金融发展研究》2009 年第 1 期。

国元证券和合肥工业大学联合课题组：《我国区域性股权市场的发展、问题和改革研究》，《金融监管研究》2018 年第 4 期。

何东云：《佛山典当业的发展现状及对策研究》，《产业与科技论坛》2008 年第 6 期。

何梦初：《建立广州区域支付清算体系》，《南方金融》2000 年第 12 期。

侯外林：《改革创新推动广东资本市场实现跨越式发展》，《南方金融》2008 年第 11 期。

侯外林：《解放思想开拓创新推动资本市场全面实现科学发展——党的十六大以来广东资本市场改革发展成就与前瞻》，《南方金融》2007 年第 10 期。

华南分局农村干部工作组：《必须立即制止强迫或变相强迫借贷的现象》，《华南农村》1953 年第 1 期。

黄坚：《使用票据清分系统的效益分析》，《中国金融电脑》1994 年第 8 期。

黄子睿：《广东省农村专业合作社发展中的政府作用研究》，《中山大学》2011 年第 5 期。

金维城：《加快广东金融体制改革步伐》，《南方金融》1987 年第 1 期。

李汝陶、李汝陔：《我国国际租赁业的发展及建议》，《广东经济》1997 年第 6 期。

李似鸿、孙瑾：《我国金融体系的发展：1978—2018》，《金融教育研究》2018 年第 6 期。

刘培培：《广东应重视防范化解 P2P 网络信贷风险》，《广东经济》2015年第4期。

吴平：《广东证券市场的现状和广东证券公司应起的作用》，《南方金融》1989年第7期。

刘泉红、臧跃茹、俞建国：《化解危机影响下中小企业困境的相关思考》，《成都发展改革研究》2009年第1期。

刘少波：《广东资本市场发展探讨》，《广东金融》1997年第12期。

刘少波：《加快发展广东资本市场的问题与战略构想》，《南方经济》1996年第2期。

刘兴强：《2005年广东资本市场回顾与2006年展望》，《南方金融》2006年第1期。

刘以：《全国第一个地区性资金即时转账系统在广州正式运行》，《广东金融电脑》1998年第8期。

罗勇成：《银行卡助农取款服务可持续发展研究》，《中国信用卡》2015年第4期。

马经：《广东金融30年：先行先试铸造金融强省》，《南方金融》2008年第11期。

马经：《广东金融发展：历程回顾与横向比较》，《南方金融》2007年第1期。

牛敬效：《中山市同城清算系统的升级改造方案》，《华南金融电脑》2001年第11期。

潘理权：《完善地方政府金融管理体系的思考》，《安徽行政学院学报》2013年第2期。

彭志坚：《广东银行业改革开放30年：走向又快又好科学发展路》，《南方金融》2008年第11期。

任利军：《中国入世后我省证券市场将如何面对机遇和挑战》，《广东经济》2000 年第 6 期。

孙国茂：《从根本上改革股票发行制度》，《理论学刊》2014 年第 3 期。

唐军、苏城：《用于进取、再创新高——广州区域支付清算业务深化发展》，《深度报道》2001 年第 8 期。

王景武：《新的起点上全面推进广东金融强省建设》，《南方金融》2017 年第 9 期。

王薇：《话说当前典当业》，《广东金融》1994 年第 2 期。

吴刚、徐爽、周春生：《2006 年中国资本市场回顾及 2007 年展望》，《南方金融》2007 年第 1 期。

吴广灼、周建平：《深圳市银行信贷登记咨询系统建设的现状、问题与对策》，《南方金融》2001 年第 8 期。

吴玉燕：《广东证券市场在中国证券市场的地位和前景分析》，《广东商学院学报》2002 年第 1 期。

徐清：《广东省典当行业协会去传统化：现代典当在广东崛起》，《大社会》2015 年第 3 期。

杨飞：《曾经的抢购风潮，你还记得吗?》，《法制与社会》2011 年第 10 期。

游春晖、王菁：《广东省融资租赁产业集群现状及建议》，《中国商论》2017 年第 36 期。

余建平、刘晓芬、林东阳：《征信系统的发展脉络与信息化进程》，《上海金融》2010 年第 3 期。

张春延：《中国证券市场发展简史（改革开放前）》，《证券市场导报》2001 年第 6 期。

张昊：《改革开放四十年我国金融改革历程与展望——从国家财政角度的观察与思考》，《财政科学》2018年第8期。

张继伟：《广东金融业排雷》，《财经》2001年第5期。

张杰：《我国金融体制改革的演进轨迹与取向观察》，《改革》2018年第5期。

张幼林：《完善我国金融管理体制》，《中国金融》2015年第1期。

张元元：《谈谈输入性通货膨胀——通货膨胀原因探索之一》，《南方经济》1983年第3期。

铮言：《开创新中国广东金融事业的新篇章——中国人民银行华南区行和广东省分行成立前后》，《广东金融》1998年第12期。

中国人民银行广东省分行：《坚决贯彻执行1965年人民银行工作的方针任务》，《中国金融》1965年第4期。

钟慧中：《储蓄宣传展览会收到良好效果》，《中国金融》1957年第6期。

周经纬：《广东典当融资发展现状、问题与对策研究》，《湖南商学院学报》2012年第3期。

周开禹：《助农取款服务可持续发展探析》，《金融理论与实践》2016年第9期。

刘兴强：《2004年广东资本市场回顾与展望》，《广东经济》2005年第1期。

张优怀：《2015年广东融资租赁企业发展研究报告》，《当代企业家》2016年1月12日。

中国人民银行广州分行货币政策分析小组：《2008年广东省金融运行报告》，《南方金融》2009年第2期。